普通高中英语教师的
课程理解研究

许瑞 著

人民铁言出版社

图书在版编目（CIP）数据

普通高中英语教师的课程理解研究 / 许瑞著. -- 北京：人民体育出版社, 2023
　　ISBN 978-7-5009-6310-3

　　Ⅰ.①普… Ⅱ.①许… Ⅲ.①英语课—教学研究—高中 Ⅳ.①G633.412

中国国家版本馆CIP数据核字(2023)第088540号

*

人民体育出版社出版发行
北京建宏印刷有限公司印刷
新 华 书 店 经 销

*

710×1000　16开本　14印张　250千字
2023年5月第1版　2023年5月第1次印刷

*

ISBN 978-7-5009-6310-3
定价：76.00元

社址：北京市东城区体育馆路8号（天坛公园东门）
电话：67151482（发行部）　　邮编：100061
传真：67151483　　　　　　　邮购：67118491
网址：www.psphpress.com

（购买本社图书，如遇有缺损页可与邮购部联系）

前　言

教师课程理解是课程研究领域一个历久弥新的理论与实践问题。随着我国基础教育课程改革进入深化期，依托学科发展学生核心素养、落实立德树人根本任务逐渐成为新时代对高中课程改革的呼唤。作为决定课程改革成败的关键因素——教师，其课程理解是课程实践顺利进行、学生主体全面发展以及课程质量得以保证的核心要素。开展普通高中英语教师的课程理解研究既是新时代课程发展和课程理解理论创新的客观需要，也是丰富与发展教师精神生命的实践诉求。

已有教师课程理解研究大多着眼于课程改革中理论或实践的需要，鲜少有研究着眼于教师主体去寻找教师课程理解的意义，聚焦高中学段英语教师课程理解的研究更是少之又少。本书试图揭示普通高中英语教师课程理解对实现自我提升与自我价值的不凡意义，探明普通高中英语教师课程理解与其课程实践质量及水平之间的紧密联系，解析普通高中英语教师的课程理解、课程行动与课程反思三者之间的逻辑关系，为课程改革的深化发展、课程理论研究的丰富与教师生命意义的提升探寻实践路径。本书将围绕以下三个核心问题展开叙述：普通高中英语教师具有什么样的课程理解？普通高中英语教师为何会发生这样的课程理解？普通高中英语教师怎样进行课程理解？

鉴于理解是人的一种内心活动，对普通高中英语教师的课程理解的相关研究应该选用混合式研究路径。首先，经过对文献的梳理与普通高中英语课程特性的把握，本书尝试在已有理论研究的基础之上，建构出普通高中英语教师课程理解的理论框架，分别从构成要素、价值追求、表征特点和生成逻辑等方面展开论述，最终生成普通高中英语教师课程理解的结构模型和过程模型，以此回应"普通高中英语教师具有什么样的课程理解"的研究问题。

根据普通高中英语教师课程理解的模型，研究者自编研制出普通高中英语教师课程理解的调查问卷，问卷涵盖五个一级维度，依次为教师对英语课程目标的理解、教师对英语课程内容的理解、教师对英语课程实施的理解、教师对英语课程评价的理解和教师对英语课程理解的反思。对G省L市的326名普通高中英语教师展开调研，半结构化访谈4名省级示范性高中的专家型或经验型英语教师，摸清了普通高中英语教师课程理解的现状。通过调研得知，普通高中英语教师课程理解的总体水平不错，课程实施是英语教师课程理解的直观反映，而课程反思是提升英语教师课程理解能力与水平的关键环节，也是保证普通高中英语教师课程质量的必备条件。经过调研与数据分析，发现普通高中英语教师在教龄、初始学历、职称、工作学校、任教班级学生数等方面存在显著差异。然后，研究者使用课堂观察、课后访谈和实物收集等质性研究方法，基于普通高中英语教师课程理解的过程模型，对4名案例教师的课程理解展开实证研究。由于普通高中英语教师课程理解对教师课程实施的制约，需要从教师的日常教育教学活动中观察教师课程理解的实际状态，即"实际做了什么"，从中寻找蕴含于普通高中英语教师课程行为、课程实践中真实发生的课程理解，揭开英语教师课程理解的神秘面纱。这也是对"普通高中英语教师为何会发生这样的课程理解"这一问题的重点回答。

走进一线普通高中英语教师的课程世界，笔者发现，英语教师的课程理解在观念层面和实践层面时常呈现出不相一致的状态，这恰好说明普通高中英语教师课程理解的纷繁复杂性。认真分析英语教师观念理解和课程行为背后表现出的真实理解，探寻普通高中英语教师课程理解的影响因素，并试图为提升普通高中英语教师课程理解的理论素养和实践理性提供支持性策略，是对"普通高中英语教师怎样进行课程理解"问题的回应。研究者将普通高中英语教师课程理解的影响因素归为两类：个人因素，教师的既有知识和理论学习是影响普通高中英语教师课程理解的主要因素；环境因素，主要聚焦学校层面规章制度与政策部分对普通高中英语教师课程理解的影响，认为管理制度、教师评价以及职后培训是主要的外部因素。在"普通高中英语教师课程理解的结构模型和过程模型"的引导下,结合专业发展不同时期普通高中英语教师课程理解表现出的特点、对应水平,本书提出提升普通高中英语教师课程理解的路径与策略:内部驱动与外部推动相结合,主要从以言行事、自我更新、反思性实践、专业引领、增加研修与提供保障六个方面展开阐述。

对于普通高中英语教师而言,课程理解不仅是一项工作,更是教师理解自我、发展自我的一种途径与方式;英语教师经由个性化的课程理解积极反思自身课程实践的价值与意义,对英语课程做出全面且理性的预期,普通高中英语教师的课程实践就不会是盲目而不可理喻的行动。

目 录

第一章 教师课程理解的研究缘起与核心问题 …………………（1）

　　第一节　研究缘起 ……………………………………………（1）
　　第二节　核心问题 ……………………………………………（10）

第二章　文献综述 ………………………………………………（14）

　　第一节　课程理解内涵的相关研究 …………………………（14）
　　第二节　课程理解范式的相关研究 …………………………（20）
　　第三节　教师课程理解的相关实证研究 ……………………（32）

第三章　理论基础 ………………………………………………（44）

　　第一节　哲学理论基础 ………………………………………（44）
　　第二节　教育学理论基础 ……………………………………（62）

第四章　普通高中英语教师课程理解的研究实施过程 …………（71）

　　第一节　研究的思路与方法 …………………………………（71）
　　第二节　量化研究设计与实施 ………………………………（74）
　　第三节　质性研究设计与实施 ………………………………（88）

第五章　普通高中英语教师课程理解的理论建构……（97）

　　第一节　普通高中英语教师课程理解的构成要素……（98）
　　第二节　普通高中英语教师课程理解的价值追求……（104）
　　第三节　普通高中英语教师课程理解的表征特点……（107）
　　第四节　普通高中英语教师课程理解的生成逻辑……（110）
　　第五节　普通高中英语教师课程理解的结构模型……（113）

第六章　普通高中英语教师课程理解的现状分析……（116）

　　第一节　问卷调查对象的基本情况……（116）
　　第二节　普通高中英语教师课程理解现状分析……（121）

第七章　普通高中英语教师课程理解的实证研究……（135）

　　第一节　语言、文化、思维三位一体的G老师课程理解……（136）
　　第二节　注重学生主体发展的M老师课程理解……（149）
　　第三节　实现课程意义与精神融合的R老师课程理解……（163）
　　第四节　整合课程内容培养学生能力的X老师课程理解……（177）
　　第五节　普通高中英语教师课程理解的影响因素……（186）

第八章　普通高中英语教师课程理解的提升策略……（194）

后记……（208）

附录……（210）

　　附录一　普通高中英语教师课程理解的调查问卷（正式问卷）…（210）
　　附录二　普通高中英语教师课程理解的访谈提纲……（215）

第一章 教师课程理解的研究缘起与核心问题

教师课程理解是课程研究领域一个历久弥新的理论和实践问题。随着我国基础教育课程改革的逐步深化，关注与研究教师的课程理解是必要的，更是迫切的。课程观一直处于发展演进的过程之中，课程理解问题是课程论中的核心和焦点，教师则是决定课程改革成败的关键因素，而教师对课程的正确科学理解是课程实践顺利进行、学生全面发展以及课程质量得以保证的核心要素。教师在课程实践中时刻会遇到困惑和疑难，因此教师时时处于课程理解之中。课程理解是怎样发生的，如何为自身的课程理解和课程实践找到符合规律、符合目的的理性认识和理论支持，对教师来说仍然是需要努力解决的问题。

第一节 研究缘起

一、课程改革进入深化期对教师课程理解有迫切需求

2003年，教育部印发了《普通高中课程方案和课程标准（实验稿）》，指导普通高中课程改革实践十余年，但实验稿存在一些不相一致和亟待完善与改进之处。2013年，教育部启动了我国普通高中课程体系修订工作，总结并借鉴21世纪以来我国普通高中课程改革的宝贵经验，充分吸收国际课程改革的优秀成果，力争将我国普通高中课程方案和课程标准修订为不仅符合我国实际情况，而且具有世界先进水平的纲领性教学文件，构建具有中国特色的普通高中课程体系。早在2014年3月，教育部就印发了《关于全面深化课程改革落实立德树人根本任务的意见》，提出研究各学段学生发展核心素养体系建设。2017年，教育部颁布并印发《普通高中英语课程标准（2017年版）》。同年，国务院印发《国家教育事业发展"十三五"规划》，提到"教育与经济社会发

展的结合更加紧密，以学习者为中心，注重能力培养，促进人的全面发展，全民学习、终身学习、个性化学习的理念日益深入人心。教育模式、形态、内容和学习方式正在发生深刻变革"以及"我国教育改革发展虽然取得了显著成就，但尚不能完全适应人的全面发展和经济社会发展需要，仍存在一些突出问题：……教师队伍素质和结构不能适应提升质量与促进公平的新要求"。[1]

随着新高考招生制度的全面实施和高中新课程改革的深入推进，为落实立德树人根本任务，依托学科核心素养达到学科育人的价值体现，关注教师的课程理解问题是必要并且迫切的。教师的课程理解问题是一个历久弥新的理论和实践研究课题。教师是课程改革成败的关键所在，教师对课程的理解关乎课程理念能否顺利付诸课程实践以及能否产生预期的课程效果。课程的实施离不开教师对课程的理解，学生的发展更离不开教师对课程的理解，教师与课程、学生的关系已经成为当代教育研究关注的焦点。

课程理解问题是课程论研究领域经久不衰的热点问题，21世纪以来的第八次课程改革更是引发了国内学者对教师课程理解问题的重点关注。当下，中国社会处在重要的转型阶段，教育事业亦处于重大变革时期，课程改革则成为教育改革的重头戏。作为力度最大、影响最深远的一次课程改革，是课程理论与课程实践一次大规模、深层次的碰撞。本次课程改革在不平静中走过了十余年，是一场遍及全国、自上而下、覆盖了课程的领导、发展到实施的一项全面、系统而持久的教育变革。虽然广大一线教师对新课程的诸多理论、理念已经耳熟能详，然而，教师对课程的理解和抵制问题也始料未及地被凸显了出来，一时间，教师的课程理解问题吸引了课程领域中理论和实践研究者的广泛关注。有学者认为，"教师的作用"在本次改革实践中被提到了空前的高度，教师所面临的指责和批评也是空前的[2]。更有研究者指出，"有一点是显而易见的，那就是现在大部分关于教学和教师的描述都流于简单化和概念化"[3]。

新课程改革沿袭的自上而下的垂直变革路径带来的缺陷日益明显，这就在客观上告诫与提醒我们，进入深化期后的课程改革的设计与推进，需要从自

---

[1] 中华人民共和国教育部. 国务院关于印发国家教育事业发展"十三五"规划的通知 [EB/OL]. [2017-01-19]. http://www.gov.cn/zhengce/content/2017-01/19/content_5161341.htm.

[2] 宋维玉. 教师是怎样理解课程的？——青海省某县九位教师课程理解的叙事研究 [D]. 长春：东北师范大学，2011：3.

[3] James Calderhead. Exploring Teacher's Thinking [M]. London: Cassell, 1987. Virginia Richardson. Handbook of research on Teaching [M]. 4th ed. Washington, DC: AERA, 2001.

上而下俯视指导教师的改革行动转向在同一视域中关注和尊重教师参与课程教学的个体体验。因此，关注教师在其日常课程教学实践中的课程理解，进一步引导教师对个人局限于依赖日常经验而获得的、尚未达到深刻反思的课程理解进行理性分析，使教师摆脱既往对课程改革、教学改革方法的顶礼膜拜，以期为跨越囿于技术层面的课程教学改革奠定基础。关注教师课程理解旨在促使教师从"我怎样教"的技术模仿转向"为什么这样教""适合我的教学是什么样的"等对教学价值问题的追问与澄清。因为，"教学问题既是一个技术层面的操作问题，更是一个价值层面的澄清和选择问题"[①]。近年来，关于新课程改革"穿新鞋、走老路"的批评和反思在一定意义上正是课程改革对教师自身课程教学体验需求关注不够，甚至不予关注和重视的表征[②]。

因此，面对改革的深化和对改革成效的进一步研究，应该摆脱和超越或批评或赞美的研究立场，将研究深入教师对课程的理解和实践中去，理解教师在和课程的互动和碰撞中因为什么而产生质疑和抵制，从而研究教师如何看待并解释课程和个人的课程实践。教师对课程改革的态度是抵制，抑或是欢迎，都不能影响我们探究其背后教师对于课程乃至教学的理解处于何种理性水平。

二、唤醒教师课程意识是课程改革获取成功的客观要求

课程意识的提出有着深层次的变革背景，是对以往"防教师（teacher-proof）"课程的批判与反思。传统课程沿袭外部控制的课程开发范式，教师处于课程权利的最底层，课程与教师处于剥离状态，教师的课程知识、个体经验、主观意见、能动性被完全遮蔽。与传统课程相比，新课程更需要教师对课程进行深入的解读，在反思传统课程实践的基础上，强调教师的批判性对话和主体意识的觉醒。长期以来，我国传统教育思想受到苏联教育学的影响，存在重视教学轻视课程的教育现象，致使广大教师欠缺课程意识，更遑论教师的课程理解和课程生成能力了。我国对课程意识的研究始于2001年第八次课程改革的实施，虽然只有短短十多年的历史，但其所倡导的核心理念之一就是强调教师身份和角色的转变，摆脱预设课程文本忠实执行者的角色桎梏，走向在国家课程标准指导下课程实施中的研究者、调试者乃至创生者。"新课程"的实施迫切地要求教育系统的参与者们（尤其是处于教学一线的教师）以新的视角和

[①] 吴刚平. 价值层面的有效教学观念探析 [J]. 全球教育展望, 2007（4）：22-25.
[②] 程良宏. 教师的课程理解及其向教学行为的转化 [J]. 全球教育展望, 2013（1）：113-120.

立场审视"新课程",修订或提高自身的课程意识①。对教师课程意识的唤醒与发掘是教师建构并树立独具一格、富有个性化特色课程理解的前提条件和坚实基础,在此基础上教师才能实施富有实效的课程行为。由于"教师实践是一种艺术,做什么、怎么做、和谁,及该以怎样的速度等,每天发生着数以百计的瞬时抉择,而且是每一天和每一组学生都会发生不同的抉择时刻。没有任何命令与指示能够规划得如此完善,以致能控制教师的精巧判断与行为,使之做出经常性的即时抉择,来符合每一个不同情景的需求"②。因此,唤醒教师课程主体自觉,从预定课程变革蓝图的被动实施者转变为基于自身课程理解参与的改革主体,是课程改革成功的关键之一。

课程意识的最大作用是帮助教师产生与确立一种内生性的责任感,进而转为倾向于付诸实践行为的动机和意愿。国家在此次课程改革中在政策法规层面赋予了教师一定的课程自主权,然而权利和责任还是存在很大的区别,权利可以放弃,但责任意味着必须如此。我们只能说一位教师有或没有课程意识,或者在多大程度上具有课程意识,而不能说人人都有课程意识,只是性质上有所差异。具备课程意识的教师更有可能实施优质的课程教学,因为在教育教学活动中,责任比权利更具有直接的影响力。

课程意识不是教师可有可无的一种即时想法,它是教学改革成功和教学质量提高的根本保证和前提条件③。当教师以带有责任感的眼光审视与课程相关的一切事情时,课程所蕴含的育人价值才能被完全挖掘和体现。教师的课程实施是课程文本由静态封闭转为动态开放的过程,教师个人的课程理解与课程设计体现于这一过程之中,是教师个体对课程内容的加工、整合、改造、甚至创新。在课程实施的过程中,教师结合不同的情境,依据学生的实际生活经验和已有知识结构,融入个人的教育教学经验和瞬时感悟,持续调试预设课程内容,既可以在突发性事件中发挥教师的临场机智,又能够对了然于心的课程内容进行创生,而这一切的发生都依赖于教师课程意识和课程责任的主动参与。

2017年,课程改革再向前推进一步,提出了学科育人的要求,在指向学生核心素养培养的框架下,唤醒教师的课程意识以指导其日常教育教学行为成为落实立德树人、培养学生全面发展的关键因素。按照"中国学生发展核心素

---

① 王卫华. 教师在教学中应具有课程意识 [J]. 教育评论,2009(6):51-53.
② Schwab J.J. The Practical 4: Something for curriculum professors to do [J]. Curriculum Inquiry, 1983, 13 (3): 245.
③ 沈建民. 试论课程意识缺失的课堂表现及其培植策略 [J]. 教育理论与实践,2009(4):61-64.

养"课题组的界定，核心素养是指学生应当具备的，能够适应终身发展和社会发展需要的必备品格和关键能力。学科核心素养是学科育人价值的重要体现，是学生通过学科学习而逐步形成的正确价值观念、必备品格和关键能力[1]。高中英语学科核心素养被归纳为语言能力、文化品格、思维品质和学习能力四个方面，具有工具性和人文性融合统一的特点[2]。"重教学轻育人"或"重双基轻素养"的思想必须要发生彻底转变，因为基于核心素养的课程全过程对教师提出了更高的挑战：教师不仅要对学科内部、学科之间的概念网络有透彻、清晰的认知，还要能够跨越学科边界，以培养学生跨学科的必备品格和关键能力。"核心素养"并非是教师教出来的，而是在具体的情境中通过学生自身的问题解决实践而逐步培育起来的，这一切都离不开教师课程意识的觉醒与提升[3]。培养普通高中英语教师的课程意识可以使教师站在更高位、全局化的位置来看待自身的日常课程教学实践。

三、高中课程结构多样化、多元化的现实需求

普通高中是我国国民教育体系的重要组成部分，对基础教育与高等教育起着承上启下的关键作用。中华人民共和国成立70多年来，从国家课程为主到三级课程并重，从单一的学科课程到学科课程与活动课程、综合课程多样共存，从学术类、必修课程为主转变为共同基础上的、满足学生需求的多层次多类型的可选择课程，我国普通高中课程结构在改革中逐渐优化、完善[4]。要满足当下高中教育的需求，势必要突破原有的高度集中、类型单一的课程结构模式。地方和学校需要更大、更多的课程自主权，构建丰富灵活、选择众多、适应学生各种需求的多层次多类型课程结构。高质量的高中教育是高中教育具备"内涵发展"潜能的前提和基础，是高中教育改革的重中之重。普通高中课程结构多样化、多元化的改变，既为每一个学生的发展给予支持和辅助，也为学生的个性化发展和潜能挖掘提供机会。高中教育首先保证所有学生以坚持共同学习为前提基础，再尝试为不同发展方向的学生提供富有选择性的课程。

课程结构优化既是课程内部有序性和序变能力的增强，也是对课程结构和

---

[1] 核心素养研究课题组.中国学生发展核心素养[J].中国教育学刊，2016（10）：1-3.
[2] 中华人民共和国教育部.普通高中英语课程标准（2017年版）[S].北京：人民教育出版社，2018：3.
[3] 钟启泉.基于核心素养的课程发展：挑战与课题[J].全球教育展望，2016（1）：3-25.
[4] 郭华，王琳琳.中国普通高中课程结构改革的70年探索[J].中国教育学刊，2019（10）：9-16.

目的性的改造。优化的课程结构，一方面应是有序的，另一方面应是灵活的，有广阔的序变空间和多样的序变方式①。与2003年颁布实施的普通高中课程方案（实验）相比，2017年版普通高中课程方案进一步优化了课程结构，关注提升学生的综合素质，着力发展学生的核心素养，使学生具有终身学习、自主发展和沟通合作的能力，既满足了高中生多样化的学习需求，也为升学考试、选拔人才起到夯实基础和搭建桥梁的功能。探索形成了多级、多类、分层均衡的多样化课程结构，通过调整内部结构要素的相互关系来回应社会变革的要求、体现新的课程理念②。高中课程由必修课程、选择性必修课程和选修课程三大类构成，毕业学分144学分中，将必修学分减少调整至88学分，选修课程增加至56学分。选修课程比例的提高，可强化课程的适应能力，促进学生自主性及个性的发展。三类课程之间具有内在联系，整体发挥育人功能。课程的整体性表明课程是一个功能耦合网。组织程度越高的课程，其功能耦合机制也越完备、越精致①。

《普通高中英语课程标准（2017年版）》中明确提出，普通高中英语课程设计以普通高中课程方案为依据，在义务教育的基础上，遵循高中课程应体现的时代性、基础性、选择性和关联性原则，建构必修、选择性必修和选修三类课程相结合的课程结构，以满足高中学生多元发展的需求，"为学生终身学习奠定基础，也为学生适应未来社会生活、接受高等教育和规划职业做准备"③。高中课程多样化，既是课程开设门数的多样化，更是学科课程发展的多样化，是在保证共同基础的前提下，适时增加多种类型课程的选择性，以便不同发展方向的学生依据个人意愿和需要对课程进行选择。

此外，由于我国各地区之间英语教育资源存在不均衡发展与配比，高中生英语水平差异悬殊，如若要兼顾高中学生不同的兴趣与发展取向，高中课程必须由单一的课程结构和统一的学业要求转为多元化发展的模式，以保证各个层次的学生都能找到最适合自身发展的课程。多元化课程遵循"基于学生差异""因材施教"的课程改革理念，关注课程全"过程"，使学生充分参与其中，开展有效交往，积极思考、及时反思，提升学科素养，推动学生个性化发展与成长。

课程理解范式是对课程开发范式的超越，意味着学科课程发展与教学设计向个性化、多元化发展转型。教师不同的课程理解和课程统整，将会实现不同

---

① 廖哲勋，田慧生. 课程新论［M］. 北京：教育科学出版社，2003：240-241.
② 郭华，王琳琳. 中国普通高中课程结构改革的70年探索［J］. 中国教育学刊，2019（10）：9-16.
③ 中华人民共和国教育部. 普通高中英语课程标准（2017年版）［S］. 北京：人民教育出版社，2018：7.

的课程设计范式和课堂教学类型。高质量、高实效的普通高中英语课程需要英语教师对课程内容进行有机整合，精心设计学习活动，实现目标、内容和方法的融合统一。

四、指向发展学生核心素养能力的英语课程要求

自2001年开始，我国的英语教育迎来了新的发展阶段，其中最具代表意义的标志就是以课程标准取代了先前的教学大纲。所谓教学大纲，是国家对于各课程教学进行规范的纲领性文件，其主要任务是指导教学工作开展，它不仅对教学目标和教学内容作出了清晰明确的规定，还设置了知识点的具体要求及深度、难度指标，以及教学顺序和课时；而课程标准是对学生接受一定教育阶段之后的教育结果所作的具体描述，是教育质量在特定教育阶段应达到的具体指标，学科性质与地位、课程目标、课程内容及各学段的安排构成了课程标准的核心内容，其对教材编写、教学要求、教学建议、教学评价等都作出相应的规定与要求[1]。这一转变为研究普通高中英语课程提供了丰富的理论视角与无限可能。随着学者们不断深入研究和总结发展英语课程标准各维度要素，普通高中英语课程开始突破语言学研究的桎梏，逐渐与文化学、语言学、人类学及社会学等相关理论产生关联，研究视域的丰富使得对英语课程的多元解读成为可能。

我国的英语课程是遭受非议最多的学科，"耗时低效""少慢差费"长期成为英语学科的诟病。造成这一问题的原因有很多，但归根结底，知识取向和能力本位的价值导向是最核心的原因。一段时间以来，人们狭隘地理解外语专业的工具性，却忽略了语言本身即是"人类思维的载体"[2]。英语课程的大量教学活动都是在"机械模仿和低级思维层面展开"，把英语课程仅仅看作是一种工具取向的知识课程势必会导致英语课程的异化——一门只关乎语言知识熟练程度和应试能力强弱高低的技术训练课[3]。在大多数人看来，每每提及英语，基本都赞成英语只是一种工具的说法。诚然，作为一种语言的英语具有工具性无可厚非，但是仅从语言工具论的角度谈语言的教和学，必然会导致原本复杂的语言学习过程简单化，将学习者引向形式主义和工具主义，也不利于培育师生的人文素养及提升学生的语用能力。大量高分低能、哑巴英语的"考生"就是

---

[1] 吴言.从教学大纲走向课程标准[J].职业技术教育，2004（25）：51.
[2] 束定芳.高校英语专业"复兴"之三大路径[J].中国外语，2015（5）：6.
[3] 孙有中.外语教育与思辨能力培养[J].中国外语，2015（2）：23.

语言工具论的佐证。对于英语课程而言，平衡好工具性与人文性之间的张力，真正实现由应试教育向素质教育的转变，依靠学科提升学生核心素养的能力才是正道。2017年版高中英语课程标准强化了英语课程的学科育人价值，明确了英语课程的学科育人目标，以发展学生的英语学科核心素养为普通高中英语课程的具体目标，提出了英语课程的学科育人路径，这是普通高中英语课程合学科育人观与实践路径为一体的重大改革，努力从理论和实践两个层面就"培养什么人""如何培养人""为谁培养人"这三个根本问题作出回答。

普通高中英语课程将价值塑造、知识传授和能力培养三者融为一体，寓价值观引导于知识传授和能力培养之中。英语课程的基础性、实践性和综合性特点，促使英语教育承载了一般语言类课程育人价值之外的、不同于母语教育的育人功能。2017年版普通高中英语课程标准调整了课程内容，包含六个要素：主题语境、语篇类型、语言知识、文化知识、语言技能和学习策略。课程内容的六个要素是一个相互关联的有机整体，并且在此基础上构成了六要素整合的英语学习活动观。2017年版普通高中英语课程标准倡导指向学科核心素养发展的英语学习活动观，明确活动是英语学习的基本形式，要求教师应设计具有综合性、关联性和实践性特点的英语学习活动。活动观的提出为整合课程内容、实施深度教学、落实课程总目标提供了有力保障，也为变革学生的学习方式、提升英语教与学的效果提供了可操作性的途径。教师应设计具有综合性、关联性和实践性特点的英语学习活动，使学生通过学习理解、应用实践、迁移创新等一系列融语言、文化、思维于一体的活动，着力提升学生的"学用"能力。

英语课程的学习过程既是英语语言知识与语言技能协同整合、同生共促的过程，也是不断提升学生的思维品质、加强其文化意识、提升其学习能力的过程。通过学习普通高中英语课程，学生不仅能够增强国家认同和家国情怀，坚定文化自信，还能促使学生从跨文化视角对世界进行探索、观察和认识，并形成对事物的正确价值判断。有研究者就英语教育和英语学习做出畅想，认为"对于学生而言，理想的英语教育应该是：它不仅教给学生以语言知识和语言技能，更是一场奇妙的异域文化之旅。即英语学习并不只是语言训练的过程，更是一个文化相遇的过程，英语教育不只是让学生掌握语言知识，同样也是培养学生的文化意识以及促进学生个体生命总体成长的过程"[①]。

[①]李红恩.论英语课程的文化品格［D］.重庆：西南大学，2012：26.

五、研究者本人的工作经历与教学感悟

回顾教育发展的每一个时期，都是在历史与当下与未来、扬弃与探索与创新的矛盾冲突中向前行进。教师作为教育活动的核心角色，始终处于风口浪尖之上。虽然教师与医生、律师一样，是具有专业身份的职业角色，然而教师总是被大众随意指点评论，被很多不切实际的要求和期待所压制，这些使得"教师常常处于一种被要求、被规范的他律状态，丧失了自身的话语，陷入自我价值的危机中"[①]。

作为一名在高中一线工作近二十年的英语教师，研究者深知一位教师的教学态度与质量，在很大程度上依赖于其对课程的理解，取决于教师个体对课程意义的体验、感悟和建构。通常，教师在认识和发展自我的基础上先理解课程，进而实施教学。教师对英语课程恰如其分的理解，既是课程意义生成的必要条件，也是保障教师课程实施有效的根本前提，更是课程生命借由师生共同建构的课程活动得以释放的重要途径。正是在教师课程理解的基础之上，教师与课程、教学、学生形成一个意义共同体。教师的职业生命意义变得丰富，教师意识并真切感受到自身的教育价值，促进与形塑学生生命成长的过程，并且收获自我的发展与实现，这些将成为敦促教师形成别具一格的教学风格、迈向职业生涯成熟期、希冀跻身卓越教师队伍的力量源泉。

教师与课程理应犹如一对形影不离的伴侣，保持"我和我教的课是融为一体的"融洽状态，然而现实中，或出于客观的原因，或出于主观的缘故，教师与课程被割裂分开的情形随处可见。2003年课程改革实施以来，教师参加各级各类培训的次数大幅度增加，这些培训占据了教师的工作及业余时间与精力。随着新课程改革的不断深化，各种改革和学习向教师提出了这样那样的要求和任务。然而，由于教师对课程理解缺乏清晰明了的认识，因此在其课程实践中依旧存在对课程的理解盲目化、片面化、机械化、随意化等问题，导致课程改革的理念和目标在课程实践中发生了一定程度的衰减和式微。当教师以主体身份处于课程场域时，全身心专注在对课程的个性化理解与实践上，那么此时该教师是以全视角、大视野的角度审视着整个课程场域，在兼顾既定课程的实效性基础上，更聚焦课程的主体——教师的自我发展与学生的个性化、全面发展。

---

① 孙宽宁. 教师课程理解中的自我关怀 [D]. 济南：山东师范大学，2009：22.

第二节 核心问题

近年来，在我国课程问题的理论研究领域，基本都把目光投向了国外思想的引介和尚未达成统一认识的理论探讨上，而针对我国课程实践的理论探讨和研究则少之又少，大多是围绕课程理念进行形而上的探索，没有可以实际应用于真实教育教学活动的系统规划方案，大大增加了一线教师对课程改革欲体现的理论基础和理念转型的理解和认可。此外，部分一线教师基于自己的实践经验，勇于且善于思索和探究其所教授的具体学科具体内容的理解问题，这些尝试既有助于教师群体内部的学习交流，也有助于揭开高水准课程理解的神秘面纱。但是因为缺乏对课程体系的整体性认知与把握，仅仅关注与其教学有直接关系的课程部分，使得教师的探索研究不免有失偏颇，宝贵的感性经验也未能及时凝练为理性的科学认识。教师课程理解对课程改革的影响可见一斑，为了回应现实呼唤，深入探究教师课程理解的内涵、生成机制、提升路径是极其必要且意义重大的。

基于以上认识，本书聚焦以下三个研究问题：普通高中英语教师具有什么样的课程理解？普通高中英语教师为何会发生这样的课程理解？普通高中英语教师怎样进行课程理解？

本书希冀通过梳理前人的理论研究、借鉴参考相关哲学与教育学理论，尝试进行普通高中英语教师课程理解的理论建构，整合梳理普通高中英语教师课程理解的现状和存在问题，探索分析影响普通高中英语教师课程理解生成与发展的因素，实地观察记录普通高中英语教师的课程实践，最终提出促进普通高中英语教师课程理解的有效路径与策略。

经过对已有研究的梳理、归纳与整合，研究者接下来就课程、课程理解、教师课程理解等三个核心概念进行进一步界定。

首先是课程概念。在西方，课程（Curriculum）是从拉丁语"Currere"一词派生出来的，意为"跑道"（Race-course）。根据这个词源，最常见的课程定义是"学习的进程"（Course of study），简称学程，即学习的内容，这也是沿袭至今对课程概念的传统理解。这一解释在各种英文词典中很普遍，英国牛津字典、美国韦伯字典、《国际教育字典》（International Dictionary of Education）都是这样解释的。但这种解释在当今的课程文献中受到越来越多的质疑。"Currere"一词的名词形式意为"跑道"，由此，课程就是为不同学生设计的不同轨道，这是一种传统的课程体系；而"Currere"的动词形式是指"奔跑"，这样理解课程的着眼点就会放在个体认识的独特性和经验的自我建构上，就会得出一种完全不同的课程理论和实践。正如多尔（W. E. Doll）认为的那样，"课程不再是被视为固定的、先验的'跑道'，而成为达成个人转变的通道"[①]。

　　课程的定义是课程的基本属性，反映课程的性质，本研究选择了学者丁念金对课程的定义：经过对各种课程定义中的共性、课程现象的事实、教育建构的核心过程等的梳理，基于课程是提供给学生学习的、课程是对学习的系统化预设、课程体现了文化的传承与发展等三重基本属性，整合后认为"课程是在文化传承与发展进程中对学习的系统化预设"[②]。

　　其次，在谈及课程理解概念时，需要先说明理解的含义，随后再对课程理解加以解释和说明。

　　理解是一个复杂且多向度的概念。在不同的领域内，理解有着各不相同的含义。在社会学领域，理解被认为是人类生活的根本基础。在语言哲学领域，外在的运用语言的行为被当作理解。在心理学研究领域，理解通常意味着一系列心理过程、状态与结构。以哲学的视角看理解，理解则是指人的一种思维过程。通过梳理各个领域对理解内涵的认识，可以分析出理解蕴含着情境性、生成性、过程性、迁移性等特性。理解可以是一种重要的推论，从专家的经验中生成并且可以作为具体有用的通则加以陈述；理解可以是一种具有超越具体主题的持久价值、可转移的大概念；理解还可以是包含抽象的、反直觉的、易被误解的概念；而获得理解的最佳途径是"发现"学科内容（例如，必须以归纳的方式发展、由学习者建构）和"活用"学科技能等。

　　在哲学解释学视角下，"理解"的发生是一种"视域融合"的过程。"视域"是指从一个特定的角度看见的整个视野，视域是有限的，但也是开放的，也有可能产生改变。"前见"构成了解释者与文本研究者的视域，可以说前见是理解的基础和前提条件，"理解从来就不是对先行给定的东西所作的无前提的把握"[③]。而"理解"存在的基本形式是"解释"，也就是说"理解"是一种解释性的存在。解释是理解的表象，解释通过语言及对待事物本身时展现的思维方式和"视域"呈现。

　　本研究中的"理解"是指，主体基于"前理解"或"前见"，借助主体间

[①] 多尔. 后现代课程观［M］. 王红宇, 译. 北京：教育科学出版社, 2000：6.
[②] 丁念金. 课程内涵之探讨［J］. 全球教育展望, 2012（5）：8-14, 21.
[③] 海德格尔. 存在与时间［M］. 陈嘉映, 王庆节, 译. 北京：生活·读书·新知三联书店, 1999：259.

的对话行为,达成主体间"视域融合"的交往性与实践性活动。对话双方处于"我—你"的主体间性关系,理解者与被理解者是平等关系。

关于课程理解的概念界定主要体现在两个不同的方面:作为与课程发展或课程开发相对的课程研究范式和直接指向课程实践主体的课程理解。其中,对后者的研究始于前者。前者被视为正规的学术探究领域,源自派纳的课程理解研究。他在宏篇著作《理解课程》(Understanding Curriculum)一书中首创性地提出了"课程理解"一词,"课程理解是对课程现象、课程文本、课程事件之意义的解读过程,其着眼点不在于课程开发的具体程序,而在于对种种课程与课程事件的历史、现状与未来之意义的理解"[1]。派纳提出的课程理解是相对于课程开发范式而言的。"范式是指从事某一科学的研究者群体所共同遵从的世界观和行为方式,作为一种共同体所共同遵守的范式,课程理解是学术社群研究方向、类型、信念与价值的汇聚与展现",是派纳和众多课程研究专家细数数十年来课程研究的众家之言,最终将课程理解归因于把课程当作不同类型的文本,并基于这样的认识而形成的开放文本的多元化理解,这是课程研究专家站在宏观角度上,对课程进行的理论层面探讨[2]。

本研究中的课程理解意指直接指向课程实践主体的课程理解,是主体基于本身的知识、素养及课程理念,在与课程的对话交流中,对课程的个性化解读和意义赋予。

最后是教师课程理解这一核心概念,相对于课程专家的理论研究而言,直接指向课程实践主体的课程理解研究与教育教学实践的联系更紧密,相对微观和具体。因为教师是国家正式课程转化为日常教育实践的关键所在,并且现有研究大多直接将课程理解的主体预设为教师,课程理解即教师课程理解,因此,微观层面的课程理解即是对教师课程理解的界定。

从哲学解释学中理解和诠释的角度来看,教师的课程理解即是指教师对课程的前理解,它包含"前有"(课程的存在方式)"前见"(对课程的看法)"前把握"(课程实践)。因此,所有对教师课程理解的研究都是研究者们就教师对于课程的"前理解"和"再理解"的一种追寻。这种"前理解"和"再理解"汇成了教师当前对于什么是课程以及教师与课程互动关系的认知和定义。

---

[1] 威廉·F·派纳,等.理解课程(上)[M].张华,等,译.北京:教育科学出版社,2003:357.
[2] 许芳懿.课程研究面向的转变:课程理解典范的人文传统表征[J].高雄师范大学教育学刊,2006(26):85-108.

本研究中的教师课程理解是指教师基于特定的课程情境，通过与课程文本的对话达致视域融合，使课程具体化于其课程实践并实现教师精神丰富与发展的过程。依据课程的构成要素，教师的课程理解主要包括对课程目标、课程内容、课程实施、课程评价四个方面的个性化诠释，以及教师对课程理解的不间断反思，帮助教师不断自我更新课程理解。

第二章　文献综述

任一研究问题之历史与现状都有着千丝万缕的联系，并对其未来的发展起一定导向性作用，研究的背景性深度即埋于此。对研究问题的相关概念进行谱系与梳理，既是回到研究的原点，追根溯源，把握研究问题的发展脉络，亦是站在"巨人的肩膀"上，对研究问题高瞻远瞩，以不同视角解读理论、探索创新。

第一节　课程理解内涵的相关研究

国外对课程理解的研究起步很早，国外学者在20世纪70年代就开始关注课程理解问题，获取的相关数据也较完整、科学，然而近年来，课程理解已然不再是一个热点问题，也甚少有最新的研究成果。国内学者对于课程理解的研究开始较晚，且研究基础大多借鉴国外已有的研究成果，对课程理解的本土性理论研究还不足，亦未达成共识。我国是课程改革较多且频繁的国家之一，这在一定程度上反而为课程理解的研究提供了更多的素材。

2001年开始，我国开启了第八次国家基础教育课程改革，这一时期也成为国内集中关注教师课程理解的一个高峰期。查阅1994年到2000年期间的中国知识资源总库——CNKI系列数据库，以"课程理解"为关键词进行搜索，没有查询到含有"课程理解"的文献资料。基于西北师范大学校园网络搜索，2001年到2020年间，则有100篇相关文章发表，具体分布情况见图1。按研究层次划分，基础教育与中等教育这一类别有78篇；按主要主题划分，与课程理解相关的文献有62篇，与教师课程理解相关的文献为20篇。

图1 以"课程理解"为关键词相关文章发表情况

以"课程理解"为关键词,可以查到硕博论文总计61篇,按照学位授予年度分布如图2所示;其中博士论文8篇,但没有关于英语课程理解或普通高中英语教师课程理解的研究。

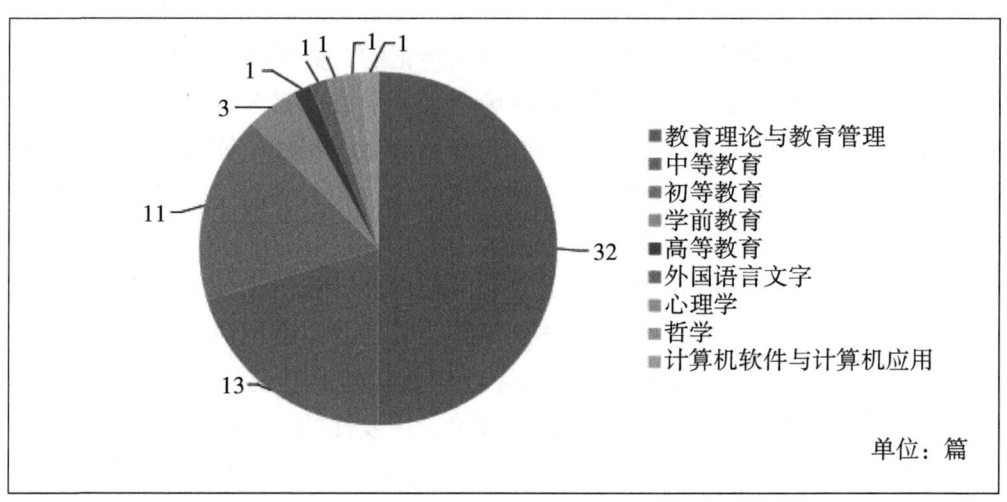

图2 以"课程理解"为关键词硕博论文发表情况

一、国外相关研究

自20世纪70年代以来,尤其是在1980年之后,"理解课程"(understanding curriculum)唱响了北美特别是美国课程研究领域的主旋律。概念重建主义流派是最早研究课程理解的课程论学者,他们批判以泰勒原理为典型代表的传统课程理论。他们指出，传统课程理论有三个弊病：信守实证主义科学观、课程研究的目的是提供普适性的程序和规则、标榜价值中立却陷入维持现行社会控制体系的嫌疑[1]。

作为最初提出"课程理解"一词的学者，派纳（W. Pinar）和他的学生格鲁梅特（M. Grumet）认为，课程即是个体生活的经验和体验，是个体"履历经验"的重组，是学生生活世界独有的东西。派纳在其宏篇巨著《理解课程》中站在概念重建理论的视角重新定义了课程，并对课程领域相关问题进行思考与理解。派纳说道："就一般课程领域而言，该领域开始对不同学校科目之间的联系、对一门科目内部不同观点之间的联系、对课程与世界之间的联系感兴趣。该领域不再为开发（development）抢先占有。正如我们将要看到的，今天的课程领域开始为理解（understanding）所占有。"[2]他从教育哲学、学校教育实践、课程与教学、教师与学生等诸多侧面批判、评价传统教育和现实教育中现存的弊端，并为发展未来教育提供崭新的价值取向。派纳提出将现象学、存在主义、解释学、法兰克福学派、后结构主义、解构主义、后现代主义、女性主义等哲学社会学思潮作为理论基础，采取多学科交叉的方法，从政治的、种族的、性别的、现象学的、后现代的、自我传记的、美学的、宗教神学的、环境生态的、全球国际化的等不同方面理解课程，形成丰富多彩的对话。将课程放置在广泛的社会、政治、经济、科学、历史、文化、种族等背景下理解，基于个人深层的精神世界和生活体验去理解课程的意义，以此摆脱课程研究仅仅局限于课程开发的程序的论争[3]。

派纳提出的课程理解，是在极其宏观的层面对课程内涵和定义的探讨，与传统课程相较而言，"课程领域不再把课程与教学的问题视为'技术'问题，即'如何'的问题。当代课程领域把课程与教学的问题视为'为什么'的问题""撰写行为目标，用标准化测验来评价，用线性的、因循守旧的形式呈现资料，驱逐不循规蹈矩的学生——这些方法均已失败"。"制度课程"认为，课程是分门别类的"学校材料"，课程研究就是寻找开发这些资料的有效程序的过程。走出"制度课程"的视野，把课程理解为个体、不同阶层、不同种族生活体验到的存在，课程就有了全新的含义。课程理解是将课程视为"符号表征"（symbolic representation），课程研究的目的是"理解"课程"符号"所

---

[1] 张娟. 基于诠释学的教师课程理解解读［D］. 西安：陕西师范大学，2014：8.
[2] 威廉·F·派纳，等. 理解课程（上）［M］. 张华，等，译. 北京：教育科学出版社，2003：6.
[3] 袁桂林. 派纳论"概念重构"和"理解课程"［J］. 外国教育研究，2003（1）：1-8.

承载的价值观。课程是一种可以基于多元主义价值观解读的"文本"（text），对文本的解读可以获得多元化的课程"话语"（discourse），展开复杂的"对话"（conversation），对话既是过程，又是结果；既是手段，又是目的。当课程被当作一个"高度符号性的概念"，人们就可以在不同的视域下作出个性化的理解，课程理解的差异化就产生了，而这正是"对话"产生的前提。学校课程决不能也更不应当局限于系统化的书本知识，个体作为"具体的活生生的存在"的"生活经验"务必得到重视和关心。派纳还认为，学校课程的宗旨既不是培养学科专家，也不是培养能在测试中拿高分的人，而是促使受教育者关怀自己、关心他人，做一个对社会有贡献的公民，对他人有责任心与爱心的个体。"一旦我们视课程为自己作为公民、作为个人的机会，课程便随我们的反思、探究与行动而变化，走向我们理念与梦想的实现。课程不再是一个事物，也不仅是一个过程。它成为一个动词、一种行动、一种社会实践、一种私人的意义、一种公共的希望。课程不只是我们劳作的场所，也是我们劳作的成果，在转变我们的同时也转变其自身"[①]。

科林·马什（Colin J. Marsh）认为，"应该从课程的过去、现在和将来理解课程，这样有利于课程专家对流行的社会结构和主流课程进行批判分析，用新的技术语言提供关于现存社会结构的新见解和新观点"[②]。马什的观点为课程领域的研究提供了一个全新的视角，即在历史发展的视角下理解课程，其缺点在于批判不够彻底，后来的学者们取其精华，去其糟粕。

美国学者古德莱德从课程层次的维度对课程理解作出了自己的解释，他将课程划分为理想的课程、正式的课程、领悟的课程、运作的课程、经验的课程五个层次。其中"领悟的课程"（perceived curriculum），即指教师理解之下的课程，由于每位教师对课程产生风格迥异的多样理解，因此教师"领悟的课程"势必与"正式的课程"之间有一定的差别和隔阂。古德莱德对课程的层次划分，帮助教师更加清晰地把握和了解其个人理解与课程之间的差距，从而及时调整自身的课程理解。

还有研究者意识到，单纯从理论的角度解读教师的课程理解，会导致课程领域研究的混乱，教师对课程的理解与阐释应该考虑到个人主体，以理论为基础，从实践的具体问题出发，寻找解决办法与策略。帕尔默在《教学勇气——漫步教师心灵》一书中写道："教师的自身认同和自身完整是优质教学的来

---

① 威廉·F·派纳，等.理解课程（上）[M].张华，等，译.北京：教育科学出版社，2003：8.
② Colin J. Marsh. Key Concepts for Understanding Curriculum [M]. London: Rouledge Falmer, 2004: 223.

源,单纯的教学技能不可能造就优质的教学。"[1]这是站在教学的角度,展开教师与课程的应然关系和存在状态的论述,帕尔默还针对教师如何优化个人的教学给出了积极有效的策略和方法。迈克尔·康纳利和琼·克兰迪宁在《教师成为课程研究者——经验叙事》一书中,通过展示大量的原始观察资料,与一线教师进行交流访谈后记录教师的个人教学经验,概括总结、深入分析那些可能影响教师对课程本身以及自我进行理解的因素,基于以上研究就教师应该怎样理解课程做出了富有针对性、极具建设性的建议与意见[2]。

二、国内相关研究

国内学者对于课程理解内涵的界定和表述各抒己见。徐继存将课程理解界定为教师通过对课程的解释或释义来把握课程意义的过程,而这一过程同时也是教师的精神生命的丰富和发展的过程。一方面,教师对课程的理解一定是知性观念或认知层面的,因为以课程作为理解的对象必然涵盖了教师认知课程的过程,只有对课程形成了一定的知识观念,理解才有深刻的可能性;另一方面,如果教师的课程理解只停留在理性认知的层面,缺乏了情感的渗透和参与,课程理解应有的其他含义和功能就被遮蔽了。当认知与情感交融之时,课程理解便有了基本的"视域",而"课程理解的视域决定了课程理解的深度和广度,因而也就决定了课程实施的质量和水平"。教师是课程实施的主体,课程理解包括教师个体的课程理解和教师集体的课程理解两类[3]。

张华认为,"课程理解是对课程现象、课程'文本'、课程事件之意义的解读过程,其着眼点不在于课程开发的具体程序,而在于对种种课程与课程事件的历史、现状与未来之意义的理解"[4]。他坚持立于不同的视角重构和理解课程,通过课程活动为课程赋予新的含义。

郭元祥站在课程观转换的角度,将课程理解定义为"教育教学活动中教师的一整套课程概念问题,而课程观的建立需要教师理解和把握课程的多重属

---

[1] 帕克·帕尔默. 教学勇气——漫步教师心灵 [M]. 吴国珍, 等, 译. 上海: 华东师范大学出版社, 2005: 10.
[2] 迈克尔·康纳利, 琼·克兰迪宁. 教师成为课程研究者——经验叙事 [M]. 刘良华, 邝红军, 等, 译. 杭州: 浙江教育出版社, 2004: 234.
[3] 徐继存. 课程理解的意义之维 [J]. 教育研究, 2012 (12): 71-76.
[4] 张华. 走向课程理解: 西方课程论新进展 [J]. 全球教育展望, 2001 (7): 40-48.

性，要超越'作为事实'的课程理解，形成'作为实践'的课程理解"①。依他之见，课程理解从"作为事实的课程"转变为"作为实践的课程"，其中蕴涵着课程哲学及其思维方式的转向。

郭文霞和南钢认为"所谓课程理解，就是指对课程现象、课程事件、课程话语及课程本文的分析、解读和诠释"②。根据这一概念定义，课程理解本质上是个不同课程主体之间持续不间断会话、交流、沟通的过程，这一过程也恰巧是课程主体建构其课程知识，生成课程意义并实现对生命价值的终极关怀。会话、交流、沟通既是课程主体赖以生存的方式，也是课程意义的生成途径，还是课程主体生命价值得以彰显的渠道。此外，因为课程理解的水平与课程实施的效果直接相关，当下课程理解中存在很多的分歧和误解，主体之间的合作水平也极其有限，为了更好地推动教育顺利发展，课程主体应该提升批判精神和创造力，积极推进课程理解。

孙宽宁认为"课程理解是课程理解者与课程相遇时，在特定时空中相互作用，彼此对话、交流，从而共生意义的活动"③。她认为课程理解是课程实际意义和教师个体精神和生存意义生成的必要条件。理解课程精神是教师理解课程的核心，但由于课程系统自身的复杂性和教师文化背景、个体经验等方面的差异，导致教师在课程理解中出现偏差甚至误解，忠实于课程精神的个性化课程理解是解决这一问题的有效方式。

白会肖等学者认为"课程理解是教师依据个人的知识经验对课程进行个性化解读和意义赋予，它直接关系着教师在课程系统中的存在方式，是教师课程实践向着更加理性化方向发展的能动因素和内在需求"④。他们认为课程理解具有自我的主体性、精神的建构性与价值的多样性，研究教师的课程理解有助于促进唤醒教师的课程实践文化、涵养教师的课程实践智慧以及促进课程管理的民主化。

殷洁认为"课程理解是教师依据个人的知识经验对课程进行的个性化解读和意义赋予，具有自我的主体性、精神的建构性和价值性等特征"⑤。教师的课

---

① 郭元祥. 课程理解的转向：从"作为事实"到"作为实践"——兼论课程研究中的思维方式 [J]. 课程·教材·教法，2008（1）：3-8.
② 郭文霞，南钢. 论课程理解中的主体合作 [J]. 课程探索，2009（4）：20.
③ 孙宽宁. 教师课程理解：课程精神的个性化展现 [J]. 当代教育科学，2010（13）：23-26.
④ 白会肖，刘涛，贾树生. 课程理解：教师课程实践的理性之维 [J]. 教育导刊（上半月），2012（1）：58-60.
⑤ 殷洁. 课程理解：教师课程领导的内在维度 [J]. 教育理论与实践，2012（19）：58.

程理解并非对课程的外在审视、机械套用，教师更不是课程的附庸，而应与课程合为一体，解读课程的过程亦是教师建构和拓展个人精神世界的过程。

根据以上诸位学者定义课程理解的方式，有一点不言而喻，那就是课程理解突出了教师作为课程主体在课程教学实践中认知、把握、建构与生成课程意义和价值的积极作用。课程理解包含三个要素：一是课程理解的主体，多数学者将自己的研究聚焦在教师这一群体；二是课程理解的发生一定是有情境性的，离开教育场域谈课程理解就属于无稽之谈；三是课程理解是指以囊括了课程文本、课程标准、课程实施等方面的课程体系为对象的理解认知。

第二节　课程理解范式的相关研究

课程论的历史很短暂，但其发展历程却多姿多彩。从博比特、查特斯、泰勒到布鲁纳、施瓦布、斯滕豪斯，再到保罗·弗莱雷等人，从目标模式、结构模式到实践模式、过程模式、情境模式，再到批判模式，新的课程理论与思潮不断涌现[①]。课程模式的变化、发展、革新、演进过程，也正是课程研究从"课程开发"到"课程理解"的范式转型，课程理念从"技术理性"到"实践理性"，终至"解放理性"的跨越性、历史性变革的进程。长久以来，"课程开发范式"理论占领着课程研究的中心，然而由于深受"泰罗主义"的影响，教育科学研究和实践领域逐渐走上了技术控制的路线，致力于以"时效性""科学性""精确性"为标准的科学化研究与改革之风。自20世纪70年代至90年代近二十年的时间，美国课程领域经历了一场深刻的课程"范式转换"（paradigm shift）革命，从以课程开发为核心的传统课程领域走向以课程理解为中心的当代课程领域，课程的概念和方法论也都经历了全面重建。

一、"范式"与课程研究范式

1962年，英国科学哲学家托马斯·库恩（T. Kuhn）在其出版的《科学革命的结构》一书中，将"范式（paradigm）"及"范式转换"（paradigm shift）作为阐释科学革命的结构及其发展演进时使用的一套概念及理论分析工具。范式

[①] 张相学. 从"课程开发"到"课程理解"——现代西方课程模式的演化轨迹与当代启示[J]. 教育研究，2007（10）：100-103.

意为"大体上是指科学共同体成员所共有的'研究传统''理论框架''理论上和方法上的信念'、科学的'模型'和具体运用的'范例',还包括自然观或世界观"①。在库恩看来,科学知识或科学研究的发展可分为动态联系的两个阶段——常规科学阶段和科学革命阶段,他认为科学发展并非原有范式的渐进累计或修改过程,而是突破常规科学的原有范式或理论框架,实现"范式转换"的科学革命过程②。"范式转换"的过程不仅是整体性的,更是结构性的,原有范式强加于科学工作的限制在各个具体领域里被突破,新的范式在抛弃原有范式的基础上接纳新的更有解释力的问题、理论、方法和研究范例等,最终实现对某一领域的基本理论、研究方法和研究模式的"重构"③。

库恩的"范式论"集本体论、认识论、方法论于一体,带给研究人员很多启示。第一,库恩从本体论维度揭示了"范式代表着一个特定共同体的成员所共有的信念、价值、技术等构成的整体",这是对世界本体的基本假定;第二,范式可以被当作科学研究领域内公认的理论框架;第三,作为具体的解答谜题的模型或范例,范式"可以取代明确的规则以作为常规科学中其他谜题解答的基础",④这为科学研究提供了可以依循的方法论基础。"范式"具有不可通约性,一旦某种"范式"发生价值观和理论意义上的本质性变化,就会导致"范式转换",新的"科学革命"随即开始。

人文社科领域很快借鉴并借用了自然科学领域的"范式"概念,然而"这种借用往往带有比较明显的改造性倾向,一方面,变库恩范式的'不可通约性'为'共存互补性',试图在内涵方面消解'范式'非此即彼的二元论,建立'范式融合'的发展链条;另一方面,变库恩'范式转换'的实质内涵为思维方式或解题方法,试图在外延层面强化范式思维的方法论"。在课程研究领域,美国课程专家派纳(W. Pinar)在《理解课程》这一宏篇著作中,最先提出了"课程开发范式"和"课程理解范式"。20世纪80年代,美国课程专家舒伯特(W. H. Schubert)的《课程:观点、范式与可能》成为主要纲领性文本。他将"范式"定义为与研究主题(问什么问题)和研究方法(如何开展课程研究)有关的问题,并且将课程研究范式分为实证/分析(empirical/analytic)、实

---

① 夏征农,陈至立.辞海(第1卷)[M].第6版.上海:上海辞书出版社,2009:573.
② 刘欣.范式转换:课程开发走向课程理解的是指与关系辨析[J].教育研究与实验,2014(1):52-57.
③ 石中英.知识转型与教育改革[M].北京:教育科学出版社,2001:22-23.
④ 托马斯·库恩.科学革命的结构[M].金吾伦,胡新和,译.北京:北京大学出版社,2003:157.

际（practical）、批判实践（critical praxis）三类[①]。此外，多尔（W.E. Doll）在《后现代课程观》一书中对"现代课程范式"和"后现代课程范式"亦做出了区分。课程范式的转换，标明课程研究的一系列改变与转向——科技理性取向走向价值理性取向、目标控制模式走向过程体验模式、实体思维方式走向关系思维方式以及量化研究方法走向质性研究方法。

改革开放以来，我国课程研究领域引入并借鉴西方课程理论以及课程研究范式的发展成果，结合国情、文化、传统等方面的特点进行探索之后，我国课程研究范式呈现出丰富多彩的样态。靳玉乐通过梳理当代美国课程研究史，对美国学者奥恩斯坦（Ornstein A.C.）和亨金斯（Hunkins F.P.）提出的行为理性、系统管理、理智学术、人文美学和新概念主义五种范式作出简要评析[②]，依据将范式看作"问题—解题方式"的观点，将课程研究方法归纳为实证分析范式、人文理解范式以及社会批判范式[③]。由于每一种课程研究范式所研究的课程问题和采用的方法都有其价值偏重，都能在一定程度上揭示并解释某些课程现象或事件的本质，但也都有其自身的片面性和不完备性，所以不存在哪种范式更优于其他范式的情况。只有各种研究范式共存共荣、彼此支持，课程领域才会生机勃勃。

汪霞提出课程研究总体上有三种范式：知识中心、儿童中心以及社会中心的课程研究范式[④]。她详细论述了三种范式体现出的课程观念及各自的特点，认为每一种研究范式均是从某种独特的视角出发来着重解决课程某一侧面的问题，适用于课程研究不同的范围，因此也具有自身的局限性问题。她提出未来课程研究的发展应该从课程来源、课程内容、课程实施、课程评价等方面更加关注课程理论与实践的结合。此外，课程研究的方式方法也会增多，研究者与教育者、行政人员需要建立紧密的联系以达成有效的沟通与交流，利于课程实践问题的理解与解决。

综上所述，不同的课程研究范式分类其侧重点各不相同。派纳从课程研究内容着手，多尔以课程研究的历史时期为界限，靳玉乐试图以课程问题的解决方式和途径为出发点，汪霞以课程研究的相关理论问题为基础，丁念金更侧重课程研究的思想历史。不论课程研究范式被分为几大类，课程的价值观、理论主张和方

[①]Schubert W.H. Curriculum：Perspective，Paradigm，and possibility [M]. New York：Macmillan，1986：82.
[②]靳玉乐.当代美国课程研究的五种范式简析[J].课程·教材·教法，1996（8）：50-51.
[③]靳玉乐.当今西方课程研究范式论析[J].西南师范大学学报：哲学社会科学版，1996（3）：20-24.
[④]汪霞.课程研究若干理论问题的探讨[J].教育理论与实践，1999（8）：3-5.

法论都是课程论学者们研究的着手点,为课程研究夯实理论基础。

二、课程理解范式

进入20世纪70年代,课程领域开始重要的范式转换,"课程开发范式"走下神坛,"课程理解范式"开始风靡课程研究领域。美国著名课程专家派纳宣称:"那是一个课程开发的时代。课程开发,始于1918年,止于1969年。"1970年,社会学家西博曼(Charles Silberman)发表著作《课堂中的危机:美国教育的重建》,也被视为课程研究范式转变的标志之一。西博曼批判了以泰勒原理为代表的课程开发范式,认为传统课程研究忽视了课程实践中以事实为基础的课程材料所包含的文化、种族、民族和政治立场等方面的差别。

(一)国外相关研究

20世纪70年代之后,随着课程研究范式的整体转换,课程领域以及解读课程的方式随之发生改变。课程不再接受规范化、系统化、逻辑化知识的意旨和掌控,转向多元话语和文本,最终演变为需要通过多种方式加以确认和分析的符号表征。课程研究从"课程开发"范式及其话语推向"课程理解"范式,从而制造"课程理解"范式下的"理解课程的多重话语",究其本质,即是课程观、知识观的转变。这一转变源于课程研究者们意识到课程研究已不再囿于科学主义范式下的课程开发范式和话语,课程研究的内外部环境与研究问题逐渐呈现出多样化立场、观念、知识、话语的特点,对课程开发的传统话语进行重构已是大势所趋。

1. 概念重建下的课程理解范式

当代美国课程研究,一方面向外拓展,把课程置于广泛的社会场景中,从政治、经济、文化等综合的意义上理解和建构课程的意义,促成了政治性课程话语、种族性课程话语、女性主义课程话语、后结构主义课程话语。另一方面,课程研究向内深入,即课程研究深入儿童日常教育生活的内部,深入课程研究者本人生活的内部,通过对这些具体的生活进行反思,达成理解、建构课程意义的目的,开启了现象学课程话语、自传性课程话语[①]。美国教育自身的变

---
①谢登斌. 当代美国课程话语研究[D]. 上海:华东师范大学,2005:22.

革以及课程领域内发生的概念重建活动，使课程研究发生了范式的根本转换，走向了"理解课程"话语转向。

格鲁梅特和派纳都认为课程是学生的"生活经验"，是个体"履历经验"的重组，是学生生活世界独有的东西。格鲁梅特主张不要从设计、教材、学程等角度来谈论课程，而要从儿童过去经验和未来精神解放的角度来讨论课程[①]。在格鲁梅特看来，"课程是儿童知道和了解关于我们的过去、现在和未来的集体的经历（collective story）"[②]。但真实的情况是，描述的课程（curriculum as described）与实际经历或体验的课程（curriculum as lived or experienced）是割裂的状态。学校课程不仅缺乏让学生真实体验的机会和情境，而且这些真实的体验被高度概念化的内容遮蔽起来，导致课程无法反映儿童和群体的生活经历。课程遗漏了生活世界中的东西，儿童在学习的过程中很难理解和体验所学内容。课程的概念重建正式在这里发生，概念重建的过程就是一种"反省性检查"（reflective scrutiny）的过程，亦是一种自我知识探求（persuit of self-knowledge）的过程。格鲁梅特用"自传法"完成概念重建，因为它是完整的个体经验，"人的经验的中心是其特殊性，某种意义上说甚至是其古怪性""人的生活的深刻性只能在独立个体的领域中寻找"[③]。

与此同时，课程还是文化的"产儿"，文化与课程之间关系复杂而又相互作用。主要表现在以下两方面：一方面，课程是一种文化产物，课程传递文化，课程的形成要借助于文化；另一方面，课程修正文化，在传递文化的同时修正文化。对课程概念重建的过程实质上就是学习者寻找教育经验的意义过程，学习者是课程的中心，课程可以被视为学习者主体性的生成与构建。

2. 后现代课程观下的课程理解

后现代主义（post-modernism）是一种泛文化思潮或倾向，其本质特征是"反二元论、但实质化、去中心化和反整体性，倡导不确定内在性，对科学和技术理性进行质疑"[④]。后现代课程观不仅重视课程目标的设计与实现，更关

[①]Pinar W.F. & Grumet M.R. Toward a Poor Curriculum：An Introduction to the Theory and Practice of Course［M］. Dubuque：Kendall Hunt pub.co. 1976.

[②]Grumet M.R. Autobiography and Reconceptualization［M］. In Giroux H.A. et al.（eds）. New York：Curriculum & Instruction. 1981：140.

[③]张华. 经验课程论［M］. 上海：上海教育出版社，2000：131-132.

[④]黄文涛. 多尔后现代课程观及其对我国教育的启示［J］. 高等函授学报：哲社版，2002（6）：32-36.

注学习过程中个人获得的发展。作为后现代课程观的代表人物，多尔（W. E. Doll）在其著作《后现代课程观》中，详尽阐释了现代主义课程和后现代主义课程两种范式的不同之处，并随即提出了著名的四R后现代主义课程范式。后现代课程研究致力于寻求课程理解，反对课程领域中的技术理性，重视理论性和研究性，关注学习者的自我意识和创造，弘扬整体观和联系观[①]。

多尔从古希腊的前现代思想，到代表现代科学思想的笛卡尔理性主义、牛顿经验主义、科学性课程的典范"泰勒原理"，再到施瓦布的实践课程范式、皮亚杰的平衡化模式、布鲁纳的经验组织认识论、普利高津的混沌理论、杜威和怀特海的过程思想的后现代主义课程范式，精心论述并分析了这些理论和范式给课程领域带来的启示与影响，最后在超越前人研究的基础之上，提出了一种全新的课程模体（matrix），以期为课程和教育理论的研究带来全新的视角。多尔期望能够运用后现代主义课程观提出的观点、原则、方法和问题考查相关的课程概念，"虽然这些概念不足以重新界定课程领域，但它们的广阔性和启发性将为之后的研究人员提供一个起点"[②]。他认为课程领域的当务之急是确定新的理论基础，以取代泰勒提出的目标模式，于是他提出了具有四R特征的后现代主义课程模体——丰富的（Rich）、回归的（Recursive）、关联的（Relational）、严密的（Rigorous）。他进一步解释道："丰富性来自它的开放性和假设性，为合作性对话探索提供了多重领域；回归性很重要，因为像布鲁纳的螺旋型课程概念一样，一种丰富的课程产生于对自身予以反思所带来的丰富性和复杂性之中，而且，从杜威的观点来看，它为经验的反思性重组、重构和转变提供了机会；关联性指的是对观点和意义之间联系的不断寻求，并考虑历史和文化背景与关系感知方式之间的联系；最后，严密性成为对可供选择的关联和联系的有目的的寻求。"

建构的后现代课程理论认为师生是课程的主体，学生还是意义的负载，强调课程建构、课程理解、课程实施的生活性、旨趣性和丰富性，课程应当贴近人、贴近生活，师生充满活力的生活世界（life world）对教师发展、学生成长有着极其深远的影响。强调对课程理解多元文化语境的重视和思考，必将为未来课程的发展路向提供理论与实证理据。

[①]汪霞. 后现代课程研究的特点及对我国课程改革的意义［J］. 教育评论，2002（6）：18-20.
[②]多尔. 后现代课程观［M］. 王红宇，译. 北京：教育科学出版社，2015：166.

（二）国内相关研究

美国"理解课程"的研究转向风潮也在我国课程研究领域掀起了波澜，为研究"课程理解"提供了时代背景。2001年全国义务教育领域的新课程改革及改革过程中凸显的一些问题，让国内学者开始关注并思考教师课程理解的相关研究。总体来说，我国的新课程改革还是遵循了一种科学主义范式的课程开发和发展模式，以及以行政为导向的课程推广模式。在科学主义范式下的课程开发和发展模式中，课程开发和课程实施是线性的、相对封闭的，教师、学生、课程实施的环境在某种程度上被忽视。这样的课程开发假设课程设计者的意图已经在学科结构和课程组织中得到充分的贯彻和展现，与之相应地，认为只要教师能够正确地领会、忠实地执行课程，那么课程必然会实现其功能，教师的课程实施就能实现课程的效率和课程发展的准确逻辑。这样的逻辑显然在实践中遭受了挫败，课程管理者提出的课程改革和发展的若干种理念在教师的实践和理解中遭遇了各种问题和困惑。因此，在课程研究领域，一方面，指责教师课程实践和经验的文章和言论不绝于耳，另一方面，对教师的课程理解和课程抵制问题的研究也开始大量产生。教师的课程理解问题变成了课程发展与理论研究以及教师课程实践中的共同主题。

国内在理解研究领域成绩斐然的学者是金生鈜，在其发表的著作《理解与教育：走向哲学解释学的教育哲学导论》中，他"充分利用了解释学的分析优势，从理解的观点出发，详细阐明教育意义是如何生成的，分析了受教育者有着怎样的精神建构，理性地剖析了教师和学生在教育中的关系以及学校教育的课程等问题"[①]。

汪霞认为，后现代课程探求课程理解的方法、途径是对教育研究的勇于探索和大胆尝试。理解的多样性特点使得每一种理解都具备一定的合理性与价值意义，平素人们所声称的主导范式论并不存在，一切的探究都无法处在绝对支配的位置。研究分析众多学者对"课程开发范式"和"课程理解范式"的探讨，可以得出这样一个结论：二者的关系不仅显而易见，更是紧密相连。"课程理解范式"与"课程开发范式"之间互相依存、相互转化，但绝不是一方结束另一方的关系[②]。

---

① 金生鈜.理解与教育：走向哲学解释学的教育哲学导论[M].北京：教育科学出版社，1997：44.
② 汪霞.课程研究：从现代到后现代[J].湖南师范大学教育科学学报，2003（1）：32-36.

张传燧和欧阳文两位学者梳理了不同课程范式在课程建构上表现出的不同倾向，认为课程的建构性始终如一地存在于课程实施的全过程中，受到不同课程观的影响，自然或自觉地凸显出来。"课程理论和实践的关系不应该只是被动的依附，而是应该通过实践反思理论、解读理论；课程的意义不应该仅仅是'学校材料'，而应该是'符号表征'，需要对它进行理解和建构"①。

三、范式转换带来的思考

（一）课程研究范式转换的实质

课程研究范式转换是一种从"实体思维"走向"关系思维"的思维方式的转换，课程问题切忌妄图用简单的定义或概念陈述就能回答。由于课程的多重属性，对课程的理解需要超越"单一要素论"，站在多视角、多理论的背景下探讨课程，才是解决课程研究领域问题的根本途径。

1. 从实体本体论走向关系本体论

课程开发范式起源于客观主义哲学和实体本体论。"实体"作为西方哲学的核心范畴，业已指引西方哲学发展长达两千多年。"实体"概念由亚里士多德最先提出，从实体本体论出发，他认为对客观"实体"的认识才是真正的知识，实体知识观由此形成。"实体知识观蕴含两个基本假设：其一，实体的存在是永恒不变的，其他事物的存在都是以实体的属性方式存在，为实体所派生，这是实体知识观确立的本体论依据；其二，任何知识的存在都有可能借助于因果推理探明其存在的终极原因——即对世界本原的认识，这是实体知识观确立的认识论依据"②。自此之后，人们认识世界本原的路径不外乎以下两种：一是理性主义认识论，亦即以理性推论作为获得客观知识的唯一来源；二是经验主义认识论，亦即以经验实证为还原客观知识的唯一基础。探究知识本原性、确定性、普遍性本质的实体思维被推上神坛，"知识中心"的课程观形成，实体知识即是学习的对象，维护实体知识的地位即是课程的目标，教学则

---

① 张传燧，欧阳文. 课程范式与课程建构性试析[J]. 课程·教材·教法，2006（11）：11-16.
② 刘欣. 范式转换：课程开发走向课程理解的实质与关系辨析[J]. 教育研究与实验，2014（1）：52-57.

是认识实体知识的特殊过程，课程的根本任务就是传递实体知识。把课程中的知识这一核心要素理解为课程的全部，是极其片面的。在实体知识观支配下的课程与教学蒙上了实体型思维的外衣，课程最终走向了理性与经验、事实与价值、客体与主体的"二元对峙"，课程中的主体——学生与教师的主动性和价值被遮蔽。

课程理解范式起源于人本主义哲学和关系本体论。人本主义认为，人类一切社会关系的基础和核心是价值关系，教育的宗旨就是真正关照人的终极成长，促进人的"自我实现"，培养"完整人格"。从本体论角度而言，人本主义倾向于关系本体论，认为宇宙的构成不是纯粹客观的物质实体，而是由属性和关系构成的"有机体"。不同于客观主义的知识还原论，人本主义认为知识是在主题经验之上来感知外部世界，达致意义的体认与结果的建构。科学知识不再是"价值无涉"的客观事物，而是由主体进行建构的价值性存在，带有极强的个人色彩。"关系"（relation）在这里是一个非常重要的概念范畴，它与实体对应。世界上的事物都是关系与实体的集合体，而造成实体和关系产生差别的原因是因为实体世界的间断性和连续性——关系的间断构成实体，实体的连续构成关系。关系思维在理解事物时借助于事物间的关系，因此是带有开放性、复杂性、非线性和过程性等特征的生成性思维方式。"从实体本体论到关系存在论"的转向，意味着思维方式"由存在（是什么）向生成（如何是）"转变的重大变革[①]。关系思维旨在超越"主客二分"的实体思维，希冀学校教育可以成为融"关系世界""交往世界""生活世界"于一体的有机整体，课程则是一个生态有机体，师生共同努力去创造价值性的活动。关系思维为我们重新认识教育提供了一条全新的途径，"人本—理解"的价值理念内含于关系思维，也为我们认识和理解课程范式的转换提供了强有力的理论基础和思维框架。

2. 从目标控制走向有机整体

课程开发范式是一种"科技—理性"取向的课程研究范式。"泰勒原理"一直被当作课程研究与开发的基本框架，只要涉及课程研制与开发，就无法绕开泰勒提出的四个环节：确定目标—选择经验—组织经验—评价结果。"目标模式"长久地占据着课程研究领域的核心位置，目标是课程开发的出发点，是其他教育计划的各个方面知识达到基本目标的手段。目标直接控制学习经验和

[①] 阿尔弗莱德·怀特海.过程与实在［M］.杨富斌，译.北京：中国城市出版社，2003：30，40.

评价结果，在选择和组织学习经验方面发挥决定性作用，并且是开发评价程序与评价工具的依据。对学生、当代社会生活和学科的研究是教育目标的来源，学校信奉的教育和社会的哲学与学习心理学所提示的选择教育目标的准则是教育目标的两个筛子。"泰勒原理"追求目标控制模式，以客体知识作为核心概念支配课程的开发，认为课程可以被技术化处理，重视科学知识的标准化生产和传播，却忽视科学知识的人本价值和社会性建构，"主客二分"的实体思维方式突显出来，学校教育的功利化趋势愈发严重，加重了教育的人文危机和社会危机。

课程理解范式本质上是一种"人本—理解"取向的课程研究范式，旨在突破长久以来"工具理性"或"科技理性"所占的主导性地位，回归到"解放理性"的本真价值①。20世纪80年代之后，课程被放置到更广阔的背景下进行理解，强调对课程"文本"意义的探求应当基于个人的生活体验和精神世界，丰富多彩的课程"话语"出现并形成。课程理解范式还是一种"人本—交往"取向的课程研究范式。德国哲学家哈贝马斯在其著作《知识与人的兴趣》中区分了三种基本认知兴趣："技术兴趣、实践兴趣与解放兴趣，它们分别对应人的三类理性：工具理性、实践理性和解放理性。"②最早提出"生活世界"这一概念的西方哲学家是胡塞尔，他主张生活世界是一个关系型的经验世界。哈贝马斯打破了早期西方哲学家过于注重抽象演绎推理的窠臼，赋予"生活世界"更为丰富的内涵和意义。他没有从本体论层面着手对生活世界作出抽象定义，而是在认识论意义上揭示出生活世界的实质，说"生活世界表现为自我理解力或不可动摇的信念的储蓄库"③。生活世界是一个关系性世界，交往双方都是主体，交往是为了追求一种"共识"；对于个体来说，生活世界是客观世界和主观世界的重叠。哈贝马斯的"生活世界"实现了文化、社会和个性的统一，通过交往实践，主客体实现统一，主体性得到发展的机会。课程要破除"科技理性至上"的藩篱，回归"生活世界"就是必然之路，课程意义与价值的建构蕴含于对象性的交往实践活动中，并最终实现"主体性发展"的根本目标④。

---

① 胡塞尔.欧洲科学的危机与超越的现象学［M］.王炳文，译.北京：商务印书馆，2003：418-419.
② J. Habermas. Knowledge and Human Interests［M］.London：Heinemann，1972：426，314.
③ 哈贝马斯.交往行动理论（第二卷）［M］.洪佩郁，蔺青，译.重庆：重庆出版社，1994：171.
④ 刘欣.范式转换：课程开发走向课程理解的实质与关系辨析［J］.教育研究与实验，2014（1）：52-57.

（二）课程开发与课程理解的关系

两种课程范式在课程研究的价值取向、研究方式、研究内容诸方面各有特点（表1），对它们的比较和研究有助于推动课程理论与实践领域的发展。

表1　两种课程范式的特点对比

两种课程范式的不同点	课程开发范式	课程理解范式
课程研究的价值取向	技术理性	解放兴趣
课程研究方式	量化研究为主	质性研究为主
课程研究内容	知识课程	体验课程
课程实施	客观呈现	主体赋权
课程评价	目标—结果取向评价	过程—主体取向评价

反观课程研究的历史进程，基本可以得出这样的结论：课程领域的研究从探讨在"科技理性""工具理性"支配之下，以研究课程研制的规律、规则与程序为己任的"课程开发"，逐步转向"实践兴趣""解放兴趣"取向之下，视课程为"文本"，解读其蕴含的意义，认为课程是关乎个体的生活世界，并且需要基于个人经验才能建构生成课程意义的"课程理解"。课程理论范式的转变是课程研究领域的一次深化与升华，课程理解与课程开发既相互区别又紧密联系，但二者不是更迭交替、完全对立的关系，而是具有共时性与共生性，互为补充、相互支撑的关系。

1. 纵向联系：课程研究的文化和历史延续

"过去与现在是一个连续体，在每一个专业领域，那种连续应是发展性的"[1]。课程是人类精神和历史文明绵延不绝的生命存在形式，因此课程具有文化价值和历史意义。课程范式顺应不同的时代需要产生，体现出该时代特有的科学精神和人文价值，因此在审视课程及其研究范式时，应该处于具体的社会、文化情境中理解其合理性与不足之处。课程开发范式是顺应"科学理性"的时代要求，将"怎样科学有效地开发课程"视为课程研究的主要议题，尝试探究"价值中立"、理性化的课程开发程序，试图为课程实践提供一种程序化

---

[1] 丹尼尔，劳雷尔·坦纳.学校课程史［M］.崔允漷，译.北京：教育科学出版社，2006：33.

的"处方"。课程开发范式的优势是极强的操作性和普适性,利于学习者传承前人的丰硕成果,但过分追求对目标的理性控制,掩盖了课程丰富的内涵与意义以及师生的主体性,忽视了学校实践的情境性和特殊性,导致课程陷入二元对立的困境,也为后来的课程研究者提供了批判的依据和创新发展的空间。

概念重建学派对"泰勒原理"及科学化的课程进行了深入的批判。课程研究不再局限于课程开发的程序论争,而是将课程放置在更广阔的背景下理解其意义、价值和理论可能。然而,部分学者在批判的过程中走向了极端,完全否定了"泰勒原理"及"目标模式"的存在价值。从课程开发到课程理解,经历了实体思维向关系思维的转变,从实体知识观到知识生成观,超越科学化课程理论局限性的课程理解范式不必重蹈"二元对立"的覆辙,而应本着推进科学精神与人文价值互融共存的态度,以价值生成为导向引领课程相关研究,重构课程文化。课程开发和课程理解是诞生于不同的时代背景之下的产物,"课程开发范式"暴露出的弊端长期为学者们诟病,而"课程理解范式"顺应时代的需求,形成于课程开发范式的批判基础之上。缺失了课程开发的程序,对课程的理解也就不复存在,它们是一种历史的延续,不是取代与被取代的关系。

2. 横向联系:课程研究的内在整体统一

将课程开发和课程理解的关系放在实体思维之下考虑的话,二者非此即彼,互不相容;若是将二者的关系置于关系思维之下再看,二者在"主体性价值"上是内在统一的,是一种本质的、内在的、生成的关系。课程开发过程基于特定情境,创造性地对不确定的事物加以理解,开发和研制课程的全过程都以理解为基础;课程理解是个体对课程现象、课程事件之意义和价值的解读过程,课程开发过程正是体现这种意义和价值的途径。课程理解范式从未提出"怎样编制课程"的具体方案,只是将更多的思考视角引入课程开发的过程中,其终极目的在于使课程开发的过程更加完善与全面[①]。

以多元理解的视角对课程进行开发和编制,课程研究就会散发出人文主义和科学精神的魅力;而在课程开发和编制的过程中缺失了一定标准和规范,课程理解就会如浮萍一般失去分析依据和判定标准,课程研究将变得杂乱无章。在当代课程领域,课程开发和课程理解是课程这一事物不同的两个面,相互区别,互相弥补,缺一不可。

---

① 施良方.西方课程探究范式探析[J].华东师范大学教育学报:教育科学版,1994(3):29-31.

3. 未来趋势：两种研究范式的有机整合

课程开发与课程理解两种课程研究范式各有利弊，所以二者的有机整合会是未来课程研究的新趋势。20世纪70年代之前，课程开发已经是一套成熟的、经得起历史考验的课程研发程序，量化研究占主导地位。量化研究是运用自然科学的研究方法、运用数理统计的方法，从大量个别情境中归纳出课程开发的规律和程序，认为该规律和程序可广泛运用于一切情境。20世纪70年代之后，多元、灵活、富有人文色彩和实践精神的课程理解范式崛起，量化研究渐渐被质性研究取代。质性研究受艺术、人文学科、社会理论的影响而产生，确立研究者价值参与的合理性，尊重研究对象的个别性与独特性。课程开发范式和课程理解范式在理论基础上是不可统一的，但课程论的研究内容是课程开发与课程理解的统一，研究对象是价值与事实的统一，在具体课程实践活动中，将质性和量化的研究方法有机整合起来，统筹运用，将是课程领域研究未来的发展方向。

第三节 教师课程理解的相关实证研究

课程理论研究的核心问题之一就是课程与教师的关系问题，概念重建运动之后，研究者们开始关注教师的个体经验对课程现象、课程文本是如何理解的。由于不同立场的课程观点和课程取向，课程领域的研究始终有着不同的研究套路和方法。通过对课程理解相关研究的历史进行简单梳理，发现几乎每一种课程观都在试图理解和说明教师与课程之间的关系，同时也在教师课程理解这一问题上表示自己的立场，而课程理论研究领域的发展与变化也一直影响着当前课程理解的实证研究。

当前，涉及教师课程理解的实证研究主要有两大类，基本与研究者的研究目的和主题相关，也与研究人员所持的课程取向或课程观关联度极高。课程理解一定是在特定的情境下发生的，国外课程理解的研究通常与实际情境高度关联。如研究优秀教师的时候，教师对于课程内容、学生因素的认知情况会被用来做交叉分析[1]；探讨不同维度的理解，以及教师在进行课程设计与教学之时理解是如何发生的[2]；依靠教师的教学叙事和观察日记，在教师的课程研究中探讨

---

[1] 卡尔·古斯塔夫·荣格. 未发现的自我 [M]. 张敦福，赵蕾，译. 北京：国际文化出版公司，2007：81.
[2] 保罗·利科尔. 解释学与人文科学 [M]. 袁耀东，译. 石家庄：河北人民出版社，1987：59.

与论述教师的课程理解及其影响因素[①]；聚焦优秀教师如何教学的研究，探明教师的课程认识。站在实践立场的课程理解研究给予我们研究方法上的巨大启示，那就是叙事、访谈等方法可以被纳入真实情境中用以研究教师的课程理解。

一、课程发展取向的课程理解

此类研究多采用量化研究及混合研究的研究方法，如杜志强《领悟课程研究》、刘家访《教师课程理解研究》等，以及一些关于教师的教材解读、教师课程理解的调查研究等均属于这一类研究。课程发展取向的课程理解研究是在课程和教师的交互关系中偏向于持有"课程"的视角和立场。在课程发展取向的课程理解研究中，课程的发展、结构和逻辑、课程理念和理想是主线，研究关心的问题是课程是否以及如何被合理、有效地实施，基于此而关注教师的主体性问题。杜志强《领悟课程研究》的核心思想是关注课程实施中教师与课程的相互作用，认为教师领悟课程中领悟必须具有"规范性"，但领悟不能摆脱感性的主观性、经验性和个体性。在研究"教师的领悟课程"时运用案例法收集了大量的教师重构正式课程、反思运作课程以及进行课程资源开发的案例并进行理论分析，其研究逻辑结构是以古德莱德的课程运行五层次为基础的[②]。刘家访等也持有相似的立场，在进行了大量的问卷调查基础上辅以教师访谈对问卷调查结果进行再理解[③]。张攀在其硕士毕业论文中提及由于新课程的"城市化"倾向以及在推行新课程过程中引起的农村教育边缘化问题，农村教师中很少有人清晰认识课程理解，因此在理解课程观念和解读课程内容的过程中存在片面认识，因而在他们的课程实践中对课程的理解带有随意性、机械性、片面性、盲目性以及存在不恰当的课程实践行为[④]。郑志辉等人提出，教师课程理解只能是在"相对"中无限接近"绝对"，在熟悉与了解课程文本的基础上形成对"课程"的独特"见解"[⑤]。鲍道宏的博士毕业论文以新课程语文实验为例，利用问卷调查、实地听课、访谈座谈等方式对教师课程理解进行了初步探究。

[①] 汉斯-格奥尔格·伽达默尔.哲学解释学[M].夏镇平，宋建平，译.上海：上海译文出版社，2004：77.
[②] 杜志强.领悟课程研究[M].北京：光明日报出版社，2010：104.
[③] 刘家访，等.教师课程理解研究[M].福州：福建教育出版社，2014：20.
[④] 张攀.农村教师课程理解的问题研究——基于浙西南中小学农村教师的调研分析[D].杭州：杭州师范大学，2011.
[⑤] 郑志辉，伍叶琴，皮军功.幼儿教师课程理解的内涵、现状及其社会文化影响因素[J].学前教育研究，2010（5）：24-29.

虽然中小学教师在观念层面上基本认同新课程理念，但是在教师课程理解现状中出现了与新课程偏离的现象。如果将产生这一现象的原因简单归咎于教师缺乏敬业精神或专业素养、教师职业懒惰，或课程理论、课程政策，那么造成教师课程理解现实困难的真实原因就无法得到揭示。他建议探究影响教师课程理解的复杂因素及其交互作用的深刻原因，需要把"课程"和"教师课程理解"这样的"教育问题"，放置在一个更为宽广的社会历史境遇中进行分析，以教育学原理视角，揭示其间错综复杂的关系，为课程专家、课程政策制定者与课程实践者在"研究性变革实践"中的共同发展提出路径与建议[1]。

二、教师取向的课程理解

此类研究多采用质性研究的范式。教师发展取向的课程理解研究关心的问题是教师的课程经历和课程体验，教师自我的觉醒及其与课程发展的相互作用过程中如何进行"自我的再建构"等，陈美如、孙宽宁、宋维玉、马莹等人的研究均属于教师发展取向。在《课程理解——教师取向之研究》一书中陈美如提出，教师的课程理解是一个不断建构的过程，在这一过程中课程与人的关系是：人开展了课程，课程也开展了人。把心放回课程，打开眼睛，全然接受身边的问题与学生的全部，逐步在行动中建构理解的过程，教师的课程理解经历：体察、诠释、批判与建构[2]。孙宽宁在其博士论文《教师课程理解中的自我关怀》中提到，课程理解是一种特殊的意义活动，是理解者与课程文本互动交流，进而产生特殊意义的过程。课程理解者在对课程文本的解读中，不仅仅只是单纯地对课程文本进行解读，更多的是通过课程文本来了解和体验课程，从而实现自身精神的发展。课程理解的核心关注点应该在精神层面，当理解者与课程文本相遇时，理解者会积极主动地构建其精神世界，实现教师自我精神与课程意义的统一融合。她进一步将教师的课程理解划分为下面四个步骤：返回原始与初衷；教师与课程的视域融合；课程实践；反省与交流。而教师在理解课程的过程中会经历困惑与冲突、获得新观念、改进理解并实现自我和谐、遇到新问题与困惑、主动探究并深入理解等阶段，最终推动教师个人的课程理解走向更高水平和更深层次[3]。宋维玉认为不同主体间的课程理解是多元的，甚

---

[1]鲍道宏.教师课程理解初探——以语文新课程为例[D].上海：华东师范大学，2008.
[2]陈美如.课程理解——教师取向之研究[M].台北：五南图书出版股份有限公司，2007：78.
[3]孙宽宁.教师课程理解中的自我关怀[D].济南：山东师范大学，2009.

至有时候是相互冲突的,"怎样理解课程"这个问题依然值得高度关注。教师的课程理解问题直接关系到课程改革的推行和成效,所以课程论学界和改革人员视其为核心问题。教师的课程理解融于教师个性化的教育实践中,并且对课程、教师、学生以及课程情境等课程要素的互动过程和各自发展具有重要参考价值[①]。马莹在调查语文新课程实施现状的基础上,从教师教学行为角度分析了教师对新课程的理解现状,发现教师对新课程教学目标的理解存在偏差与局限,对新课程要求的教学方式方法的理解存在一些障碍,对课程资源的含义与开发课程资源的意识缺乏足够认识。想要提升语文教师理解与认识新课程理念的广度与深度,必须从教师的职前培训与职后培训入手,采取有针对性的措施[②]。

在课程发展的线性模式被建构模式逐渐取代,以及人文主义课程观的日渐气盛背景下,研究者对教师与课程的关系的态度往往走向"整合",而在面对教师的课程理解研究中,尽管将教师对于课程的影响考虑在内,但科学主义课程观依然是主流,其主导下的教师课程理解研究更多的还是关注教师与课程的实施、课程效率和教师行为的有效性和恰切性问题。当然,课程取向的教师课程理解研究也为我们理解教师的课程理解问题提供了一个更加理性、开放的研究视野和话语背景。

三、国内教师课程理解的相关研究

课程专家施良方先生认为:"课程改革的关键之处在于教师要进行理解性和创造性的工作。"[③]派纳说:"不同的人可以基于自身不同的生活经历、知识经验等赋予同样的课程不同的意义。"可以看出,课程理解比课程开发更具有灵活性、生动感、多样性和差异性,凸显出更为多元与包容的特性。派纳的陈述突出了教师课程理解的必要性和重要性,即允许教师根据自身情况和经验,在遵循课程目的的同时,积极主动建构课程的意义。教师的课程理解不是对课程的被动应对,而是一种主动建构,体现出教师在教学中对课程的理解和把握。课程亦不再是静态的、客体的、被动的,而是转变为一系列具有生成性的、动态性、本体的、积极的课程,需要教师依据课程实际需要的情境,创造

---

① 宋维玉. 教师是怎样理解课程的?——青海省某县九位教师课程理解的叙事研究 [D]. 长春: 东北师范大学, 2017: 4.
② 马莹. 新课程实施中语文教师的课程理解现状分析 [J]. 咸阳师范学院学报, 2009 (4): 93-95.
③ 施良方. 课程理论 [M]. 北京: 教育科学出版社, 1997: 29.

性地认识、理解、探索与发掘课程的内涵、价值及意义。

（一）对教师课程理解内涵的研究

国内有关教师课程理解的内涵研究大致是从理念角度、课程场域和哲学理解角度这三个维度展开的。

有学者立足课程观念或理念的角度定义教师的课程理解。余娟和郭元祥认为教师的课程理解是教师与课程文本相遇时，解读课程的视角和思维方式，课程观是教师课程理解的焦点[①]。

有的学者则以课程场域作为内涵界定的一个标准对教师课程理解进行定义。李冲锋认为教师的课程理解是指教师通过理论知识的学习或教育实践活动，对课程所作的深入认识与认同过程[②]。鲍道宏认为"教师课程理解首先是指教师对其所接触到的'课程活动'本身的'了解'与'认识'，即'从道理上了解'，也即'顺着脉理或条理进行剖析'；在此前提下，也包括教师在接触'了解、认识'了'课程理论与课程实践'之后，凭借自身经历和经验，根据自己对自身生活、工作实际情景的体悟、判断，而产生的对的'见解'"[③]。陈丽华认为教师课程理解是以教师的智能、情感、思维方式为基础，对课程事件和课程文本的解读过程[④]。程良宏认为教师的课程理解就是教师以课程主体身份对其既有课程教学经验的价值和缺陷进行客观审视，对外来教育改革理论和要求理性分析基础上根据自己的教学实际做出的符合学生发展的教学决断[⑤]。魏青和万正维认为教师的课程理解就是教师对课程的多方面的认识和态度，主要强调的是教师对课程特别是教科书的自我理解或个性化解读[⑥]。李栋和杨丽狭义层面的课程理解指教师对课程文本（教材）的理解；广义层面的课程理解则指教师与课程设计者、教师与学生、教师与课程诸要素等范畴之间的视界融合[⑦]。

当代哲学理论中的解释学为众多学者研究教师的课程理解提供了一种全新

---

① 余娟，郭元祥.教师的课程创生——意蕴与条件[J].教育发展研究，2009（12）：57–62.
② 李冲锋.教师课程理解及其影响因素探析[J].全球教育展望，2002（11）：63–66.
③ 鲍道宏.影响教师课程理解的课程资源浅探——以语文新课程实验为例的分析[J].基础教育，2008（12）：14–16.
④ 陈丽华.教师课程理解：意蕴与转向[J].全球教育展望，2012（3）：68–72.
⑤ 程良宏.教师的课程理解及其向教学行为的转化[J].全球教育展望，2013（1）：113–120.
⑥ 魏青，万正维.教师课程理解的意涵与路径[J].教育与职业，2013（18）：177–178.
⑦ 李栋，杨丽."课程理解"广狭义辨[J].湖北社会科学，2019（6）：147–154.

的视角。不乏有学者基于"理解"的定义对教师的课程理解作出内涵界定。鲍道宏基于生存论意义界定教师课程理解，认为教师课程理解应基于教师对其所接触到的"课程活动"的了解和认识，依据自身经历和经验，借助个体对其生活、工作实际情境的体悟与判断，而产生对"课程"的"见解"[①]。杜志强和孙宽宁在其博士论文中亦基于理解的定义界定教师课程理解的内涵的。龙茵从解释学的角度，以理解与对话为途径，从教师与课程设计者、教师与课程标准、教师与教材三个方面分析教师对课程的理解，认为教师课程理解即是"教师对课程设计者目的、思想的理解程度，并在课堂教学中运用的过程"[②]。郝晶晶和张秦忠基于解释学理论，从复原说和意义创造说两种视角对教师课程理解进行了分析[③]。传统解释学认为理解者与文本存在历史距离，理解者对文本进行解读的时候就会带有一定的主观偏见，由此产生对文本研究者和文本内容的误解。复原说所指的教师课程理解，主要指教师在理解课程设计者的主要理念以及思想时，达到了何种程度，越是忠于文本原意，就表示课程理解的程度越高。哲学解释学将理解视为人的存在方式，认为理解不是追求研究者的原意，也不是解释者主观随意的解释，其本质是解释者视域与文本视域达到和谐统一。意义创生说所指的教师课程理解是一种意义的创造与不断生成的过程，是教师与课程设计者的沟通交流，是教师发挥主体性对课程各个方面的独特见解并改造课程的过程。

张光陆借鉴了哲学解释学家伽达默尔就"独断型解释学"与"探究型解释学"所作的甄别，认为当前教育语境的主流课程理解本质上是一种"独断型课程理解"，持有此种课程理解的人认为课程意义是一种客观存在又相当澄明的事实，借助恰切的方法，所有教师对课程意义的理解便能达到统一，区分课程理解优劣的标准是其与课程设计者的原意一致性的程度。教师课程理解是教师的行为方式，教师不过是课程意义的载体和传递工具，学习则是获取和接受信息的过程。而"探究型课程理解"认为教师的课程理解和教学讲授是内在统一的，理解是教师的存在方式，课程理解是师生追求精神自由的过程。教师课程理解是教师在其生存的生活世界的脉络中把握自己存在可能性的能力，教师与课程以及学生

[①] 鲍道宏. 教师课程理解初探——以语文新课程实验为例［D］. 上海：华东师范大学，2008：15.
[②] 龙茵. 浅谈教师的课程理解——从解释学角度谈教师对课程的理解［J］. 长春省教育学院学报，2008（2）：7-9.
[③] 郝晶晶，张秦忠. 从哲学解释学视角透析教师的课程理解［J］. 江苏教育学院学报：社会科学版，2009（3）：7-9.

不断对话，直到达到彼此之间视域融合。师生以完整的人的身份，在课程中相遇，互相理解、交流沟通，由此形成一种平等的交往关系[①]。王明和李太平基于教师课程理解取向的研究，认为"教师课程理解是教师基于自身的知识、经验等对课程文本进行个性化解读与赋予意义的活动"。教师课程理解普遍存在于教育实践之中，主要体现在课程实施过程中。教师课程理解的程度与水平不仅直接影响课程目标的有效达成，更是关涉改善与提升教师的生存状态[②]。余瑶认为"教师课程理解是教师结合自身教育理念和思维能力，通过与文本对话、交流而理解课程文本、意义的过程"。教师的课程理解是课程顺利实施的基础[③]。

教师课程理解的内在诉求是使课程内容具体化于每一种特殊的情境，也就是我们所熟知的课程实施[④]。教师课程理解的实质是教师以实践为基础，在与课程的对话过程中进行的自我建构，是教师将知、情、意有机结合于一体的意义探索[⑤]。课程理解对于教师及其课程实践的价值在于，课程理解协助教师找到自己的定位；课程理解丰富教师的实践知识；课程理解让教师更自主地决定并更能负责；课程理解让教师面对正式课程时更能坦然处之；课程理解帮助教师发现学生背后更大的脉络与另一面；课程理解帮助教师不断自我更新[⑥]。

（二）对教师课程理解基本内容和类型的研究

对教师课程理解的基本内容有不同的看法，问题集中在对教师课程理解中的"课程"这一概念的隐含界定上。关注教师的课程理解，有研究者认为课程理解是对课程文本的理解，因此提出新课改背景下的教师课程理解内容包括：课程计划的理解；课程标准的理解；教材的理解[⑦]。徐航认为课程理解的内容包括课程文本、课程本体及运作课程等三个方面，并具体划分了每一方面的组成要素[⑧]。还有

[①] 张光陆. 探究型课程理解：教师的视角 [J]. 教育科学论坛，2010（9）：14-16.

[②] 王明，李太平. 关注"课程精神"——解释学视角下教师课程理解的合理取向 [J]. 中国教育学刊，2012（7）：49-52.

[③] 余瑶. 提升农村教师的课程理解力 [J]. 中国教育学刊，2018（1）：87-91.

[④] 张娟. 基于诠释学的教师课程理解解读 [D]. 西安：陕西师范大学，2014：37.

[⑤] 李志超. 实践理性投射下的教师课程理解 [J]. 教育理论与实践，2013（25）：33-36.

[⑥] 陈美如. 课程理解——教师取向之研究 [M]. 台北：五南图书出版股份有限公司，2007：27.

[⑦] 孙宽宁. 课程理解的理想与现实——一种教师自我关怀的视角 [M]. 济南：山东人民出版社，2010.

[⑧] 徐航. 教师课程理解现状访谈研究 [D]. 福州：福建师范大学，2012.

研究者提出教师的课程理解包含教师与课程设计者之间的理解[①]。鲍道宏在其博士论文中，将教师的课程理解按照课程展开的环节分为"对课程目标的理解，对课程内容的理解，对教学的理解，对课程评价的理解。"[②]也有研究者提出，教师的课程理解应以三种对象为内容：一是课程文本，即课程标准和教材；二是教师自我，涵盖对教师自身的关注——自我意识、生活体验、人生价值；三是学生，关切学生的课程世界、经验世界还有想象世界[③]。该分类源自施瓦布（Schwab）的实践课程四要素，他认为课程研究以及课程实践必须着眼于学科科目、学习者、教师、环境这四个要素[④]。还有学者在对教师课程理解的内容作出划分的基础上，增加了对学生的理解[⑤]。也有研究者综合考虑课程实施情境、发展模式与教师经验的差异等方面的因素，提出课程实践中存在以下四种课程理解类型：非批判性课程理解、教育性课程理解、生成性课程理解以及批判性课程理解[⑥]。

（三）对教师课程理解基本取向和层次的研究

国内研究教师课程理解取向时，很多学者都会以解释学关于理解的两种取向——"复原说"和"意义创生说"为切入点。赵文平就教师对课程文本的理解进行了分析探讨，主张教师理解课程文本的新取向应当是"意义创生说"。当教师在"复原说"取向下理解课程文本时，必须最高程度地还原研究者的本意，致使课程丧失动态生成性、教学缺少创造生成的活力、课程文本湮没教学主体的生命价值、静态客观知识的强行灌输导致学生缺乏创造力。在"意义创生说"取向下，教师理解课程文本的内涵被界定为：教师与课程文本之间的理解对话和教师自身成长的过程。[⑦]教师在课程实施的过程中，出于教师对课程的

---

① 吉标，吴霞. 课程实施：理解、对话与意义建构 [J]. 西南师范大学学报：社会科学版，2005（1）：85-88.
② 鲍道宏. 教师课程理解初探——以语文新课程实验为例 [D]. 上海：华东师范大学，2008.
③ 张娟. 基于诠释学的教师课程理解解读 [D]. 西安：陕西师范大学，2014：23-31.
④ 胡森，T.N.波斯尔斯韦特. 教育大百科全书——课程 [M]. 丛立新，赵静，译审. 重庆：西南师范大学出版社，2011.
⑤ 王守纪. 教师的课程理解对课程实施的影响 [J]. 教学与管理，2002（4）：48-49.
⑥ 秦玉友. 课程理解——课程改革与课程实施中日渐凸显的问题 [J]. 课程与教学，2002（5）：75-88，165.
⑦ 赵文平. "意义创生说"——教师理解课程文本的新取向 [J]. 教育导刊，2007（6）：15-16.

把握情况,张攀提出"根据理解取向的不同,教师课程理解分为复原式课程理解与创生式理解"[①]。全文从哲学角度对创生式理解进行了详细的阐述,研究者在"理解"概念的基础上,将教师的课程理解分为这两个层次,虽有一定的合理性,却忽略了教师这一主体因素对课程理解产生的影响。陈丽华认为将传统解释学向现代解释学发展的历程作为划分的理论基础,"以教师课程理解是否存在意义创生来分类,教师的课程理解可分为意义复原式教师课程理解与意义创造式教师课程理解两个类型"[②]。杨道宇和温恒福认为,产生不同课程理解的范式的原因在于教师在回应课程理解中的本体论、认识论、方法论和价值论等问题时,在回答的方式上有着巨大差别,由此提出课程理解的三种范式——课程意义复原说、课程意义商谈说、课程意义主观建构说[③]。也有学者对当下比较主流的两类课程理解取向加以批判——机械忠实和盲目创生,认为此两类取向将课程理解的角色囿于主客二分的困境,由此提出教师课程理解的应然取向应是将课程理解作为生存方式,忠于课程精神[④]。程良宏提出教师在理解课程的过程中会经历由低到高三个理解层次:"积极健全的课程主体自觉、日常课程教学批判创造以及'实践理论'构建。[⑤]"他认为教师课程理解的起点必须是教师的主体自觉,教师课程理解的外在表现则是教师对教学的批判创造,最终教师课程理解的外显结果就是教师构建出个性化的"实践理论"。

一些研究根据研究关注点的差异和对研究问题的揭示程度,分析探讨了教师课程理解的取向和层次。孙宽宁在其博士论文中,以教师的自我关怀为研究视角开展教师的课程理解研究,提出三种教师课程理解的基本取向:"自我生存为本的取向、教学为本的取向、自我实现为本的取向。[⑥]"如果是关注教师的课程实施,那么教师的课程理解取向就会有意义复原式课程理解和意义创生式课程理解。李冲锋认为教师的课程理解随专业发展的各个阶段呈现出不同的理解层次,因此他将"教师的课程理解划分为既存课程理解、新课程的创设、超

---

① 张攀.创生式教师课程理解——新课程背景下教师课程解读新思路[J].教学月刊:中学版(下),2010(10):31-33.
② 陈丽华.教师课程理解:意蕴与转向[J].全球教育展望,2012(3):68-72.
③ 杨道宇,温恒福.课程理解的三种范式[J].教育理论与实践,2010(8):54-57.
④ 李树军.教师课程理解:现实问题与应然取向[J].教育发展研究,2009(12):68-70.
⑤ 程良宏.教师的课程理解及其向教学行为的转化[J].全球教育展望,2013(1):113-120.
⑥ 孙宽宁.课程理解的理想与现实——一种教师自我关怀的视角[M].济南:山东人民出版社,2010:66-70.

越课程理解由低到高三个层次,探讨了由上到下式、由下到上式、相互作用式三种课程理解方式"。

(四)对教师课程理解影响因素与改善路径的研究

通过对教师理解课程的影响因素进行整理与总结,研究者发现教育环境、教师、课程、学生是最核心的四方面内容。虽然学界对教育环境的内涵理解不尽相同,譬如,有研究者以学校所处的社区观察教育环境,有人认为教育环境就是教师的工作环境,但是研究者们都基本赞同教育环境是一个重要的影响教师课程理解的因素。教育环境包括学校规模、班级规模等社会因素;物理环境因素包括噪音、建筑等;还有学校氛围和课堂气氛等方面的心理环境因素[1]。总体来说,对教师课程理解产生影响的环境因素,其内涵直指物理环境、制度环境与课程文化环境,囊括组织、资源、行政支持和限制[2],教师课程理解的氛围[3],学校的课程文化,以及课程的评价体系。通过一次对《九年义务教育课程·数学》教材实施情况的调查,马云鹏等学者发现教师的课程理解受到教师的课程观、经验、反思或回顾、时间以及对评价的预想的影响[4]。

在教师课程理解影响因素的研究中,研究者主要从内部与外部两个维度展开探究。王守纪认为影响教师课程理解的因素有:"教师的思维定势、教师自身的素质、材料表述不清晰、教师与设计者之间缺少必要的沟通"[5]。李冲锋认为影响教师课程理解的内部因素为教师的已有知识、能力、个体经验、情感态度等,而时间、财务和环境等为外部因素[6]。秦玉友从教师的知识结构角度入手,认为教师的课程理解受理论性知识、实践性知识、反思性知识的影响[7]。鲍道宏将新课程方案及培训、教育环境、社区价值观、教师自身因素等视为影响

---

[1] 范国睿. 教育生态学 [M]. 北京: 人民教育出版社, 2000.
[2] 鲍道宏. 教师课程理解初探——以语文新课程实验为例 [D]. 上海: 华东师范大学, 2008: 107.
[3] 张攀. 创生式教师课程理解——新课程背景下教师课程解读新思路 [J]. 教学月刊: 中学版(下), 2010(10): 31-33.
[4] 马云鹏, 刘宇. 教师理解课程影响因素的研究 [J]. 教育研究与实验, 2001(4): 31-33.
[5] 王守纪. 教师的课程理解对课程实施的影响 [J]. 教学与管理, 2002(2): 48-49.
[6] 李冲锋. 教师课程理解及其影响因素探析 [J]. 全球教育展望, 2002(11): 63-66.
[7] 秦玉友. 课程理解——课程改革与课程实施中日渐凸显的问题 [J]. 课程与教学, 2002(5): 75-88, 165.

教师课程理解的主要因素[①]。郑志辉等人主要从"社会文化因素、制度因素、专业因素和资源支持因素"的角度对影响幼儿教师课程理解的社会文化因素进行了分析[②]。

其他学者从教师课程理解影响因素的角度，提出提高教师课程理解的策略与路径。赵杰认为想要加深教师的课程理解，离不开唤醒并培育教师的课程理解意识、加强与提高教师素质、增强教师的理解能力、浅显易懂地表达课程材料、加强教师与设计者以及师生之间的沟通、营造课程理解的氛围[③]。孙宽宁在其博士论文中以教师所处的不同专业发展阶段作为划分依据，通过观察和分析教师的课程实践，提出了提升教师课程理解的策略："返回课程的设计初衷、实现教师与课程之间的视域融合、注重课程实践活动、加强反思与交流。"[④] 分析并探讨教师理解课程时存在的误区，杜尚荣提出以"实现三个统一"重构教师理解课程理念的思路——规范化与个性化相统一；忠实与创造相统一；教师、教材和学生三者相统一[⑤]。徐松从课程文本、课程本体、课程实施三个维度着手，对教师的课程理解展开调查研究，剖析教师在理解课程的过程中产生偏差的原因，瞄准教师为提升策略的切入点，给出促进发展教师课程理解能力的诸多建议[⑥]。魏青和万正维探讨了教师课程理解的可能途径，及其在课程行动中可能产生的关联与影响，提出了改进教师课程理解的可能路径。首先，教师应回到自己从事教育的初衷，并以理解自身的处境与难题为起点；其次，教师需要专业自省及对话，进入彼此共存的生活世界；再次，教师生活故事的书写，课程理解的再现；最后，教师看待课程观点的改变，另一个看似相同的起点。他们认为，从教师生活世界出发回到教师主体的课程关怀，是协调教师课程理解与课程实践的可能途径，教师经过课程理解与行动这一探究过程之后，再进行课程理解与行动时，表面似乎回到了一个循环的相同起点，实际上教师看待课程的理论观点已经不同，让教师以不同的立足、体会、视界去体察、诠释、批判课程。一次次的实践反省促进教师丰富其实践智慧与课程专业，也与理论

---

① 鲍道宏. 教师课程理解初探——以语文新课程实验为例 [D]. 上海：华东师范大学，2008：95-125.
② 郑志辉，伍叶琴，皮军功. 幼儿教师课程理解的内涵、现状及其社会文化影响因素 [J]. 学前教育研究，2010（5）：27.
③ 赵杰. 浅析教师的课程理解问题 [J]. 辽宁教育行政学院学报，2005（7）：116-117.
④ 孙宽宁. 教师课程理解中的自我关怀 [D]. 济南：山东师范大学，2009：152-164.
⑤ 杜尚荣. 教师理解课程——误区与重构 [J]. 课程教学研究，2012（3）：23-27.
⑥ 徐松. 教师课程理解现状调查研究 [D]. 福州：福建师范大学，2012：54-55.

知识之网联系更加紧密①。张秋霞以江西省赣州市区五所高中的48名生物教师为研究对象，分析他们课程理解的实际现状，提出了提升教师课程理解能力的策略。首先教师应该具有课程理解的自觉意识，从课程理解模式上看，依循"由理论到实践再返归理论"的逻辑思路，利用课程标准辅助解读课程，还关注教师对课程的反思②。程良宏认为，关注教师课程理解力，是提升一线教师的专业品性、弥合理性课程和现实课程的鸿沟、打通理论话语和实践话语的联系，让教师在课程改革中获得教学勇气和持续改革内在动力的解决办法。他提出，可以从关注教师实践性知识、提升教师的理论自觉和构建课程共同体三方面入手③。李冲锋以学科课程的理解为基础，期望通过培养课程意识、调整课程理解维度、强化理论学习、研究名师课堂等措施有效改善教师的课程理解④。

经过对文献的查证和梳理，基于高中学段英语学科的课程理解研究非常之少，因此在文献综述部分没有单独进行阐述。

---

① 魏青，万正维. 教师课程理解的意涵与路径 [J]. 教育与职业，2013（18）：177-178.
② 张秋霞. 教师课程理解的现状调查研究——以江西赣州市市区高中生物教师为例 [D]. 南昌：江西师范大学，2013：45-47.
③ 程良宏. 教师的课程理解力及其生成 [J]. 现代教育管理，2014（1）：81-85.
④ 李冲锋. 教师课程理解的改善路径 [J]. 天津师范大学学报：基础教育版，2014（1）：20-24.

第三章 理论基础

本论文将运用哲学解释学、主体间性理论以及课程理解理论的基本原理探讨教师课程理解。研究者首先介绍以上理论的一些主要观点和概念,以便对它们有整体性把握。本章共分两节,主要内容安排如下:第一节是哲学理论基础,较为翔实地介绍了伽达默尔哲学解释学中理解的概念和特点,以及伽达默尔哲学解释学和胡塞尔现象学中的主体间性理论;第二节是教育学理论基础——派纳的理解课程理论的基本观点。

第一节 哲学理论基础

一、"理解"思想

利奇(Leitch V.B.)认为海德格尔引发了一场"解释学革命"[①],他使解释学研究发生了根本性的转向——方法论走向本体论、认识论走向哲学。海德格尔在其著作《存在与时间》中清晰阐述了他的解释学思想,他的思想体系受到胡塞尔现象学和狄尔泰解释学的双重影响并有机结合,生成了"此在(being there)"的概念。存在之所以有意义,是因为此时此地的存在,也就是此在对自身的领悟被理解,意义随着理解被解蔽;将存在置于被观察的世界和历史中,就存在的关系而言,存在即世界,就其展现于历史而言,存在即时间。他对理解的本体论性质和理解的历史性原则的探索与创新,为之后伽达默尔创立哲学解释学作出巨大贡献。

伽达默尔进一步发展和系统阐述了他的老师——海德格尔的"本体论变

---

① Leitch V.B. American Literary Criticism: From the Thirties to Eighties [C]. New York: Columbia University Press, 1988: 187.

革"与"此在"思想,将"语言"确定为解释学的核心,创立了"语言解释学"。伽达默尔在其皇皇巨著《真理与方法》中,也把自己的思想理解为海德格尔解释学哲学的延续与发展,①但他的最大贡献是真正将理解明确看作哲学的本体。《真理与方法》的出版标志着系统化哲学解释学的建立,他说道:"我们一般所探究的不仅是科学及其经验方法问题——我们所探究的是人的世界经验和生活实践的问题。借用康德的话说,我们是在探究:理解怎样得以可能?这是一个先于主体性的一切理解行为的问题,也是一个理解科学的方法论及其规范和规则的问题。"②哲学解释学在西方乃至整个世界人文科学的各个领域产生了斐然的影响。

"解释学是哲学,而且是作为实践哲学的哲学"③。伽达默尔这里指称的实践实则是亚里士多德意义上的实践理性、实践智慧,解释学不再是纯粹哲理性的理论知识,而是一门理论与实践融合在一起的人文学科,批判与反思涵盖其中。伽达默尔利用他创立的实践哲学理论,分析科学理性膨胀在近现代社会中所引发的社会危机和人类危机,希冀描述一幅实践理性主导之下的人类社会未来图景。西方实践哲学传统历史悠久,源远流长,建构创立现代实践哲学是期望实践理性与实践智慧能够占据人类生活世界的核心,回归人类的精神家园。

下面就哲学解释学中一些与课程理解密切相关的"理解"概念和思想作出介绍。哲学解释学的核心关键问题即"理解何以可能",伽达默尔哲学解释学中独具一格的解释学观点便是"理解的历史性、理解的语言性以及理解的应用性"④。

(一)理解的历史性

理解的历史性(the history of understanding)是贯穿解释学研究始终的一个重要问题,狄尔泰和海德格尔都就此问题进行过讨论,伽达默尔视其为哲学解释学的核心概念和重要原则详细阐说,给予了历史性在解释中的合法地位。理解的历史性是指由于研究者和读者的历史间距性,理解文本的过程中产生的差异性问题。他认为"文本的意义超越它的研究者,这并不只是暂时的,而是永

---

① 洪汉鼎. 诠释学——它的历史和当代发展 [M]. 北京:人民出版社,2001:211-212.
② 伽达默尔. 真理与方法 [M]. 洪汉鼎,译. 上海:上海译文出版社,1999:6,380,341.
③ 伽达默尔. 科学时代的理性 [M]. 北京:国际文化出版公司,1988:108.
④ 彭启福. 理解之思——诠释学论 [M]. 合肥:安徽人民出版社,2005:40.

远如此的。因此,理解就不是一种复制行为,而始终是一种创造的行为"①。

承认理解的历史性是为了纠正"经常所进行的理解用以理解自身的方式,并使之从不恰当的调整方式中纯化出来"①。海德格尔主张一切理解都是对自我的理解,理解始终包含着筹划自身。伽达默尔也赞成理解就是理解自己,为自己筹谋。"我们的理解必然始于筹划熟悉的东西"②,海德格尔把它称为"前理解"(fore-understanding),伽达默尔把它称为"前见"(prejudice)——一种决定某个处境(situation)的一切要素最终得到考察之前所给予的判断力(judgement)③。传统解释学认为前见是一种消极的偏见(bias),是造成理解者把握与还原文本研究者原有意图的障碍与消极因素,理解者应该在理解的时候努力解决这一问题。然而,"历史精神的本质并不在于对过去事物的修复,而是在于与现实生命的思维沟通"④,所以一切理解都是理解者前见之下的理解。人是一种历史的存在,它使人无法剥离自己的历史性;正因源于人的历史性,人才拥有前见,前见是人不可分割的那部分,前见是构成个人存在的历史现实。前见是理解的起点和基础,决定了理解的历史性。不是所有的前见都是好的、有益处的。合理的前见会帮助理解者作出明智与恰切的筹划,达到对事物本身的正确理解,反之则会使理解者走向误解。

那么,什么是正确的理解呢?传统解释学认为,完全客观遵从研究者原意的理解即是正确的理解,哲学解释学却认为,正确的理解不是复原研究者的意图,而是研究者与理解者分享共同的真理和相同的意义。意义从来不只取决于解释者或研究者任何一方,"文本的意义超越它的研究者,不只是偶然的,而是总是如此。因此,理解就不只是一种复制的行为,而始终是一种创造性行为"⑤。不同的理解比更好的理解更能表现理解的真理。传统解释学认为需要克服时间距离(temporal distance),在确保历史客观性的前提下以达到对研究者原意的理解,但伽达默尔坚信正是有了时间距离,理解的积极性和创造性才得以有了可能,意义才能被无止境地探索发现,理解得以循环往复。时间距离使那些促成真正理解的前见得以呈现,由此帮助我们区分了进行理解的真前见和

---

① 伽达默尔. 真理与方法 [M]. 洪汉鼎,译. 上海:上海译文出版社,1999:6,380,341.
② 洪汉鼎. 理解的真理——解读伽达默尔《真理与方法》[M]. 济南:山东人民出版社,2001:195.
③ Gadamer H.G. Truth and Method [M]. Translated by Garrett Barden, John Cumming et al. London: Sheed and Ward Ltd,1975:240.
④ 伽达默尔. 科学时代的理性 [M]. 薛华,译. 北京:国际文化出版公司,1998:34.
⑤ 朱健平. 翻译的跨文化解释 [D]. 上海:华东师范大学,2003:62.

导致产生误解的假前见。时间距离为产生新的理解、发掘新的意义供给永不干涸的源泉，存在的新意识源源不断产生，视域融合就这样发生了。

接着，伽达默尔提出了效果历史（effective-history）概念，他认为解释学的全部经验都是在效果历史中实现的。他把效果历史看作过去与现在相互作用的历史，在效果历史下，记录历史的流传物（文本）以及过往历史的精神创造物（艺术、法律、宗教等）都与其原始意义不再相同，处于不同境遇的研究者和读者不断地相遇，解释和理解着彼此。"理解按其本性乃是一种效果历史"①。效果历史指出了理解者自身的历史性和局限性，也揭示了人类认识的历史性和有限性。也就是说，抛开历史对我们的影响而去理解他者是不存在的，在理解过程中，我们一定被自身的前见和视域所影响和制约着。

基于以上阐述，伽达默尔提出视域（horizon）概念，这个词在英语和德语中都是"地平线"的意思，在哲学解释学中，"视域就是看视（vision）的区域，这个区域囊括和包容了从某个立足点出发所能看到的一切"②。解释者对文本的理解是囿于自己的视域范围内的理解，在理解的过程中，理解者的视域和文本视域同时存在。首先，伽达默尔承认了任何有限的存在都有它的局限，视域也是如此；其次，他更偏重视域的开放性。视域不是静止不变的，而是不断变化而保持开放的，开放构成了理解的必要条件，因此，理解实质上就是理解者和被理解者视域融合（fusion of horizons）的过程。

伽达默尔提出的"视域融合"概念，恰好论证了理解绝非一个追求研究者原意的过程，而是一个过去视域与现在视域相互融合的过程，是一个文本原意与理解者阅读之视域融合的过程，是一个意义再创造或创生的过程。视域融合的结果是形成了一个新的视域，一种对文本视域和读者视域的超越，但这种超越不是无止境的，是在一定范围内的超越。理解的历史性让我们在不忽视历史视域的前提下，从自己的视域出发理解文本或研究者，反之，尊重历史也不意味着将理解主体的主观性化为虚无，正如理解的过程一般，是开放与限制的辩证统一过程。理解过去意味着理解现在和筹划将来。

（二）理解的语言性

理解是相互理解，是视域融合的过程，理解的目的就是达到共同理解，分

---

① 伽达默尔.诠释学：真理与方法［M］.洪汉鼎，译.北京：商务印书馆，2007：408.
② 伽达默尔.诠释学：真理与方法［M］.洪汉鼎，译.北京：商务印书馆，2007：411.

享共同的真理和意义,以伽达默尔的话说,就是使"彼此结合成一个新的共同体(a new community)",而"这整个理解过程乃是一种语言(linguistic)过程……语言(language)正是谈话双方进行互相了解并对某事取得一致意见的核心"①。

理解的语言性是伽达默尔哲学解释学的另一核心命题,他认为语言在理解中有着至关重要的作用,"能被理解的存在就是语言(Being that can be understood is language)"②。在洪汉鼎看来,伽达默尔对理解的语言性的表述与施莱尔马赫的名言意义相近,"诠释学的一切前提不过只是语言(Everything presupposed in hermeneutics is but language)",而与海德格尔提出的"语言是存在之家"这一哲学命题也是一脉相承。

既然理解是一个意义再创造的过程,而理解的历史性又是不可避免的,那么历史与传统是怎样对当下的理解产生影响的呢?伽达默尔认为是通过语言。语言是使过去与现在得以连接的媒介,理解本质上是一种理解本身与理解的对象进行语言性融合的过程。海德格尔说,"存在在思想中形成语言,语言是存在的家,人以语言之家为家"③,这使语言与理解的关系经历了从工具论到本体论的转变过程。伽达默尔受洪堡(W. von Humdoldt)关于"语言观就是世界观"(a view of language is a view of the world)观点的启发,继承发展了海德格尔的存在论语言观,认为"一切理解都是语言的理解"。洪堡的语言观是形成于批判实证主义和科学主义基础之上的一种有机主义语言观。他认为各种语言之间的区别和差异不只表现在语音和记号上,更核心的是不同的"世界观",由此奠定了"语言观即是世界观"的思想。他提出"语言从精神出发,再反作用于精神",即语言源自人,但会反作用于人并制约着人的思维和行动。语言记录了人对世界的看法,但又有自身运行的规律④。海德格尔在其研究语言的著作《在通向语言的途中》回答了什么是语言和语言的本质是什么的问题。当我们尝试寻找语言的本质时,我们就已经踏上"通往语言的途中",他自己认为"语言就是语言"。当论及"语言之为语言如何成其本质"时,海德格尔的

---

① 伽达默尔. 真理与方法 [M]. 洪汉鼎, 译. 上海: 上海译文出版社, 1999: 486, 490.
② Gadamer H.G. Truth and Method [M]. Translated by Garrett Barden, John Cumming et al. London: Sheed and Ward Ltd, 1975: 432.
③ 海德格尔. 海德格尔选集 [M]. 孙周兴, 选编. 上海: 上海三联书店, 1996: 358.
④ 洪堡. 论人类语言结构的差异及其对人类精神发展的影响 [M]. 姚小平, 译. 北京: 商务印书馆, 1987: 49.

回答是:"语言说话。"语言说话不是指语言性的言说,不是语言在陈述,如果把"所说"当作"说话",说话就陷入了"流俗之见"。"语言说话"是一种事物揭示自己、表明自身存在的方法,语言在沉默中"道说",即"语言作为寂静之音说话"①。"道说"与"言说"不同,"言说"指的是一种出声的说,遵守固定的语言逻辑与语法结构,而"道说"是一种本真的"如其所是"般显示存在的说。海德格尔还对语言和言语作出区分。于他而言,"语言"既包括索绪尔指称的"语言",也包括他定义的"言说",但他认为还存在一种更抽象、更实在、更本真的"说"。前一种"说"意指人用语言来说,后一种"说"则表明语言本身在说、历史在说、天道在说,是语言借助人在诉说自己。海德格尔从哲学的高度来把握语言,认为语言可以划分为两个层次,较低的是言谈,即发出声音;较高的是语言,即通过发出声音来展示某种意义②。

伽达默尔坚决反对语言的工具论理解。他说:"语言根本不是一种器械或工具。因为工具的本性就在于我们能掌握对它的使用,这就是说,当我们要使用它时可以把它拿出来,一旦完成它的使命又可以把它放在一边。但这和我们使用语言的词汇大不一样,虽说我们也是把已经到了嘴边的词讲出来,一旦用过之后又把它们放回到由我们支配的储备之中。这种类比是错误的,因为我们永远不可能发现自己是与世界相对的意识,并在一种仿佛是没有语言的状况中拿起理解的工具。毋宁说,在所有关于自我的知识和关于外界的知识中我们总是早已被我们自己的语言包围。"③基于对语言的深刻认识,伽达默尔进一步提出:"一切理解都是语言问题,一切理解都在语言性的媒介中获得成功或失败。一切理解现象,一切构成所谓解释学对象的理解和误解都表现为语言现象。我打算在下面讨论的论点则更为激进一步。我的论点是,不仅人与人直接的相互理解过程表现为一种语言现象,而且当理解过程的对象是语言以外的领域,或者倾听的是无声的书写文字的时候,理解过程本身也表现为一种语言现象。"④

在伽达默尔看来,人首先不是使用语言去描述世界的,而是世界体现在语言中。并不是因为我们在世界中存在而具有语言性,而是语言使我们获得了在

---

① 海德格尔. 在通往语言的途中 [C]. 孙周兴, 译. 北京: 商务印书馆, 2004: 23.
② 汲传波, 刘芳芳. 从语言学的视角评介西方哲学家的语言观 [J]. 现代语文:语言研究版, 2017(1): 9-12.
③ 伽达默尔. 哲学解释学 [M]. 夏镇平, 宋建平, 译. 上海: 上海译文出版社, 1994: 62.
④ 伽达默尔. 诠释学:真理与方法 [M]. 洪汉鼎, 译. 北京: 商务印书馆, 2010: 230.

世界中存在的共同性，唯有在语言中，"我"与世界才相互联结，构成了世界整体，语言代表了一种"世界性"。任何存在物只有在语言中才能对人呈现自己的真实存在。人是理解的存在物，所有人永远以语言方式拥有世界。因此，就终极意义而言，语言就是人类的本质和寓所，是科学、历史、文明之母，它是一切理解的基础，理解只是意味着对语言的理解，语言是理解本身得以实现的普遍媒介。如果排除语言为上帝所创的假设，我们在世界中存在的"语言性最终是表达全部经验范围"[1]。伽达默尔从效果历史的概念出发，强调了语言的历史性，确立语言以思辨的方式存在，"理解的语言性（the linguistic quality of understanding）是效果历史意识的具体化"[2]。

1. 语言是人的存在

从工具论的角度看语言，它就是人类交流思想时最为重要的工具，但伽达默尔认为"语言就是人的存在的真正媒介"[3]。截然不同于现代语言分析哲学的"语言工具论"和"语言符号论"，"语言作为人类的世界经验"，从根本上说是指语言是构成人类存在的一种基本经验。语言是人类的"精神力量"，世界在语言中得到表述，语言不是工具和符号，不是认识世界的手段。我们处于语言中，被语言包围，存在必须通过语言来表述。与理解的历史性一样，语言也不能用主客二分的方法来衡量，语言根植于人类存在的本体论经验中。语言揭示了"此在"之下的我们的生活世界和文化遗产，语言是对存在物的临摹，使作为原型的世界得以表现并继续存在。任何理解都必将是语言意义上的理解，不论是文字语言、有声语言还是肢体语言，都不可能脱离人而存在，人拥有语言所以才能去理解，语言是人的存在。

2. 语言的遮蔽性与解蔽性

解释学视域里的语言集揭示功能与掩饰功能于一身。伽达默尔曾说到语言具有一种"显露—隐藏"[4]的性质。显露意指它具备揭露事物或对象的功能；而隐藏是指语言总是通过陈述来表现事物，但陈述永远不能完满地表达事物。语

---

[1] 潘德荣，齐学栋. 诠释学的源与流 [J]. 学习与探索，1995（1）：61-68.
[2] Gadamer H.G. Truth and Method [M]. Translated by Garrett Barden et al. Bejing：China Social Sciences Publishing House，1999：351.
[3] 伽达默尔. 诠释学：真理与方法 [M]. 洪汉鼎，译. 北京：商务印书馆，2007：184.
[4] 伽达默尔. 诠释学：真理与方法 [M]. 洪汉鼎，译. 北京：商务印书馆，2010：225.

言的解蔽性首先涉及语言对内心经验的表达，其次也可见指向内心经验之外的存在。对于前者我们易于理解，至于后者我们可以理解为言说者的内心经验揭示了某种社会的存在状况及其作为社会存在者的存在状况，即通过语言，我们可以把未曾说出的呈现出来[①]。语言在理解和解释的过程中展开和实现，理解通过解释表现出来，解释的过程就是以语言为媒介来展现理解的意义的过程。伽达默尔非常强调语言隐形在场的重要性："语词的'本质'不在于被完全表达出来，而在于隐而未言者，正如我们特别在无语和沉默中所看到的那样"[②]。然而每一枚硬币都是有两面的，语言还有另一种与解蔽性相反的遮蔽性功能，可以帮助掩盖一些真相或事实。由于效果历史或时间距离等原因，解释者无法理解、解释文本的内容，或无法适应研究者的表达习惯，导致在理解时无法显现事物的本质。伽达默尔曾这样说，"当我写下'能被理解的存在就是语言'这句话的时候，里面就蕴含着以下意思：凡存在的，绝不可能完全理解。因为语言所引导的总是超出了陈述中所出现的东西。凡能被理解的，总要进入语言——当然它总要作为某种东西而被察觉。这就是存在'显示自身'的诠释学度问"[③]。

语言的遮蔽性问题很复杂，可以围绕语言与言说者、听者与读者的关系展开。语言的遮蔽性具有两种表现。第一种表现是言说者对自己主观意图的自觉遮蔽。说谎是言说者有意识地掩盖自己主观意图的一种典型形式。在这种情况下，言说者选择的语言形式与其主观意图或者各不相干，或者完全相反。伽达默尔在《语义学与解释学》（1968年）中指出："说话这种情况下，语言——更准确地说是在我们说话的时候——事实上能够遮蔽某种东西。""一板一眼说谎的人既不结巴，也不窘迫"[④]。言说者还可借助语言的歧义性遮蔽自己的主观意图，利用模棱两可的易于产生歧义的话语，遮蔽着言说者的真实意图。第二种表现是言说者对自身主观意图的非自觉遮蔽。言说者会受到当下心理状态或者其语言表达能力的限制与影响，出现身不由己的"口不择言"或"词不达意"的情形，或者文字撰写能力较差的人在写作时也会出现类似的问题。

[①] 彭启福. 理解之思——诠释学初论［M］. 合肥：安徽人民出版社，2005：81.
[②] 海德格尔. 海德格尔选集［M］. 孙周兴，选编. 上海：上海三联书店，1996：358.
[③] 伽达默尔. 诠释学：真理与方法［M］. 洪汉鼎，译. 北京：商务印书馆，2007：401-402.
[④] 严平，选编. 伽达默尔集［M］. 邓安庆，等译. 上海：上海远东出版社，1997：170-171.

语言与听读者的关系也会出现遮蔽的现象，这主要是语言本身的多元性和易变性产生的结果。伽达默尔说道："人类语言的标志在于，它不像动物的表达标志那样的僵硬，而是保持着可变性。这种可变性不光表现在人类有许多种语言，还在于人能用相同的语言和相同的词句表达不同的事物，或者用不同的语句表达同一事物。"[①]由于效果历史、时间距离、视域限制等因素，听读者很难把握言说者的语言的个性化特征以及流动性的含义。而对于不同语言系统下的言说者和听读者，语言的多元性和差异性就具有一定的遮蔽功能，影响他们之间的理解和沟通。

3. 语言的普遍性、无我性和自我遗忘性

"没有任何东西可以完全避开被言说，只要我们的意向活动指及某物，某物就无法避免被言说。正是由于理性的普遍性，我们的讲话能力才具有不断的发展。因此，每一场谈话都具有内在的无限性，都是无穷无尽的"[②]。伽达默尔认为语言是包容一切的，语言揭示了我们的生活世界和文化遗产，这亦是对真理、对存在的揭示。语言意义是与人们的经验生活联结在一起的，语言具有普遍的存在论意义。

此外，伽达默尔还强调人的意向活动。他认为，"所有讲出的真实含义绝不只在自身，而是或多或少地与未讲的话有关。每一个陈述都受动机支配，这就是说，我们可以对所说的每一句话有意发问'为什么你说这些？'只有在所说的话中同时也理解到未说出的话，这个陈述才被理解"[③]。这种观点与奥斯汀言语行为理论中的"言外之意"观点极为相似。长久以来，我们一直关注陈述过程中语言所表达和揭示的意义，但未曾深刻思考语言之外或语言背后所要表达的意义。因此，这就提醒我们在理解一个陈述，尤其是理解一个问题时，想要找问题的答案并最终真正达到理解，就一定要对陈述或发问的动机作出理解。伽达默尔把它归结为问答的逻辑。此外，他把人类思想中的逻辑总结为三种形式：科学的独白式逻辑、黑格尔的绝对唯心论的辩证式逻辑以及由他提出的对话式逻辑（问答的逻辑）。他认为解释学的任务就是要把前两种均属于独白式的逻辑融入交往的意识中。只有通过反复的问答、不断的交往，人们才有可能获得一致的意见。经由语言的解释表达出共同的世界，实现视域融合，从

---

① 伽达默尔.哲学解释学[M].夏镇平，宋建平，译.上海：上海译文出版社，1994：60.
② 伽达默尔.诠释学：真理与方法[M].洪汉鼎，译.北京：商务印书馆，2007：182.
③ 伽达默尔.诠释学：真理与方法[M].洪汉鼎，译.北京：商务印书馆，2007：183.

而达到真正的相互理解。对伽达默尔来说，语言最典型地存在于交谈、对话、问答的平等交换中，是一种"平等精神"的体现。而且不是所有的谈话都会成功，但谈话会带来辩论的机会，在谈话时要尊重伙伴，并承认他或许是正确的。这与苏格拉底的"争论中的善意"原则相符。

语言的无我性（self-extinction）是实现相互理解的先决条件，原因是"只要一个人所说的是其他人不理解的语言，他就不算在讲话。因为讲话的含义就是对某人讲话。讲话中所用的词之所以是合适的词，并非仅因为这些词向我们自己表现所意指的事情，而是因为它们使我正与之讲话的另一个人也了解这件事情"①。讲话属于参与对话的所有理解者的范围，而不是某个理解者的范围。由此，语言的无我性被突显出来。而且，语言越是丰富而生动地进行，参与的理解者之间进展越顺利，越少意识到语言的存在。语言的无我性同时也使我们认识到了语言具有的自我遗忘性。

"词的'本质'并不在于被全部说出，而是在于未说出的东西之中，我们尤其在沉默无语中认识到这一点"②。语言具有自我遗忘性，这表现在理解存在于语言中，但是被语言揭示的东西往往使我们忘记它的存在。从本质上来说，词语源于沉默不言，诗歌语言尤其能反映出这一点，而显露出来的语言通常遮蔽了未言说之语。"语言越是生动，我们越不能意识到语言。这样从语言的自我遗忘性中引出的结论就是，语言的实际存在就在于他所说的东西里面"②。它使我们认识到语言的真正存在就在它所说之中。语言的自我遗忘具有开放性的本质，在效果历史语境下，理解活动的对话性使文本意义对理解者开放。对话过程中，对话双方对对话的方向没有真正的控制权，而是受对话规则，亦即语言规则支配。

语言所表达的一切内容构成了我们所生活的共同世界，共同分享历史与真理。当我们说话或听到话语时，我们就成为语言所说的东西。人与世界的关系最终体现为一种语言关系。语言就是人的存在的真正媒介。一切理解和解释都具有语言性，了解语言就是对世界和人的了解。伽达默尔对语言的理解表明了当代解释学家所追求的理想，在狄尔泰机械地割裂精神科学和自然科学以后，他们试图重新建立一种"统一科学"，这种"统一"不是向实证主义的回溯，而是以精神科学为"统一"的基础。

---

① 伽达默尔. 诠释学：真理与方法 [M]. 洪汉鼎，译. 北京：商务印书馆，2007：181.
② 伽达默尔. 哲学解释学 [M]. 夏镇平，宋建平，译. 上海：上海译文出版社，1994：229，66.

（三）理解的应用性

伽达默尔认为，"理解和解释并不像狄尔泰所说只是对固定在文字中的生命表现起作用，而是涉及人与人之间以及人与世界之间的一般关系"[①]。伽达默尔以"理解和解释"的模式取代了狄尔泰"理解或解释"的模式，理解的过程包含解释，理解便具备了解释的特征，此时被理解的东西兼具了相对的稳定性，避免走向相对主义的泥潭。他的理解本体论把解释学的应用问题也纳入理解过程。他的哲学解释学思想明确体现出理解、解释与应用的三者统一，他强调理解活动发生的过程中一定含有解释与应用，并指出应用与解释是理解的外显行为，解释既是理解的解释又是理解的应用，应用和解释并非发生在理解的后面，而是立即的行为[②]。所以说，理解活动的基本特征之一即应用性。

1. 理解通过解释存在

"理解首先是相互理解。了解首先是相互一致的"[①]。理解的目的就是让相互了解的双方最终达成一致。了解不仅限于人与人之间，也可以是对物的了解。相互理解也可以是对物的相互理解。但是，不能理解某物或无法相互理解的情况时有发生，那么如何解决这一问题呢？过往的经验告诉我们，凡是我们无法取得直接理解、有可能产生误解或对某个现象无法保有信任时，解释是消除这些问题的法宝。"心理学家之所以进行解释，是因为他不接受生命表现自身所意指的意义而返回探究无意识里所出现的东西。同样，历史学家之所以解释过去的遗留材料，是因为发现其中被表现并同时被隐蔽的真正意义"[①]。解释就是要去解除那些被隐藏起来，但还一定要揭示其意义的事物。解释不是文本过去视域的重复，而是经过视域融合而形成的一种新的视域，解释的过程也是创造的过程，但是解释都是相对的，由于视域对解释的限制，任何解释都不可能达到完满或绝对正确。理解和解释是内在统一的，凡是能够理解的必是可以解释的。伽达默尔赞同浪漫主义解释学派的说法，即"解释不是一种在理解之后的偶尔附加的行为，正相反，理解总是解释，因而解释是理解的表现形式"[③]。理解不能离开解释，解释是理解本身的实现。理解与解释是同步进行的，没有先后之分，理解本身就是

[①] 伽达默尔.诠释学：真理与方法［M］.洪汉鼎，译.北京：商务印书馆，2007：398，457.
[②] 曹志平.理解与科学解释：解释学视野中的科学解释研究［M］.北京：社会科学文献出版社，2005：109.
[③] 伽达默尔.诠释学：真理与方法［M］.洪汉鼎，译.北京：商务印书馆，2007：418.

解释，理解必须通过解释才能实现。伽达默尔认为人们无法规避解释学的循环，无法达到一个真理被直接给予而无须阐释。理解是事实和"存在本身"（现象）的存在方式。一切理解都是解释[①]。通过解释，存在本身的意义和结构就像基于存在本身的理解展现出来，即解释可以把对事物本身的理解展现出来。

2. 理解本身包含应用

伽达默尔认为"构成一个统一过程的不仅是理解和解释，而且还有应用……跟理解和解释一样，应用同样是解释学行为不可缺少的一个组成部分"[②]。理解本身蕴含着应用，应用是理解的基本特征。应用是理解得以产生的关键要素，应用不是发生在理解之后的事情，而是与理解同时发生的。首先，理解的应用性即理解是应用语言的一个过程。伽达默尔认为，理解的其中一个基本特征便是理解的语言性，因为语言既是可以被理解的存在，又可以用来解释存在。语言的应用始终伴随理解，因此伽达默尔视语言性为规定解释学对象和解释过程的原则。其次，理解的应用性最为本真的表现在于，理解就是应用。在他看来，"文本——不管是法律还是布道文——如果要正确地被解释，即按照文本所提出的要求被理解，那么它一定要在任何时候，即在任何具体情况里，以不同的方式重新被理解。理解在这里已经是一种应用了"[③]。即是说，对某种法律条文或福音布道而言，必须依据当时的境遇，根据理解者的理解援引和解释法律或将教义带回到当时的宗教情境中去。"应用的境遇是不断变化的和不断更新的，那么它在任何境遇里一定是以一种新的不同方式被理解"[④]。应用从一开始就整体性规定了理解活动，离开应用就不存在真正的理解。理解、解释和应用是统一的，每次理解和解释都是应用。

伽达默尔将浪漫主义解释学派的"理解、解释"二位一体学说整合为理解、解释和应用三位一体学说，为哲学解释学的广泛应用提供坚实的理论基础。在伽达默尔看来，解释学的问题不仅从起源的意义超越了现代科学方法论的范围，并且，理解与解释显然组成了人类的整个世界经验；理解现象不仅渗透到人类世界的一切方面，而且在科学领域也有其独特的意义。他的代表作《真理与方法》一书的根本宗旨就是："在经验所及的一切地方和经验寻求其

[①]刘家访，等.教师课程理解研究［M］.福州：福建教育出版社，2014.
[②]Gadamer H.G. Truth and Method［M］. Translated by Garrett Barden et al. London：Sheed and Ward Ltd, 1975：275.
[③]伽达默尔.诠释学：真理与方法［M］.洪汉鼎，译.北京：商务印书馆，2007：420.
[④]洪汉鼎.理解的真理——解读伽达默尔《真理与方法》［M］.济南：山东人民出版社，2001：226.

自身证明的一切地方,去探寻超越科学方法论作用范围的对真理的经验。"①

二、"主体间性"思想

伽达默尔倡扬了海德格尔存在本体论解释学理路,从文化层面(历史、传统、语言)阐释人的存在方式,揭示人与世界的存在论关系。

(一)伽达默尔的"主体间性"

伽达默尔的观点、主张和结论对理解主体间性问题,特别是主体间的对话、交往、沟通问题具有重要的启发性价值。首先,伽达默尔在存在论意义的基础上,认为理解是一种存在关系,区别于认识论中把理解当作主客二分的认知关系,体现出实践哲学和生活世界的意味。其次,他揭示了主体间性理解可能发生的文化基础。哲学解释学下的理解因为效果历史和文化传承的影响,揭示理解不可能是主体范围内的事情,文化使理解成为可能,因为文化具有交往实践意义和价值。再次,伽达默尔创新性地提出理解的语言性,世界借助语言得以展现,人类的一切世界观念和文化建构被语言涵盖,共享语言与文化是理解者实现理解和交流的前提条件。最后,他提出哲学解释学视域下的主体间性,认为实现理解不是先验可能和自我可能的,理解必须是一种存在关系和实践关系,主体间通过对话和相互理解才能相互介入并相互融合,共享传统与历史。在伽达默尔的语言本体论语境中,一切理解对象都被主体化了,由主客对立的关系走向主体间的关系,即主体间性。

在哲学解释学中,"交互主体"就是理解的双方,主体间通过彼此理解而相互认识,理解双方需要将对方看作另一个"我",形成一种平等交往的"我—你"关系,理解者与被理解者之间通过意义来沟通。本体论意义之维的主体间性强调主体间的交往、理解关系,处于"理解"关系中的双方不是主客关系,是理解者与被理解者之间进行意义沟通,进而实现"视域融合"生成新的视域的过程。理解的双方都是主体,各自把对方看作另一个"我",这是一种"我"与"你"的平等交往关系。"心灵的共同性和共享性隐含着不同心灵或主体之间的互动作用和沟通,这便是它们的主体间性"②。

---

① 伽达默尔.真理与方法[M].洪汉鼎,译.上海:上海译文出版社,1999:导言.
② 布宁,余纪元.西方哲学英汉对照辞典[M].北京:人民出版社,2001:58.

哲学解释学发展了胡塞尔认识论中的主体间性思想，提出了"理解"的方法论，认为"理解"不同于"科学"的认识。"科学"的认识论是一种主客二分、二元对立的方式，是对客体的本质、规律的客观分析和抽象概括，完全不涉及认识主体的经验、价值、情感。作为本体论的哲学解释学的主体间性，依托语言，以对话和交往的形式体现在对文本、艺术作品的解读以及对人的存在方式的解读。伽达默尔说道："解释学的基本问题是：在通过写作固定下来的意义与通过读者进行理解的意义之间的距离如何能够达成沟通。"[1]他认为，读者理解文本或艺术作品的过程，实质上是读者与文本或艺术作品的创作者开展沟通或交流的活动，此外，这类对话常常超越了效果历史和时间距离，是一种超时空的交流。"人们之间的相互理解既创造着一种共同的语言，反之又是以共同语言为前提。人们之间的疏远表现在，他们不再说（如人们所说的）同一种语言，而人们之间的接近就在于：他们找到了一种共同的语言。确实，凡是缺乏共同语言的地方，相互理解就极为困难。而只要人们寻找共同语言并最终找到共同语言，那么相互理解就一定能够成功"[2]。

（二）胡塞尔的"主体间性"

教育的对象是人，教育应是"人与人之间的灵与肉的交流活动，而不是理智知识的堆积"[3]。"主体间性"表明身处交往共同体中的每一个个体皆作为独立平等的主体而存在。20世纪初，德国哲学家和现象学家胡塞尔（E. Husserl）提出主体间性（Inter-subjectivity）理论，它是相对于主体性这个概念而言的，主体性就相当于"我思"，就是我自己是怎么思考、怎么看待这个世界的，而主体间性里就有他者了，不单单是我自己是怎么看待这个世界的，而是大伙儿一起是怎么看待这个世界的。主体间性范畴是一个从国外舶来的专业性理论术语，与之对应的其他译词还有"交互主体性""主观际性""主体际性""共主体性"以及"主体通性"等[4]。从20世纪80年代我国的教育理论开始探讨"教育过程中师生主客体关系"，教育的主体性和主体性教育相关理论研究和实验研究成为教育理论研究的热点之一。然而主体性自身存在一定的缺陷，无法有效解

---

[1]伽达默尔.赞美理论[M].夏镇平，译.上海：上海三联书店，1988：149-150.
[2]伽达默尔.诠释学：真理与方法[M].洪汉鼎，译.北京：商务印书馆，2007：258.
[3]雅思贝尔斯.什么是教育[M].邹进，译.北京：生活·读书·新知三联书店，1991：3-6.
[4]王晓东.多维视野中的主体间性理论形态考辨[D].哈尔滨：黑龙江大学，2002：15.

释教育中遇到的问题,因此教育研究需要从单一的主体性走向交互的主体间性。

起初,主体间性的概念用来指称主体与主体之间的统一性,因为主体间性问题已经触及不同的领域,所以主体间性的概念产生一些变化,各有差异。对主体间性概念的形成历史进行梳理,可以发现目前主要存在三个领域的主体间性含义:社会学的主体间性、认识论的主体间性和本体论(存在论、解释学)的主体间性[①]。社会学(包括伦理学)的主体间性强调作为社会主体的人与人之间的关系,既包含人际关系,也囊括价值观念的统一性问题。古代哲学一直处于主体性反思与自我认识的进程中,"自我意识"不明显,是带有直观性和朴素性的哲学。古希腊哲学是客体性的实体本体论哲学,它认为是实体而不是人发挥能动的支配功能,因此主体间性最早出现在伦理学研究中,而非认识论或本体论领域。早期伦理学研究中关注的主体间性问题是,普遍的伦理原则何以确立。

近现代的哲学家在确保个体价值独立的基础上,将思考的问题扩展到社会学领域,关心人的社会性统一性问题。认识论领域的主体间性关注认识主体之间的关系问题,强调知识的客观普遍性。近代西方哲学从本体论转向认识论,在主客对立的框架下考察主体的认识能力及其限度,不注重认识主体之间的关系,也没有深刻反思在共同的认识结构与良知基础上建立的知识的可靠性。近现代后,自我与他人、自我与世界的明显区分是西方现代哲学能够把主体间性客体化并作为研究对象的出发点。思维与存在的关系问题是最高的哲学问题,"但是,最高问题的提出,只是在欧洲人从基督教中世界的长期冬眠中觉醒以后,才被十分清楚地提了出来,才获得了它的完全的意义"[②]。

到了现代哲学,认识的主体转向个体,认识的普遍性问题被提出。主体间性理论的创始人胡塞尔建立了先验主体性的现象学,把先验自我的意向性构造作为知识的源泉,个体知识如何具有普遍性成为需要解答的问题。他开始考察认识主体之间的关系,发现人的"统觉""移情(或译作同感)"等能力是认识主体之间达成共识、使个体知识获得普遍性的基础。胡塞尔的主体间性仅仅是认识论层面的,因为它只涉及认识主体之间的关联,未谈及认识主体与对象世界的关系。认识论的主体间性依旧是主客二分的,承认并重视认识主体之间的主体间性,但忽视了人与世界关系中的主体间性。

---

① 杨春时. 本体论的主体间性与美学建构 [J]. 厦门大学学报:哲学社会科学版,2006(2):5-10.
② 马克思,恩格斯. 马克思恩格斯选集第4卷 [M]. 第2版. 北京:人民出版社,1995:224.

第三章 理论基础

本体论的主体间性脱离了主客二分的框架，关注主体之间的交往、理解关系，意指存在或解释活动中人与世界的同一性。自由何以可能、认识何以可能始终是本体论的主体间性研究的两个核心问题。主体间性理论的繁荣肇始于胡塞尔倡导的现象学运动，哲学解释学在世界范围内产生的影响和社会交往理论的广泛传播，使对他者、交往共同体的理解成为哲学的重要课题，主体间性问题由此成为现代西方哲学的显学①。

在《笛卡尔式的沉思》中，胡塞尔首次提出了"主体间性"这一概念，以回应自笛卡尔以来主客对立的思维模式。胡塞尔的主体间性在先验哲学构架内立论，涉及的范围既属于认识论，也与意识哲学相关。笼统地对胡塞尔主体间性的问题加以阐述，"就是本己自我在构造出事物和由这些事物所组成的自然视域之后，如何再通过立义构造出他人以及由他人所组成的社会视域的问题"②。胡塞尔的主体间性理论是为了解决他者主体性的问题和主体间构造世界的交互性，前者是主体之间的关系问题，即主体间的互识，后者是主体之间对于客体的关系问题，即主体间的共识。主体间的互识与共识是相互联系的，离开主体间的互识，达成主体间的共识便是无稽之言。

首先，主体间互识的可能性问题——他人主体性的先验自我构造问题，即我如何认识与我同样是认识主体的他人。"类比的统觉"概念使"我"迈向"我们"——"我"体现的是作为单独主体的自我的主体性，而"我们"则表示主体之间的关系。同时，"我们"突出的是自我在了解他者时，必须站在对方的位置上去理解他我的存在方式，"他者"不同于"他物"，强调"他者"与"自我"的共同存在性。这为我们指出了走向他人的途径，但是胡塞尔认为，即使我把握到了他人的主体性，也永远无法真正接近他人的意识。"他人的自我与我的自我之间的同一性只是一种想象或虚构的同一性，因此他人的实在自我与我的实在自我永远不会相同一"②。我如何从自我的、内在的体验领域，在感知意向性的基础上，构造出他人或其他的主体呢？胡塞尔又提出了"移情"概念，并将这个过程分为四个阶段。在这里，首先要对接下来出现的两个术语作出界定和分析——躯体和身体。胡塞尔认为两者是不同的，所谓"躯体"只是一个类似于"他物"的自然物体，"身体"则是"心""物"的

---

① 高鸿. 现代西方哲学主体间性理论及其困境 [J]. 教学与研究，2006（12）：53-59.
② 倪梁康. 意识的向度——以胡塞尔为轴心的现象学问题研究 [M]. 北京：北京大学出版社，2007：137，144.

结合体。移情的四个阶段分别为：自我对自身躯体的立义和统摄、自我对自身身体的立义和统摄、自我对他人躯体的立义（低层次的联想）、自我对他人身体的立义（高层次的联想）。这里的统摄和立义意指对意识与身体的联结，胡塞尔在论述中也常常运用"综合"和"认同"这两个术语来描述意向构造中的"立义"过程。移情首先需要将自身统摄为一个完整的心物统一体，达到对自身主体性的把握，然后通过对他人身体的感知和经验，将其统摄为与我一样的心物统一体，认识到他人就是另一个自我，从而使我在纯粹意识中把握到他人的主体性。

其次，主体间共识的可能性问题——共同世界视域中的交互主体性问题，即不同主体在对世界的自我构造中是否具有共同性。所谓主体间的共识，是指两个以上的主体对某个意识客体的共同认识。那么共识的对象种类有哪些？除去意向活动主体本身，整个意向相关领域都可被当作潜在的共识对象，而且可以将这个领域大致地称为"世界"[①]。这里暗示了另一对概念的存在："周围世界"与"共同世界"是，亦称为"自然化的世界"与"人格化的世界"[②]。"周围世界"由所有具有广袤的物质物体组成的那个自然世界，其最基本单子即指"他物"，以及它在意识中的构造过程；而"共同世界"意指由所有社会历史的精神成分所组成的那个社会世界，其基本单子即指"他人"，以及它在意识中的构造过程。在胡塞尔看来，主体作为某一共同体的一个成员，只能是世界——经验性的，在其经验性的和构造性的存在中，主体依赖于交互主体性，先验主体之群体概念是有机统一的。"先验交互主体是绝对的，它是唯一自主的存在始基，所有客观性从其而来"[③]。胡塞尔认为，只有具有认识能力的复数主体才能对世界进行先验构造，并且这种复数主体必须以单子的群体化为前提。"通过这种群体化，先验交互主体就有了一个交互主体的本己性范围，在其中，先验交互主体性相互地构造客观的世界"[④]。胡塞尔坚信，只有借助于交互主体性理论才能理解实在是什么。这是一种构造交互主体性的理论，绝非一种关于具体的世间社会性或特定的我—你关系的琐屑考察。

胡塞尔在其哲学思考的后期著作《欧洲科学的危机与超越论的现象学》

---

① 倪梁康.意识的向度——以胡塞尔为轴心的现象学问题研究［M］.北京：北京大学出版社，2007：150.
② 胡塞尔.纯粹现象学和现象学哲学的观念（第二卷）［M］.李幼蒸，译.北京：中国人民大学出版社，2010：70.
③ D.扎哈维.胡塞尔先验哲学交互主体性转折［J］.臧佩洪，译.哲学译丛，2001（4）：2-9.
④ 倪梁康.胡塞尔选集［M］.上海：上海三联书店，1997：894.

中提出了生活世界理论。"生活世界"是我们安身立命于其中的世界，他认为世界不是像在语言哲学当中那样被符号化的世界，也不是已经对主体和客体进行了严格界分的认识论意义上的世界，更不是任何已经被人的理性加工过的世界，而是人与世界浑然未分的人生活于其中的那个原初世界①。每一个人的世界最根本的都是生活世界，是一切客观认识或主观思想活动的基础。胡塞尔认为，"生活"不只关注其生理学的含义，更意指生命的目的，生活带有目的性，彰显精神的创造性。胡塞尔在其著作中思考和讨论的"生活世界"包含了丰富多彩的、具有"色彩斑斓的热带景观"（布鲁门贝格语）的诸多区域和视角，更多具有复数而非单数的形式——涉及形形色色、各种各样的具体周围世界②。自我与他人都是知觉主体，都能够先在性地拥有一个"唯一真实"的世界——生活世界，也都是通过"统觉"直觉进入各自的生活世界。自我与他人的"统觉"具有同一性，因此生活主体是分享着同一个生活世界的共同主体。胡塞尔说："在我的先验的还原了的纯粹意识或生命之内，我所经验的这个世界（包括他人），按其经验意义说来，它们并非是我私人的综合组成的，而是作为不仅对我自己，而且对每一个别人都是存在着的、每一个别人都能理解的一种主体间的世界而加以经验的。"③为了避免唯我论倾向，胡塞尔建构了主体间性理论，将交互主体性作为一个明确的认识论问题进行探讨，为后来哲学家深入研究主体间性提供了坚实的理论基础。

胡塞尔提出的"交互主体性"可以用来解决多个主体之间的关系问题。多个主体之间存在的共同性即交互主体性，也就是说，在每一个独立的个体中都可以看到他人的身影。伽达默尔哲学解释学中的"视界融合"则展开阐述了"交互主体性"原则的运作机制。哲学解释学的中心便是对话与理解，理解借助语言达成主体间视域融合，在此过程中，对话也在主体与他者、主体与文本、主体与历史中自然展开。教育教学活动中，作为活动主体的师生，通过对话与理解形成主体间"视域融合"，共识由此达成，同时所有主体超越了个人的局限，进入类主体的境界，对话与交往的新型师生关系完成建构。

主体间性理论开拓了课程研究的领域，将研究人员的关注点从以往的认识

---

① 钟远征，高原. 马克思与胡塞尔"生活世界"思想的同与异新论——兼谈"生活世界"的六个层次[J]. 商丘师范学院学报，2020（7）：38–44.
② 倪梁康. 胡塞尔的生活世界现象学——基于《生活世界》手稿的思考[J]. 哲学动态，2019（12）：58–66.
③ 倪梁康. 胡塞尔选集[M]. 上海：上海三联书店，1997：761.

论领域和价值论领域中的主客体关系吸引到了主体与主体关系的本体论领域，揭示了人与人的关系价值，使课程可以围绕"教师—文本—学生"间的对话这一核心主题，赋予研究全新的视角，也展开研究的不同维度。

第二节　教育学理论基础

课程是一个相当复杂的问题。课程理论是否拥有自己独特的研究领域，是否和其他学科研究领域划清边界，课程专家对以上问题并未达成一致。以概念重建学派为代表的后现代课程研究，在内容上不再聚焦课程内容本身，不再关注课程的心理学基础，转而重视差异、追求多元，关注知识与意义的探究过程、课程的理想和课程中的人，关切教育目的的终极实现，保护人的民主平等权利；在方法上选取与哲学话语相关的课程研究方式，注重师生的个人经历。课程是一种"文本"，通过多元主义价值观的解读，能够产生多元的课程"话语"，展开复杂"会话"，通过复杂的会话寻找课程理解的共同基础[①]。

一、派纳的"理解课程"思想

20世纪80年代至90年代，人文社会学界的思潮为概念重建课程观的盛行奠定了学术基础。受多元文化观、质性研究、批判社会学、建构主义和后现代主义的激发，众多学者对课程研究科学化、聚焦客观性及量化评价提出怀疑。早在1975年，派纳在其文集序言中就专门针对"什么是概念重建"这一问题作出回答："我的意思是泰勒教授的研究，以及受他影响的所有研究……这种风格组成了当代科学领域的遗产，并且这个领域的特征是……课程开发、设计、实施和评价的具体任务。大量的这种文献都有一个重要目的：它要被用作学校工作人员的指南。可以理解，这种文献是非常反理论的（atheoretical），是直接指向学校中的实践者想知道'怎么做'的问题，它必须是'实践的'……尽管这些书的主体看到各不相同——从'人性化'课程到围绕学科结构组织课程——这些书的作用基本上是相同的。它们想要指导实践者。"[②]概念重建主义

[①] 张华. 走向课程理解：西方课程理论新进展[J]. 全球教育展望，2001（7）：40-48.
[②] Pinar W. F.（Ed.）Curriculum theorizing: The reconceptualists [M]. Berkeley, CA: McCutchan, 1975d: xi-xii.

者的研究目的绝非指导课程实践者们，亦不是要用行为和社会科学的目的来考察课程现象，而是旨在给予人文科学并同时在人文科学中获得一种理解。

派纳与吉鲁在1981年主编了《课程与教学》一书，在引言中对施瓦布提及的课程已在垂死边界的问题作出论述，指出概念重建将是课程领域发展的未来方向。派纳在此书中发表文章《回应对我的批判》，明确界定其所谓的理论是人文学科或艺术领域所说的理论，而非科学界或概念实证主义者所说的理论[①]。1988年，派纳编辑出版了《当代课程论述》，书中序言部分以概念重建理论研究者的身份，强调课程的功能不在于发展和管理，而在于理论性的及学科化的理解教育经验。1991年，派纳在《国际课程百科全书》中叙写"概念重建论者取向"，他指出概念重建运动表明美国课程研究发生了范式转换，课程理解范式就是为了反对泰勒原理、课程概念中的行为主义（行为目标、表现目标、量化评价、掌握学习）、忽视历史及忽视理论的取向。1995年，派纳等编辑出版《理解课程》，从历史文本角度系统梳理了概念重建课程观的发展，他认为20世纪80年代初已经完成从课程开发范式到课程理解范式的转换，课程领域的研究重心由为课程开发制定原理和计划的制度努力转向旨在理解课程的学术努力。

派纳是概念重建学派的代表人物，在当代课程研究领域影响广泛、建树颇多。但其最重要的贡献在于对传统课程理论和开发范式之下学校教育实践的批判，提出"存在经验课程"的课程研究方法，强调课程应关注个体，关注生活世界，将课程研究范式带入"课程理解"的时代。没有任何一个领域的研究是"偶然"出现的，恰恰是经过了很久一段时间和很多人努力的结果。反对研究历史的人认为"课程发展一直是危机时的应急之举，并无自身革新之意图"。[②]派纳系统梳理了传统课程范式的发展理路，对其进行严厉批判，并提出从历史文本的视角来理解课程，以解放兴趣为课程旨趣。

（一）课程是一种批判的文化

1. 对传统课程范式的批判

施瓦布和休伯纳分别在1969年和1975年都指责道，传统课程领域已岌岌可危，而派纳也曾断言，传统课程领域已经"停滞"，"我们必须把注意力偏离

---

① 杨立龙. 再概念课程观的批判与启示［J］. 教育学报，2007（10）：20–27.
② Hazlett S. Conceptions of curriculum history［J］. Curriculum Inquiry，1979，9（2）：129–135.

技术和理性，思考和阐述解放的观点。只有当我们与我们的研究是解放的关系的时候，我们才能够设计一些理论，系统提出行动策略"[1]。传统课程理论坚持自然科学的"假设—演绎"逻辑，崇拜科学至上的工具理性主义，却忽视了人的主体性、能动性和反思性。此外，在开发范式的长期规约下，课程的内涵和外延都逐渐被窄化，课程仅仅关注实践层面，被"原则""程序""步骤"等词语替代，而课程实践则局限于具体的实行、操作。课程理论研究者"把对从业者的服务看得高于一切，这种服务甚至比整合理论或从事研究还重要"[2]，由此产生的课程理论成为价值无涉的服务、指导的工具，这样从实际经验抽象而来的普适性理论偏狭而危险，最终使传统课程理论"反理论""反历史""见物不见人"。

课程具有政治性。几乎被人们视为理所当然的一个观点就是，"人们只有把课程置于社会、经济和政治的背景中研究，才能在任何综合的意义上理解课程"[3]。将课程看作政治文本，从多个方面批判了传统课程范式。首先，被工具化的传统课程范式过分强调技术性，追求效率与控制，以预先设计好的行为目标为评价标准，忽视了课程的复杂性。其次，传统课程范式持客观事实的课程知识观，知识是外在于个体、与主体客观对立、需要管理和掌握的事物，传授知识就是积累知识，认为控制模式下的传统课程范式更适合知识的传播，但这和真正意义上的学习相去甚远。最后，传统课程范式预设课程是一种价值无涉的姿态，然而课程设计、实施和评价一定以价值为基础，遵循某种价值取向，由此反映出传统课程范式反历史的弊病。

传统课程开发范式下产生的理论的局限性。"传统的有关课程方面的教科书所呈现的研究领域，好像由一堆脱离肉体的理念所组成的一支部队，向实践的空白地带出发，去兼并零散的空间，建立起思想体系的城池。课程学者一只脚踏在课程空想家的营地里，另一只脚踩在现实世界之中。而在课程研究领域的研究者，他们总是依照前辈们所建立起来的被认为是理所当然的原理和规则而进行写作。但人有理念，人和理念都在变化，因此，人不可能描绘拥有理念

---

[1] Pinar W. F. Notes on the curriculum field 1978［J］. Educational Researcher，1979，7（8）：5-12.

[2] Pinar W. F. Autobiography，Politics and Sexuality［M］. New York：Peter Lang Publishing，Inc，1994：78-79.

[3] Carlson D. Education as a political issue：What's missing in the public conversation about education？In J. Kincheloe & S. Steinberg（Eds.），Thirteen questions［M］. New York：Peter Lang，Publishing，Inc，1992：263-274.

的人的变化过程"①。传统课程观有两大特征:封闭与控制。派纳循着历史思路,在《课程与控制观》中分析了控制是如何进入课程中的历史过程。从加尔文、拉莫斯、笛卡尔、夸美纽斯到泰勒,学习不过是依照特定方法进行教学的直接结果的呈现,控制如幽灵一般与课程和教育教学如影随形。

2. 对学校教育实践的批判

派纳在《理智、疯狂与学校教育》(Sanity, Madness and the School)一文中揭示了教育实践非人性化的现象,学习者的个体意识被扭曲,个性被压抑。派纳还抨击传统课程理论的"抽象化追求",他指出传统课程学家热衷于把人类经验还原为观念,追求从具体到抽象,"他们紧紧依靠抽象的术语,忽略和误解具体的个性存在"。学习者的个性在学校教育教学过程中遭到忽视,自我意识被压制,学生的生活世界被遮蔽与隔离。

课程理解主张提升人的主体意识,唤醒与提升学习者课程意识,想要达到切实有效的认知,学习者必须对其内在经验进行建构。派纳坚持认为,"人类经验中核心的东西是独特性(particularity),在一定意义上甚至是古怪性(eccentricity)。科学的规律和抽象并不能把握个体经验的独一无二性"②。个体获得自由与解放的前提,是学校课程绝不能局限于系统化的书本知识,应该关照个体作为"具体的活生生的存在"的"生活经验",因为"人的生活的深刻性只有在独立个体的生活领域去寻找",而不能从个体以外去探求③。

课程学家们认识到关注儿童的现实生活只是课程与生活联系的第一步,回归生活仅仅意味着课程设计与开发回到生活的原初状态,回到起点。教育和课程对儿童的关注,最根本的意义在于为儿童的现实生活与可能生活之间建立一个桥梁,因而,课程理解要求培养学生的批判意识、构建意识、创造意识,通过课程的实施,引导儿童建立有效的生活方式。课程向生活的回归并不意味着课程对生活的简单复制、刻写,相反主张课程应具有强烈的重建意识。课程观的转向实质是向完整的人及其完整的生活的转向,是从为人的未来生活做准备到为人的现实生活筹划再到为人的现实生活和可能生活的沟通而努力的转变。

---

①Carlson D. Education as a political issue: What's missing in the public conversation about education? In J. Kincheloe & S. Steinberg (Eds.), Thirteen questions [M]. New York: Peter Lang, 1992: 263-274.

②Pinar W. F. Autobiography, Politics and Sexuality [M]. New York: Peter Lang Publishing, Inc, 1994: 104.

③Pinar W. F. The Abstract and the Concrete in Curriculum Theorizing [M]. New York: Curriculum & Instruction, 1981: 434.

（二）课程的本质是动态的

派纳从课程的词源学的角度来理解与认识"课程"的本质，认为传统课程研究的最大问题是误解了"课程"的意义。如果用"curriculum"来定义课程，课程即跑道，课程被视为带有计划性、限制性、控制性的静态学习过程。如果回归到"课程"一词的拉丁文词根，用"currere"来定义课程，课程则变为了动词，强调在跑道上跑的动态过程和跑的经验，课程被视为一个过程、一种活动，更好的是"一种内心的旅行"[①]。

派纳认为存在体验课程的主体是"具体存在的个体"（the concrete existing individual）——一种具体的、鲜活的、独特的、完整的个体，课程研究必须由外在化关注走向内在性探讨。而存在体验课程就是对"具体存在个体"的完整的个体经验的解释，这种自我、"第一人称的主体性"（first-personal subjectivity）在传统课程的各种条件作用之下隐匿在学习者客体化和角色化的面纱之后。

派纳汲取了哈贝马斯的兴趣理论[②]（表2），认同指向于自我反省和批判意识之追求的解放兴趣。毫无疑问，存在体验课程的根本目的就是"个体的解放"，个体对"生活经验"的诠释，使个体得以从现实中、无意识中、他人的对象化中解放出来，真正解放人的真谛——主体性。"解放"意味从外在于个体的存在中获得独立，是一种自主的状态，不被控制但也不是放任自流，体现出个体的自主性与责任感。存在体验课程视课程行动者为具备能动性特征的个体，笃信个体意识的能动性和个体存在的价值，倡扬个体的主动性，关切个体感受与"生活世界"，反对自然主义方法论与"假设—演绎"的范式，大力抨击了客体主义课程思想。

表2　哈贝马斯的模型：兴趣及其理解方式

认知兴趣	知识形式	学科类别	生活要素	行动取向	行动类别
技术的	"规则般"的描述	经验性—分析性学科	劳动	控制、预测、效率	战略行动

---

①Pinar W. F. Curriculum Studies: The Reconceptualization [M]. Troy, NY: Educator's International Press, Inc, 2000: 398.

②Gibson R. Critical Theory and Education [M]. London: Hodder and Stoughton, 1986: 37.

（续表）

认知兴趣	知识形式	学科类别	生活要素	行动取向	行动类别
实践的	解释的描述	历时性—解释性学科	语言	主体间互动	交往行动
解放的	批判分析	批判性学科	权力	解放、自主、负责	交往行动

（三）课程研究的方法是自传法

传统课程观与概念经验主义关注的是课程中"是什么"（what）和"怎么样（how）"的问题，以派纳为代表的概念重建主义者坚持认为课程的中心应该转向理解课程的多元存在形式，回答课程中"为什么"（why）的问题，并且主张学校应该成为使人性完美、自由和解放的场所[1]。派纳指出，尽管课程领域总是强调"个体"，却终究不过是个象征性的口号，课程改革流于形式的现象比比皆是，长期以来课程领域都处于消极的"停滞期"。课程的关注点总是被课程目标、课程设计、教材、教法、课程评价等外在事物所吸引，导致真真切切的个体以及个体对材料的真实体验被完全忽视。

派纳是课程概念重建运动中的代表人物，在20世纪70年代提出存在体验课程这一概念后，他就努力尝试将课程理解为传记文本或自我履历。派纳将课程视为跑的过程和经验，重视个体的经验，侧重个人对自我履历进行概念重建的能力和过程。"由于课程是指制度结构的存在体验。课程的方法宗旨在于设计揭示经验的策略，以便我可以看得更多、更清楚。通过这一视角我们可以达成对跑的过程更为深刻的理解，从而发挥更深刻的能动性"[2]。派纳与其学生格鲁梅特合作出版了《走向贫困的课程》，系统阐述了自传课程的理论基础、内涵、研究方法以及价值意义。派纳认为课程是个体的体验（lived experience），而获得与促进个体体验的方法即自我履历法或自传法（autobiography），分为回溯、前瞻、分析和综合四个步骤或环节。这些步骤刻画了教育经验自传研究的实践性与反思性运动，分析揭示出知者与被知者之间认知关联性的方式，这

---

[1] 陈伯璋. 课程研究的"第三势力"——美国"再概念化"学派课程理论的评价[J]. 台湾：师大教育研究所集刊，1983（25）：179-226.

[2] Pinar W F, Grumet M. Toward a poor curriculum [M]. Dubuque, IA: Kendall/Hunt, 1976: vii.

些方式可能代表了教育经验的结构①。

后来，派纳还谈及主体和主体性构成了课程，而并非传统课程者所认为的课程是学科组成的。课程即是自我生命经验的建构的过程，在这个过程中课程主体具备反思性。他认为解放人的自我意识才是课程的根本目标，因此存在体验课程所关注的并非意识过程的结果，而是超越结果和结构，走向个体的体验过程。存在体验课程关注的是直接体验到的"生活世界"，是事物向体验者显现的方式——事物本身的存在方式。"存在体验课程旨在充当现象学的悬置，揭开那些把我们与世界附着在一起并因而把世界引向我们注意的意向之线"②。自传是一种注重个体独特体验、进行自我理解的方法，主体性得到最大限度的关注，存在体验课程的终极目的即探寻经验的本质与意义。恰恰是由于经验的意义扎根在个体对经验的态度之中，而不是经验本身，个体借助自身的反思性理解，挖掘出潜藏于经验背后的意义，经验便富有意义。存在体验课程的实质就是自传式的反思过程，个体回溯并反思自身的教育经验，达致理解生活的意义。派纳认为反思是贯穿自传式课程始末的研究方法，可以挖掘教育经验的深层内涵，反思与批判经验能够使之转化为极富价值意义的过去，而对经验加以分析与解释则使之成为有价值的存在。

（四）课程专家与教师、理论与实践的关系

"当我第一次进入罗切斯特大学执教时（那是在1972年），就发现教师对教育学教授持一种狐疑态度，传统课程领域中那种典型的专家——顾客关系已经被破坏……不管怎么说，我们这些课程学家已不再是学校课程的执牛耳者"③。派纳倡导课程研究领域应与学校、教师保持一定的距离，课程专家和中小学一线教师的关系也确实已经疏远，在这样的事实下，课程专家应该做什么以及将自己摆在什么样的位置上就是亟须考虑和解决的问题。派纳的观点是"我们所在的地方当然是大学，是这样一个从事学术活动和教学活动的地方。我们该干的不应该是为失去了对学校的影响、被教师（及政策制定者、家长、政治家）所拒斥而苦恼，而应该让自己努力去理解课程，理解它现在的情况、它过去的情况、它可能的情况。当然，这不意味着要逃离'实践'……我们这些课程理

---

① Pinar W F, Grumet M. Toward a poor curriculum [M]. Dubuque, IA：Kendall/Hunt, 1976：41.
② 威廉.F.派纳, 威廉.M.雷诺兹, 帕特里克·斯莱特里, 等. 理解课程（下）[M]. 张华, 等, 译. 北京：教育科学出版社, 2003：423-436.
③ Pinar W F. Curriculum Toward New Identities [M]. New York：Garland Publishing, Inc, 1998：xii-xiii.

论家仍然会是教师们的朋友与同事,我们当然还会继续向教师们提供我们的意见,尤其是通过我们所教的课、我们与他们之间的咨询关系……"[1]

课程理论研究者需要做什么样的改变呢?派纳坚持认为课程理论研究者意欲促进课程理论的成长,把握住发展成熟的理解的机会,就不能期望与过往一般只关注理论,以学校教育实践的指挥者和领导者的身份自居。因为教育经验一定是成熟的理解的基础,教育经验处于不断变化、持续更新的状态,因此理解也是不断深化,向前推进的。任何领域都必须有一些前沿的工作,否则就不可能有进步。

课程专家研究定位的变化改变了课程理论的传统功能,变化后的课程理论不再是一种预定、程序的指导工具,而是一个平台。课程专家走出课程研究领域的狭小空间,在更广阔的视野下,从更全面、更辽阔的背景下充分完满地理解课程领域以及它与其他领域的关系。这样不仅解放了课程专家,使他们有机会回到事物本身,"立足于不明确的、不可预测的、活生生的惊艳世界中"[2],也解放了教育工研究者,让他们能够立足于富有活力的"生活世界"。课程理论专家得以拥有了一个相对独立的空间,允许他们追寻理论的真谛,重建理论的反思与批判功能。课程批判与理解是课程理论建立与完善、课程实践改进与强化所不可或缺的两个重要方面。派纳接受了哈贝马斯关于"理论与实践存在着间接关系"的观点,并建议理论需要适当形成与实际行为的潜在领域相分离的空间。

二、"理解课程"思想对本研究的启示

当前基础教育的课程问题之一就在于远离学生的生活世界,把学生框定在"科学世界"或"书本世界"中,生命的活力和意义不复存在,培养学生的综合实践能力和社会责任感更是难上加难。教育的当务之急就是允许学生回归他们的生活世界,"人的回归才是教育改革的真正条件"[3]。普通高中英语教师的课程理解迫使教师放弃了在日常生活和教育教学中惯用的"自然的思维态度"——将主体意识直向地指向已有客体而漠视主体,因为这种思维态度使

---

[1] Pinar W F. Curriculum Toward New Identities [M]. New York: Garland Publishing, Inc, 1998: xiii.
[2] Pinar W F. Dreaming into Existence by Others: Curriculum theory and school reform [J]. Theory Into Practice, 1992, 31(3): 228-235.
[3] 雅斯贝尔斯. 什么是教育 [M]. 邹进, 译. 北京: 生活·读书·新知三联书店, 1991.

师生关系蜕变为控制与被控制的关系，课程沦为单向度的知识灌输和对学生强制性的塑造，为教师提供了一种全新的思维方式——朝向主体的"返观自照"（reflection，即反思）。

派纳理解课程的研究目的是激发自我理解、自我反思、社会变革与进步，而不是提供"放之四海而皆准"的普适性理论。"理论化（theorizing）是一种反思某人经验的尝试过程，其目的是成为该经验的创造者"[1]。从"控制"与"效率"为导向的课程开发走向对课程文本的理解与解释，课程与教学不再是科学技术性的"是什么"问题，而应该运用人文社会科学的研究方法进行探索，关注"为什么"这样做的问题。在问题情境之下，让课程主体基于各自的生活世界言说和理解自身及课程。

理解是人的生活的本源性的生活方式。[2]教师是课程理解的主体，通过理解文本语言来理解课程，不同的文本语言生成风格迥异的课程理解：数理逻辑语言（人工语言）生成客观性理解、自然语言及诗性语言生成人本性理解、隐喻语言及经验语言生成日常性理解。普通高中英语教师的课程理解是一个持续不断、螺旋上升的过程，即是说，英语教师的课程理解是一种没有终点的恒久过程。课程从理论到实践运作过程中发生课程形态的转变是一种不可避免的情况，要去深究和具体分析这种现象背后的原因，以及出现偏离现象的影响因素。普通高中英语教师作为课程的实践者，积极参与在课程理论转变为改造课程实践的力量这一过程中起到了关键性作用，任何一方的缺失、"不在场"都会导致理论与实践的剥离。普通高中英语教师对课程的每一次理解都会随着教师在经验、视角、反思等方面的改变而不同，普通高中英语教师课程理解的研究视角只有从外显化的学科课程聚焦于内隐化的个体经验，关照师生生活体验，才能与现实生活世界接轨，促进英语教师专业发展与学生全面发展。

---

[1] Kincheloe J. Toward a critical politics of teacher thinking: Mapping the postmodern [M]. Westport, CT: Bergin& Garvey, 1993: 20.

[2] 金生鈜. 理解与教育 [M]. 北京：教育科学出版社, 1997: 49.

第四章　普通高中英语教师课程理解的研究实施过程

意欲保证研究取得较高的可靠性，拟定完善的研究设计与选取恰当的研究方法是必不可少的关键环节和重要步骤。围绕研究问题的中心思想，推敲研究思路，审慎使用研究方法，整合研究要素，将研究取向和研究内容、研究问题和研究方法、研究假设和研究结论、研究者和被研究者等多个方面结合起来，最终形成一个连续的、历史的研究循环回路，生成规范标准且卓有实效的整体方案。

第一节　研究的思路与方法

一、研究思路

本研究的路径不是沿用已有的某种"课程观"或"课程取向"为标准，对教师的课程行为进行评判，从而将教师的课程理解归入某一种类型之中，而是采取由下而上的路径，通过混合研究的方式，对教师进行问卷调查、半结构化访谈和对教师教育教学行为作出观察分析，以此来总结教师"课程理解"的实然状态和应然趋向。

本研究采用混合式研究设计，质化研究为主，量化研究辅之，先量化后质化的聚敛式设计（Convergent design）[1]。在《普通高中英语课程标准》修订版的时代背景下，本研究使用自编调查问卷期望能摸清普通高中英语教师课程理解的现实状况，探明造成教师课程理解差异的原因，再运用质性研究的方式分析探讨在实际课程情境中，普通高中英语教师的课程理解如何作用于教师的课

---

[1] 约翰·W. 克雷斯威尔. 混合方法研究导论[M]. 李敏谊, 译. 上海：上海人民出版社, 2015：7.

程实施过程，并对量化研究得出的结论加以验证，对量化研究中存在问题的深层次、根本性动因加以深入探究。本研究可分为四个环节，如图3所示。

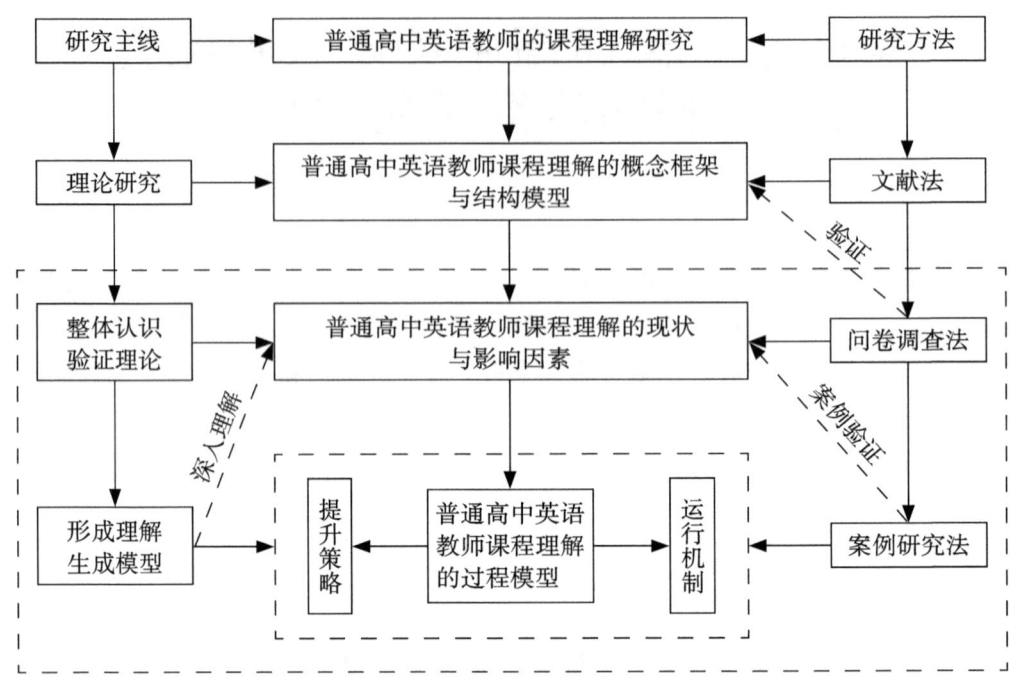

图3　研究思路

第一部分为理论研究。运用文献法，对国内外关于"课程理解"与"教师课程理解"的相关文献加以梳理和概括，探索普通高中英语教师课程理解的理论建构与模型构建，明确普通高中英语教师课程理解的构成要素、表征特点、价值追求、生成逻辑以及理论模型，方便后续开展量化研究和案例研究，提供科学合理的分析依据。

第二部分为量化研究。本研究自编研制出《普通高中英语教师课程理解的调查问卷》，首先利用探究性因素分析，完成对普通高中英语教师课程理解基本构成要素涵的基本认识，这也从侧面印证了理论研究得出的结论；其次使用单因素方差分析、均值比较的独立样本T检验、结构方程等方法，探明普通高中英语教师课程理解的现状，探讨普通高中英语教师课程理解的五个维度之间的结构与关系，对普通高中英语教师课程理解的问卷数据进行组间对比，分析、阐释普通高中英语教师课程理解现状的各个维度的真实情况——"实然"状态，看是否能在下一步的实证研究中获得呼应。

第三部分为质性研究。本研究使用课堂观察、课后访谈和实物收集等质性研究方法，基于普通高中英语教师课程理解的过程模型，对四位案例教师的课程理解展开实证研究，观察并如实记录他们理解课程的过程、行为和结果，听取教师本人解释与阐述何以展开对普通高中英语课程的理解，寻找并分析造成英语教师课程理解观念和行动之间保持一致性或出现差异性的原因，凝炼案例教师课程理解的高水平表征，再现实物资料呈现过程性意义，在理解—行动—反思—再理解的循环圈中验证普通高中英语教师课程理解五个构成要素的运行机理。由于普通高中英语教师课程理解对教师课程实施的钳制，需要在教师的日常教育教学活动中观察教师课程理解的实然状态，即"实际做了什么"，从中寻找蕴含于普通高中英语教师课程行为、课程实践中真实发生的课程理解，揭开英语教师课程理解的神秘面纱。

第四部分为结论与建议。基于量化研究和案例研究的已有研究结果，在"普通高中英语教师课程理解的结构模型和过程模型"引导下，结合专业发展不同时期普通高中英语教师课程理解表现出的特点、对应水平，本研究提出提升普通高中英语教师课程理解的路径与策略。

二、研究方法

目前教育研究方法论范式主体有三种：量化研究（quantitative research）、质性研究（qualitative research）以及混合研究（mixed research）。混合研究通常被称为混合方法研究（mixed methods research），被看作弥补量化研究和质性研究不足之处的"第三种研究范式"，指"研究者在一项单一研究或一系列相关研究中，混合或结合使用定量和定性的方法、手段和概念"[1]。混合研究囊括并结合了定性研究与定量研究的方式、途径或其他研究范式的特征，研究人员需要依据预先设计的研究问题，结合真实研究场域中出现的情境性、实际性问题，准确而恰当地对研究方法进行混合运用。混合方法研究有助于研究者解决那些单独使用定性或定量的研究方法，却无法完整、全面、合理解释的研究问题。混合研究中的定性和定量部分既可以同时开展（两部分大约在同一时间段进行），也可以先后开展（一部分先行于另一部分进行），其目的都被用以回答一个研究问题或一系列相关问题[2]。混合研究旨在综合应用定性和定量的研究

---

[1] 高建波. 普通高中校长课程领导力研究[D]. 兰州：西北师范大学，2019：76.
[2] 伯克·约翰逊，拉里·克里斯滕森. 教育研究定量、定性和混合方法[M]. 马健生，译. 重庆：重庆大学出版社，2015：49.

路径，注重研究的实效功能，最大限度地实现研究目的，旨在拓展理解和证实的广度和深度。定量研究聚焦于封闭性的数据，而定性研究关注的是开放性的个人数据，混合研究将两者结合应用，由此获得一个更全面、更综合的视角。混合研究方法之下的理解世界，主观的现实（个体的现实）、主体间的现实（基于语言的、文化的或分析推理的现实），以及客观的现实（物质的与构成原因的现实）全部有着重要的意义和价值。研究者根据研究需要混合或结合使用定量与定性的方法、手段和概念，不仅能够更加充分地理解世界中的事件，这种强强联合要比单一采纳任意数据形式能更好地理解研究问题。混合研究使定量与定性研究相互弥补，取长补短。定量研究难以理解人们谈话的语境和背景，也无法直接呈现参与者的观点。此外，定量研究中研究者居于幕后，个人的偏好和阐释几乎得不到讨论。定性研究可以弥补这些劣势。定性研究中，研究者通常会作出个人化的阐述，与实际研究问题或现象产生偏差，且定性研究中参与研究的对象数量有限，很难使研究具有普适性和推广性。定量研究则可以避免以上缺陷。采用多元视角、理论和研究范式的研究取向使研究者能够关注到细微的但却是至关重要的信息或事件，保证研究结果的客观有效，利于提高研究质量。基于此，研究者在本研究中选取了文献法、问卷调查法以及案例研究法等具体研究方法。

第二节 量化研究设计与实施

本研究的调查问卷为自编问卷，参考了大量相关问卷设计，基于课程理解、教师课程理解和2017版新课程标准等理论和文献，认为课程理解发生在课程开发范式基础之上。依托开发范式的"目标—内容—实施—评价"四个维度，以及教师在理解英语课程全过程中的各环节反思与整体反思，参照2017版新课程标准提出的学科核心素养要求，将本问卷划分为五个维度，编制出普通高中英语教师课程理解的现状调查问卷。选取G省L市的333位普通高中英语教师为样本对象进行问卷调查，希望能清楚了解普通高中英语教师课程理解的现实情况与真实水平，探明影响普通高中英语教师课程理解的个体与外部因素。在调查问卷的信效度检验上，采用项目分析法检验个体的鉴别度，问卷信度使用克隆巴赫α（Cronbach's α）系数加以验证，辅以探索性因子分析检查问卷的结构效度。

一、问卷的编制与试测

本研究使用的调查问卷为自编问卷,通过参考大量相关问卷的设计,基于课程理解、教师课程理解和2017版新课程标准等理论和文献,列出普通高中英语教师课程理解的多种思维方式和行为方式上的表现,依据项目分析、信效度分析检验修订而成,调查问卷包括指导语、人口统计学背景信息以及相关题目。第一部分是调查对象的基本信息,目的是搜集普通高中英语教师的背景资料,依次是普通高中英语教师的人口学信息(性别、教龄、职称、学历等)、所在学校基本情况(学校类别、所在区域、班额大小等)以及教师听课、公开课与课程培训的相关情况。第二部分为普通高中英语教师的课程理解量表,由"教师对英语课程目标的理解""教师对英语课程内容的理解""教师对英语课程实施的理解""教师对英语课程评价的理解""教师对英语课程理解的反思"五个子量表组成,采用"Likert五级自陈量表"的形式统计答案,正向赋值题目选项"完全符合"计5分,"比较符合"计4分,"不确定"计3分,"不太符合"计2分,"完全不符合"计1分。

初测问卷的编制,将普通高中英语教师课程理解外显为可以观测的具体行为。为了发现问卷设计存在的问题,确保问卷内容的适切性,研究者先后联系西北师范大学教育学院的6位课程与教学论专家或教师、4位一线普通高中英语教师提供修改意见。研究者就10位专家和教师所提供的宝贵意见作出汇整,经专家效度检验核准后,微调了相关题项,编拟出《普通高中英语教师课程理解的调查问卷(试测)》,小范围试测调查问卷之后,结合初测问卷在项目分析、信度、效度等方面的反馈,再次修订了问卷的结构、内容与题项,最终形成正式问卷。第二部分共42道题,保留的题项如表3所示。

表3 普通高中英语教师的课程理解调查问卷(初测)设计架构表

一级指标	二级指标	问卷题项	删除题项
A 教师对英语 课程的理解 (前理解)	A1英语课程性质的理解	Q1、Q2、Q3	全部删除
	A2课程标准的理解	Q4、Q5、Q6	
	A3英语课程结构的理解	Q7	
	A4英语课程主体的理解	Q8、Q9、Q10	
	A5 课程要素的理解	Q11、Q12、Q13、Q14、Q15、Q16、Q17	

（续表）

一级指标	二级指标	问卷题项	删除题项
B 英语课程目标的理解	B1课程总目标——英语学科核心素养的理解 B2课程阶段性目标的理解	Q18、Q19、Q20、Q21、 Q22、Q23、Q24 Q25、Q26、Q27	Q19、Q20、 Q21、Q23
C 英语课程内容的理解	C1 六要素整合的课程内容的理解 C2其他课程资源的应用与整合	Q28、Q29、Q30、Q31、Q32、 Q33、Q34、Q35、Q36、Q37、 Q38、Q39、Q40、Q41 Q42、Q43、Q44、Q45、 Q46、Q47、Q48、Q49	Q29、Q37 Q45、Q48
D 英语课程实施的理解	D1 课程设计的理解 D2 课程组织与运行 D3课程实施中的情境要素	Q50、Q51、Q52、Q53 Q54、Q55、Q56、Q57 Q58、Q59	Q51
E 英语课程评价的理解	E1课程评价方式 E2课程评价主体 E3课程评价内容	Q60、Q61、Q62、Q63 Q64、Q65 Q66、Q67、Q68、Q69、Q70	Q64 Q70

  2020年7月初，研究者联系到市教科所的学科负责人、多位在高中教授英语的同学与友人，烦请他们帮助发放电子版调查问卷，本次预调研共发放问卷120份，有效收回115份，有效回收率95.83%。运用SPSS 23.0对初测问卷进行分析。对试测问卷第二部分的题目进行项目鉴别度分析、信度检验后，删除鉴别度较低、信度较低的题目，分别是Q1~Q17、Q19、Q20、Q21、Q23、Q29、Q37、Q45、Q48、Q51、Q64、Q70。随后的效度检验中，经过巴特利特球形检验合格后，运用最大方差法进行因子分析，没有发现因子载荷值小于0.45的条目，且剔除掉在2个因子上载荷值相对近似的条目，问卷中不再存在交叉载荷的问题条目，此阶段未删除题目。

  《普通高中英语教师课程理解的调查问卷》由此正式形成。问卷由两部分组成，第一部分是基本信息，包括10道题目，依次询问了英语教师的性别、教龄、初始学历、当前学历、工作学校、目前的职称、所任教班级的学生数目、平均每周听课时数、每学期上公开课次数以及参加英语课程培训的情况；第二部分为"普通高中英语教师课程理解的调查问卷"，共包括42道题目。

二、样本的选择与问卷发放

本研究选取G省L市作为调查个案，主要原因在于研究者在攻读博士学位之前就是G省L市普通高中的一名英语教师。十几年的一线教育教学经历，恰逢新课程改革在G省逐步推行，普通高中课程标准在2017年经过再次修订，G省也将在2021年开始实行新高考制度。在落实立德树人根本任务、培养学生核心素养的教育目标和进一步深化高中课程改革的背景下，依托学科育人、促进学生全面发展的教育要求迫使教师必须提升与完善其对课程的认知、把握和理解。G省位于西部地区，不论是新课程改革亦或新高考制度的推行，都是全国较后执行的地区。由于经济发展较缓慢，区域优势不足，地理位置较为偏僻等多重因素，G省的教育发展水平与全国其他地区比较，还有很大的进步空间。以G省L市为个案的调查，可以管窥高中一线英语教师的"个人理论"和"实践哲学"，由此反观普通高中英语教师学习、吸收、理解课程教学理论并运用于实际教学的真实情况，为一线英语教师和课程专家的相互理解建构一座桥梁。

G省L市共40所普通高中，其中省级示范性高中12所，市级示范性高中19所，一般高中9所。本研究目标是全覆盖调研，研究者委托兰州市教科所英语学科负责人及省属两所普通高中的英语学科教师，以"问卷星"的形式向L市所有普通高中发放问卷，问卷从2020年10月16日发放，于2020年11月3日全部回收，历经18天。共发放问卷333份，收回有效问卷326份，剔除7份无效问卷，问卷有效率为97.90%，运用SPSS 23.0对问卷进行项目分析、结构检验与探索性因子分析、信效度检验。

三、项目分析

通常来说，问卷量表中的问题（或题项）应具有较高的鉴别度，如此这样该测验才能具备良好的信度基础，也会影响测验结果的效度。所以，"项目分析的主要目的是检验编制的量表或测试题项的适切度或可靠程度"[①]。本研究采用极端组比较的T检验法，依次展开量表问卷中各题项的鉴别度检验。具体操作步骤为：首先，采用"27%分组法"，依据测试对象在测试中的总得分排序，将量表分为高分组和低分组，然后由独立样本T检验法检验两个分组在每一题

---

① 吴明隆.问卷统计分析实务——SPSS操作与应用[M].重庆：重庆大学出版社，2010：158.

项上均值差异的显著性。若两个分组在所有题项的检验结果都达到显著性水平$P<0.05$时，表示问卷中的所有题项具有鉴别度。对本研究正式调查问卷第二部分42道题进行区分度后，发现所有题项的临界值都已达到显著性水平，独立样本T检验结果见表4。

表4 普通高中英语教师课程理解调查问卷高低分组的独立样本T检验

题号	临界值	相关性	题号	临界值	相关性
Q1	−14.133***	0.692***	Q22	−11.823***	0.668***
Q2	−12.978***	0.636***	Q23	−11.955***	0.599***
Q3	−14.750***	0.610***	Q24	−14.171***	0.717***
Q4	−13.692***	0.690***	Q25	−12.450***	0.615***
Q5	−11.200***	0.636***	Q26	−16.733***	0.738***
Q6	−16.481***	0.669***	Q27	−17.063***	0.745***
Q7	−15.078***	0.721***	Q28	−12.453***	0.637***
Q8	−13.614***	0.672***	Q29	−15.880***	0.737***
Q9	−16.703***	0.735***	Q30	−14.285***	0.747***
Q10	−13.837***	0.621***	Q31	−14.033***	0.719***
Q11	−13.497***	0.599***	Q32	−15.909***	0.755***
Q12	−12.598***	0.596***	Q33	−16.123***	0.744***
Q13	−16.986***	0.677***	Q34	−14.764***	0.682***
Q14	−13.553***	0.652***	Q35	−15.340***	0.716***
Q15	−17.670***	0.704***	Q36	−14.068***	0.674***
Q16	−15.947***	0.699***	Q37	−14.763***	0.680***
Q17	−14.731***	0.641***	Q38	−13.132***	0.668***
Q18	−12.511***	0.637***	Q39	−14.253***	0.694***
Q19	−13.243***	0.701***	Q40	−13.894***	0.657***
Q20	−10.950***	0.598***	Q41	−14.672***	0.689***
Q21	−12.295***	0.657***	Q42	−12.108***	0.653***

注：*$P<0.05$，**$P<0.01$，***$P<0.001$。

显著性概率值$P<0.05$时，达到显著性水平，表示此题项的临界比值达到显著。反之，未达到显著性水平，表示此题项的临界比值未达到显著。由上述表格可以看出，本研究中的自编调查问卷中的42个题项，经过高分组与低分组的

独立样本T检验后，得分结果确实呈现出显著性差异，证明在初步的项目分析中，本研究调查问卷中各个题项都具有较好的鉴别性，这也是保障问卷量表的信效度检测的前提。

四、结构检验与探索性因子分析

效度（Validity）指测量工具、设备或手段对想要测试的心理或行为特征的测试程度。效度包括内容效度、效标关联效度、结构效度[①]。结构效度不仅以理论的逻辑分析立基，而且根据实践中获得的资料或数据来检验理论的正确性，所以学者们一致赞成结构效度是一种非常严谨的效度检验方法。使用者通常会将项目分析后的题项进行因素分析，以求得问卷量表的结构效度。当因素分析被拿来检验测验工具的效度时，首先应有效提取共同因子，当这些共同因子极度接近理论架构的特质时，便可以认为这个测验工具或问卷量表具有结构效度。

为了探索普通高中英语教师对课程理解能力的结构，本研究采取KMO（Kaiser-Meyer-Olkin）检验和Bartlett球形检验，然后针对本研究第二部分的42道题项，运用方差取向的主要成分分析以及最大方差旋转法进行探索性因子分析，得以确定独立的潜因子。因素分析的原则为：①参照碎石图确立提取因子的数目；②提取特征值大于1的因子；③剔除因子载荷值小于0.45的条目；④剔除在2个公因子上载荷值均高于0.35的条目，即存在交叉载荷的问题条目；⑤各因子包含的各个条目可以在内容效度上得以解释。KMO是一种取向适当性的量数，比较变量间的简单相关和偏向关系数就可以用其统计量进行比较。KMO统计量的值一般介于0~1。如果原有变量间的共同因素越多、相关性越强，越适合做因子分析，此时所有变量之间的简单相关系数的平方和远大于偏相关系数平方和，KMO的值也会越接近于1，标准如下：

当$KMO>0.9$时，表示非常适合做因子分析；

当$0.8<KMO<0.9$时，表示适合做因子分析；

当$0.7<KMO<0.8$时，表示一般；

当$0.6<KMO<0.7$时，表示不太适合做因子分析；

当$KMO<0.5$时，则不宜进行因素分析。此时的样本量可能偏小，可以通过扩大样本加以改善。本研究数据的KMO检验和Bartlett球形检验结果，如表5所示。

[①] 吴明隆. 问卷统计实务——SPSS操作与应用［M］. 重庆：重庆大学出版社，2010：194-195.

表5 问卷结构效度检验结构一览表

取样足够度的Kaiser-Meyer-Olkin度量		0.954
Bartlett的球形度检验	近似卡方	11482.130
	自由度	861
	P	0.000

表格显示,本研究数据效度检验的KMO值为0.954,Bartlett球形检验χ^2值为11482.130(自由度为861),概显著性$P=0.000<0.05$,达到显著性水平,表明题项变量间的关系极佳,数据适合进行因素分析。因此,对该数据进一步采用正交旋转提取法,提取了5个因子,能累积解释总变异量的66.221%(详见表6和表7)。

根据表5所示,本问卷数据效度检验的KMO值为0.954,表明非常适合于因子分析;Bartlett球形检验的近似卡方值为11482.130(自由度为861),并且其伴随概率值$P=0.000<0.05$,达到显著性水平,在显著性水平$\alpha=0.01$的条件下,则拒绝原假设,接受备择假设,即相关系数矩阵与单位阵有显著差异,即表明题项变量间的关系极佳,数据适合采用因子分析。

采用主成分分析法和最大方差旋转法对数据进一步进行探索性因子分析,提取特征值大于1的因子,最终得到5个因子,5个因子累计方差贡献率达到66.221%,信息量损失较小,可以较好地解释总体方差,因子分析较理想。从旋转后的因子解(即最终因子解)可以看出,因子的旋转只是改变了各个因子的方差贡献,使因子所解释的原始变量的方差发生了一些变化,但良好地保持了原变量的共同度和累计方差,使因子更加便于解释和分析,如表6所示。

表6 提取因子的总方差解释率一览表

成分	初始特征值			旋转平方和载入		
	合计	方差的%	累积%	合计	方差的%	累积%
1	20.111	47.883	47.883	8.612	20.505	20.505
2	3.085	7.345	55.228	6.353	15.125	35.630
3	2.103	5.006	60.235	4.724	11.248	46.878
4	1.294	3.080	63.315	4.585	10.917	57.795
5	1.221	2.906	66.221	3.539	8.426	66.221
6	0.988	2.353	68.575			
7	0.876	2.087	70.661			

（续表）

成分	初始特征值			旋转平方和载入		
	合计	方差的%	累积%	合计	方差的%	累积%
8	0.778	1.851	72.512			
9	0.739	1.759	74.272			
10	0.696	1.658	75.930			
11	0.661	1.574	77.504			
12	0.615	1.465	78.969			
13	0.596	1.420	80.389			
14	0.549	1.306	81.695			
15	0.506	1.206	82.901			
16	0.495	1.178	84.079			
17	0.485	1.156	85.234			
18	0.465	1.108	86.343			
19	0.414	.985	87.327			
20	0.396	0.943	88.270			
21	0.357	0.851	89.121			
22	0.346	0.824	89.945			
23	0.337	0.802	90.746			
24	0.329	0.783	91.529			
25	0.315	0.750	92.279			
26	0.311	0.740	93.019			
27	0.280	0.668	93.687			
28	0.268	0.638	94.325			
29	0.253	0.602	94.927			
30	0.234	0.558	95.485			
31	0.229	0.546	96.031			
32	0.209	0.499	96.530			
33	0.198	0.471	97.001			
34	0.188	0.448	97.449			
35	0.175	0.416	97.865			
36	0.156	0.372	98.237			
37	0.151	0.360	98.597			

（续表）

成分	初始特征值			旋转平方和载入		
	合计	方差的%	累积%	合计	方差的%	累积%
38	0.146	0.346	98.943			
39	0.125	0.298	99.241			
40	0.118	0.281	99.522			
41	0.106	0.252	99.774			
42	0.095	0.226	100.000			

提取方法：主成份分析。

为了重新安排题项在每个共同因素的因素负荷量，本研究采用最大变异法（Varimax）进行直交转轴。数据经过8次迭代后，最终萃取了5个成分矩阵，如表7所示。

表7 探索性因子负荷一览表

序号	题项	成分				
		$F1$	$F2$	$F3$	$F4$	$F5$
Q6	我通过基于语篇的主题意义探究活动引导学生去思考人与自我、人与自然、人与社会的关系，为理解、体验与表达主题意义提供机会	0.761				
Q7	我会有意识地渗透语篇的基本知识，帮助学生形成语篇意识，把握语篇的结构特征，提高学生理解语篇意义的能力并使用语篇进行交流	0.731				
Q12	我认为英语课程帮助学生掌握中外多元文化知识，认同优秀文化，坚定文化自信，有利于促进英语学科核心素养	0.727				
Q2	我对提升学生的学用能力非常看重，譬如培养良好的学习习惯与学习策略	0.715				
Q13	我在课程内容的设计和选择中会充分考虑文化教学，帮助学生形成正确的文化态度，培养其思维品质，进而形成跨文化交际能力	0.712				
Q3	我认同教学目标是课程目标的进一步具体化，是指导、实施和评价教学的基本依据	0.705				

（续表）

序号	题项	成分				
		F1	*F2*	*F3*	*F4*	*F5*
Q9	我在课程中既注重语言本身的知识（语言的结构性知识），也注重语言的运用性知识，即"语篇知识和语用知识"	0.680				
Q11	课程的各部分内容之间有其内在的逻辑关系，但只有符合学生认识的特点，课程内容才能被接受	0.626				
Q14	多模态的语篇类型需要教师引导学生去观察和理解图例、表格、视频、动画或符号等表达方式的意义	0.617				
Q15	我认为语言学习具有渐进性和持续性的特点，因此在语言技能的教学活动中，我经常将专项与综合训练、课内与课外训练相结合	0.601				
Q10	我认为学习语言知识的目的是发展语言运用能力，要特别关注语言知识的表意功能	0.594				
Q16	我会根据不同的策略类型采取不同的教学方式，鼓励和指导学生组合运用多种学习策略	0.567				
Q1	我在制定英语课程目标时鼓励学生对各种观点和思想提出合理质疑，辨析其价值，作出正确评价，帮助促进学生形成独立的思想	0.560				
Q4	我能将课程目标在具体的教学情境中分解成合理的单元教学目标和课时教学目标	0.559				
Q8	我会根据不同的语篇类型组织多模态形式的课堂学习活动，为学生接触真实社会生活中丰富的语篇形式提供了机会	0.550				
Q5	我能依据《高中英语课程标准》，进行大单元、大任务、大主题课程设计	0.504				
Q31	我会设置与学生实际生活相关的英语问题情境，引导学生提出或回答相关问题		0.747			
Q32	在课程实施中，我会根据实际情境对课程作出灵活调整，为学生的创造性思维和自主发展预留空间		0.709			
Q28	我所选择的教学方法和策略，总能帮我顺利地达成教学目标		0.700			

（续表）

序号	题项	成份				
		F1	F2	F3	F4	F5
Q30	我能熟练地运用自主学习、合作学习、探究学习，有效促进学生之间、师生之间的交流与互动		0.692			
Q27	我能根据学生表现情况适当调整、选择教学方法和策略，注重英语核心教学策略的运用		0.680			
Q26	我对于英语课堂中教师话语的质与量的问题是认真思考过的，并且在课程实施中会精练自己的口头表达以达到更好的教学效果		0.678			
Q29	我善于利用多种方法设计学习理解类、应用实践类、迁移创新类等灵活多样的学习活动		0.653			
Q25	我认为课程实施中，学生获得知识和意义的过程是积极、主动的，师生既是课程知识和意义的接受者，也是课程知识和意义的创造者		0.638			
Q24	我会依据学校或班级实际情景在课程目标、内容、方法、组织诸方面作出调整，以保证课程正常进行		0.609			
Q18	我会根据单元主题收集相关的材料，广播、视频、影像、报纸、杂志、网络都是我会利用的媒介			0.733		
Q21	我会经常思考当地有哪些特色资源可以整合用于英语课堂教学中，课程内容是从已知到未知、从具体到抽象的先后顺序安排的			0.693		
Q22	在遇到课外课程资源更利于学生掌握单元话题讨论和语篇学习时，我会用拓展材料补充课本教材的不足			0.641		
Q19	在日常生活中我会有意识地学习新知识，收集英语学习素材，希望给学生提供优质的英语学习体验			0.620		
Q20	我会让学生自己组建团队开展英语学习活动，形式多样，阅读小组、英语辩论、英语角等是他们展示学习成果的方式			0.589		
Q23	我会在日常生活中收集整理图片、海报、景点介绍、说明书、格言警句等素材以备补充课程内容的需要			0.520		

（续表）

序号	题项	成份				
		F1	F2	F3	F4	F5
Q17	我教授的课程内容会在不同时间重复出现，但后面的内容是对前面内容的扩展、加深			0.497		
Q34	我在教学中通过随堂测验、同伴互评、问卷调查、学习档案、反思日志、师生面谈、纸笔测验等活动开展日常评价				0.690	
Q36	形成性评价的方式多种多样，我能将课堂观察、小组评价、自我评估、阶段性测试以及家长评价等方式结合运用				0.656	
Q35	我在教学中能综合运用形成性评价、终结性评价、日常评价、阶段性评价等评价方式准确了解学生学习情况				0.643	
Q38	在运用定性评价和定量评价时，我更重视定性评价				0.533	
Q33	我在教学中通过提问、讨论、展示、演讲等学生独立或合作完成学习任务等非纸笔测试活动对学生行为表现进行评价				0.498	
Q37	我在教学中提倡学生开展自评和互评				0.476	
Q40	我根据自己的教学实际情况经常性记录教学反思日志					0.760
Q39	我经常反思应达到的课程教学目标，尤其是学生的思维水平和探究知识的能力					0.718
Q41	我通过学生的课堂表现、课间答疑、课后作业等反思与改进自己的课程教学					0.664
Q42	我在反思中关注英语课程对学生在知识与能力方面的培养，更注重英语课程的育人价值					0.604

提取方法：主成分分析。

旋转法：具有Kaiser标准化的正交旋转法。

a. 旋转在8次迭代后收敛。

综上可以看出，通过主成分分析法共提取了5个因子，因子F1所对应的条目有16条，可命名为"教师对英语课程目标的理解"；因子F2所对应的条目有9条，可命名为"教师对英语课程实施的理解"；因子F3对应的条目有7条，可命名为"教师对英语课程内容的理解"；因子F4对应的条目有6条，可命名为"教师对英语课程评价的理解"；因子F5对应的条目有4条，可命名为"教师对英语课程理解的反思"。综上所述，经过探索性因子分析本研究发现，自编问卷量表测试结果具备基本的结构模型，模型中的各个因子大体涵盖了英语教师课程理解的主要构成要素，说明《普通高中英语教师课程理解的调查问卷》在问卷设计方面是合理的也是有效的，具有较强的解释力。

为了进一步验证研究建构的测量结构模型，研究者还需要开展验证性因子分析。本研究运用结构方程模型分析软件AMOS21.0，采用结构方程模型（Structural Equation Modeling，简称SEM）分析法，对各种因果模型进行辨识、估计与验证，如表8所示。

表8 模型的拟合情况一览表

拟合	CMIN/DF	RMSEA	SRMR	NFI	RFI	IFI	TLI	CFI
系数	3.089	0.080	0.063	0.794	0.779	0.850	0.839	0.850

一般情况下，CMIN/DF值在1～5表示模型适配合理，在1～3表示模型适配良好；RMSEA小于0.1、SRMR小于0.08表示模型适配合理；NFI、RFI、IFI、TLI、CFI值在0.8左右表示模型拟合程度可以接受。因此，普通高中英语教师课程理解模型的拟合程度较好，可用于测量普通高中教师理解英语课程的水平，模型如图4所示。

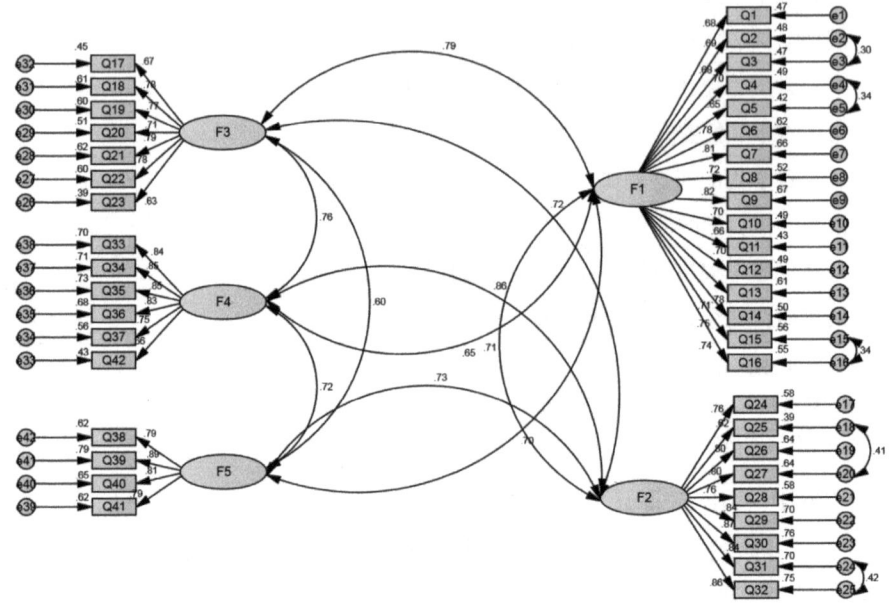

图4 普通高中英语教师的课程理解水平模型图

五、信度检验

收集完正式问卷数据后,笔者对问卷的信度重新进行检验。信度(Reliability)可用来衡量测验问卷量表的一致性、稳定性、可靠性,信度系数还可作为同质性检验的指标之一。克隆巴赫α(Cronbach's α)系数是与李克特量表相似的信度估计,被广泛应用于社会科学研究之中。它还被称为内部一致性α系数,取值范围在0~1,数值与问卷信度之间为正相关关系,数值越高问卷信度就高,反之亦然。通常情况下,问卷的信度系数达到0.70左右则为信度中等,表示可接受的信度值;达到0.80左右则为信度良好,说明问卷有较高的信度;能够达到0.90及以上则表明信度极好,具有高信度。需要特别交代一下分问卷量表的信度系数,即因为分问卷量表中包含的题项数量偏少,总的来说分问卷量表的信度系数值是低于总问卷量表的信度系数值的。本研究的问卷量表信度系数如表9所示。

表9　问卷总体与各因子信度系数统计表

	总体	F1	F2	F3	F4	F5
Cronbach's α	0.972	0.943	0.941	0.880	0.909	0.884
系数	42	16	9	7	6	4

从上表中可以看出,本研究调查问卷的第二部分的总体信度系数为0.972,证明此自编问卷的信度极好,并且测验结果具有较高的可靠程度和较强的稳定性。5个因子中的3个因子的信度系数在0.90以上,另外2个因子的信度系数也在0.85以上,说明各个因子的信度都在可接受的范围之内,表明测量结果真实可靠。

通过对本研究自编调查问卷进行项目分析、结构检验、探索性因素分析以及信度检验分析后,笔者确定问卷中的各个题项在设置上符合学理、表达上清晰规范,信度系数值较高,问卷结构稳定可靠,对解释与分析普通高中英语教师课程理解的现状考察和结果反馈具有较强的解释力和可信度。

第三节 质性研究设计与实施

一、案例的选择

由于普通高中英语教师的课程理解包含的变量很难从其所在环境中析出，本研究采取混合实验研究设计，运用量化研究方法把握普通高中英语教师课程理解的总体现状，再以案例研究、观察访谈等质性研究的方式深入挖掘普通高中英语教师课程理解的表征、生成逻辑、影响因素等，以期形成深层次的认识并提出切实可行的提升策略与路径。

采用代表性个案抽样法进行案例选择，派顿（Patton M.Q，1990）等认为，目的抽样是指"按照研究的目的抽取能够为研究问题提供最大信息量的研究对象"，他归纳出下列7种教育个案研究抽样策略：代表性个案抽样、关键个案抽样、极端型个案抽样、滚雪球式抽样、效标抽样、证实和证伪个案抽样、综合抽样等"目的抽样"方式。案例的研究对象通常是能够给研究问题提供最多有价值的信息、能够基本完整与精准回答研究问题的人[①]。根据本研究中的研究问题，笔者选取了G省L市3所省级示范性普通高中的专家型或经验型英语教师，其中两位是研究者同学校的同事，是其很敬重的前辈教师，其他两位是研究者非常熟悉了解的同事或同学。本研究选取以上四位省级示范性普通高中的英语教师，是源于斯滕伯格（Sternberg）提出的专家型教师原型的三个主要特征：第一，专家型教师具有丰富的结构化专业知识；第二，专家型教师解决教学问题时比新手更有效率；第三，专家型教师在解决教学领域的难题和问题时有更加敏锐的洞察力、创造力。在实际目的性抽样的过程中，将心理学家常用的三种方法也纳入研究：第一，测验分数，主体由学生成绩决定；第二，权威的主观判断，主体由学校领导决策建议；第三，教师的工作年限。主要希望通过对现实中"实然"层面普通高中英语教师课程理解的深入探讨，通过分析、归纳与综合，建构"应然"层面普通高中英语教师课程理解的能力结构模型。出于上述考虑，本研究所选取研究个案的基本情况如下：

[①] Patton M.Q. Qualitative Evaluation and Research Methods [M]. 2nd Ed. Newbury Park: SAGE, 1990: 169.

G老师，高级教师，自1985年以来一直从事英语教学工作，教龄35年，G省普通高中新课程实验学科指导组成员，G省中小学教师培训专家指导委员会成员。任所在学校教育研究室主任，省教科院研究所兼职教研员，某市继续教育讲师团副教授等职位。担任班主任期间，所带学生曾分别获得省文科状元和榜眼，所带学生多人获得全国奥林匹克英语能力大赛各级奖项。参加工作以来，多次获得各级各类教学科研成果奖、全国中小学外语教师园丁奖、省市级骨干教师荣誉称号、学科带头人、先进个人称号等。审定、主编、参编论著、教材、教辅20本，有近30篇专业论文在国家级、省级刊物上发表，先后主持、参与国家级、省级课题7项。2000年至今多次承担国家级、省级中小学英语骨干教师及培训者培训任务，并一直参加省教育厅组织的"送教下乡"专家组，2011年被评为首届英语学科名师。

R老师，正高级教师，自1982年从事中学英语教学以来，始终坚持在教学一线，教龄38年。曾先后获某县教学新秀、G省园丁奖、L市"222"工程人才、G省骨干教师、L市教师楷模等荣誉称号。自2011年被评为首届英语学科名师以来，带领团队成员更加认真地开展英语教学研究，发表论文20多篇；出版专著一部，主编教育教学成果集两部；主持完成省级规划课题优秀奖一项，完成市、县级个人小课题各一项，两项省级重点规划课题在研；获L市基础教育成果一等奖；获一师一优课省级优质课奖；获陇原师德先进个人、特级教师、全国中小学外语名师、陇原名师等称号；多次担任各级各类评委。

M老师，高级教师，自2004年从事中学英语教学，教龄17年。常年任教学校实验班英语教学工作及班主任，曾三次获得优秀班主任荣誉称号，承当校本选修课程和分层教学等国家规定课时外的英语教学工作，教学成绩显著。获得全国奥林匹克英语作文大赛指导教师一等奖、中国高中六校联盟优质课展评最佳教学设计奖、"一师一优课"省级二等奖、G省教育教学优秀论文评比活动一等奖。主持一项省级课题并结项，在国家级、省级优秀刊物上发表多篇论文。

X老师，一级教师，新加坡南洋理工大学访问学者，自2007年从事中学英语教学，教龄14年。任该校英语教研组组长，为省级及市级名师工作室核心成员，该市教学新秀，县级名师，县级师德标兵，教学能手，教学骨干。数次在省、市、县级优质课、课例、论文、微课等比赛中获一、二、三等奖并三次获得高考单科成绩一等奖。参与编写教育教学专著2部、国家教科文课题1项，承担并完成省级规划课题2项、市级规划课题2项、个人课题2项，先后在省级刊物上发表论文6篇。

二、资料搜集的方法

教师课程理解是一个复杂的理论和实践问题，它以一种"潜隐理论"的形态存在，是通过对外在事件的认知、理解和体悟来形构的，蕴涵着许多关涉认知和情感的内在要素，并呈现出独特性和境遇性的特征。拉斯（Raths）等学者认为，应该重视"价值形成的过程"，而不只是"经验的价值结果"[①]。在资料搜集上，鉴于案例研究是描述、阐释与分析一个有边界的系统的活动与过程，研究人员偏向于利用丰富多元的方法和各种各样的资料来源（即方法和资料的三角互证法）收集信息和资料。结合本研究中质性研究的目的与特点，研究者通过课堂观察法、半结构化深度访谈法以及实物收集法，深入分析四位案例教师，以此总结英语教师课程理解的实然状态和应然趋向，希冀提炼出普通高中英语教师课程理解应有的能力结构模型。访谈法用来回应问题"我如何了解被研究者的所思所想？"对应到本研究中，即研究问题"普通高中英语教师为何会发生这样的课程理解？"观察法用来回应问题"我如何了解被研究者的所作所为？"对应到本研究中，即研究问题"普通高中英语教师进行着怎么样的课程理解？"而实物分析法用来回应问题"我如何解释自己所看到的物品的意义？"对应到本研究中，即教师如何解释其在课程理解的过程中合理使用课程文本、教案、学案、反思日志或札记、其他课程资源等[②]。

（一）观察法（Observations）

观察法是研究人员获取案例研究相关资料的一个重要来源，分为直接观察与参与观察两种形式。本研究同时采用两种形式对四位案例教师的课程与教学、课程理解从理念到实践全过程进行深入观察和体验。课堂观察使研究者可以直观地感受、聆听、注意和体验案例教师的言行，还可以体悟到他们对普通高中英语课程的认知与理解、真实具体的感性认识，更有机会触及案例教师的思想深处，了解他们怎样解释自己理解行为的意义和价值。对案例教师课程理解的"冷眼旁观"，可以帮助研究者发现与揭示教师行为"背后"的课程价值观。

[①] Raths L, Harmin M, Simon S. Values and Teaching [M]. Columbus, OH: Charles E. Merrill, 1978: 1.
[②] 陈向明. 质的研究方法与社会科学研究 [M]. 北京：教育科学出版社，2000：163.

（二）访谈法（Interviews）

基于文献研究和调查研究，本研究自编《普通高中英语教师课程理解的访谈提纲》，对四位省级示范性普通高中的专家型或经验型英语教师进行了面对面的半结构化访谈。首次访谈形式为开放性访谈，向访谈对象提出有关研究问题的事实性与观点性问题，询问访谈对象相关情况，着重了解事件细节及他们的主观感受；再次访谈时不断追问研究中的重点问题，引导案例教师持续反思和解释自己课程行为的意义。深度访谈方法为研究者提供了洞察教师课程理解思想的路径，引发研究对象对个人经验的解释，"访谈者的问题让研究对象以一种很少出现的方式描述和反思他们的经验"，弥补了观察法或其他数据搜集方法的不足[①]。

（三）实物收集法（Objects Gathering）

实物收集指的是收拾整理案例教师的教案、导学案、教学反思、教学日志、反思札记以及教学随笔等。"语言主要依赖于概念的使用，而实物更加依赖于形象的召唤和联想以及物品本身的使用方式"[②]因此，笔者在访谈案例教师时，通过对案例教师教案、学案、反思、随笔等实物的分析，探明普通高中英语教师课程理解的实施情况与现实水平，这也可以呼应并支撑访谈与观察中获得的结论。

三、研究的信度与效度

正如社会科学领域的其他研究方法一样，案例研究方法也是一个系统的质性研究调查方法。进行案例研究要求保持高度真实、自然和客观，然而在其具体的应用与实施过程中，案例研究暴露出自身的弊端，如真实性较高的情况下，对研究的组织和把控变得更具挑战性；案例研究极可能是个体的、主观的甚至是带有偏见的；案例研究的结论不具备普适性，很难将其结论扩大。案例

---

① 凯西·卡麦兹. 建构扎根理论：质性研究实践指南［M］. 边国英，译. 重庆：重庆大学出版社，2009：34.
② 高建波. 普通高中校长课程领导力研究［D］. 兰州：西北师范大学，2019：91-92.

研究的有效性和可靠度是案例研究必须面对的问题。

（一）研究的信度

案例研究的信度（reliability）对应研究中的一致性（congruence）水平，尤其要思考资料的可信度，是指"研究结果与研究的其他部分（包括研究者、研究的问题、目的、对象、方法和情境）之间的一致性程度"[①]。所谓一致性，是指不同研究者在不同的事件、地点，在理论假设所确定的研究条件下，开展同样的研究所得结论是否一致，它表明研究结论的可复制性（replicability）。资料或方法的反思以及三角互证可用来判断案例研究的信度问题。

1. 重视反思，消除研究者潜藏的偏见与疏忽

积极反思可以作为保证质性研究质量的一个重要途径。本研究进行的过程中，研究者不时对分析过程、研究方法、观察中是否保持中立态度以及是否存在道德伦理问题等进行反思，持续考量研究问题的前提假设、研究者的生活阅历、社会角色等因素对观察可能产生的影响。研究者还积极澄清自己依然感到困惑的地方，为获得全面、真实而客观的结论而努力。在反思的过程中，研究者需要将研究问题作为研究方法与研究历程的指导性思想贯穿始终，反复问自己："我做的研究是否围绕研究问题在进行？""我的研究是否偏离了研究主题？""研究中的新发现是否需要对研究主题进行修正？"回应这些问题能够保证整个研究进程紧扣研究主题、研究目的和研究问题顺利开展。研究者将收集到的物料与研究推断出的结论与同专业专家学者和教师进行交流，让他们以"局外人"的角度对研究结果作出专业的判断、评价，对不恰当或不合理的地方提出怀疑，然后进行修正。

2. 运用三角互证，保证研究的可信度

没有研究者能够在使用资料和方法的过程中避免偏差，所以案例研究的可信度得到保证的前提条件就是不同的研究者使用多重方法、收集多种资料，再从多个角度加以调查分析。研究人员通常会选取两种及以上的研究方法，对借以其他方法获得的资料作出检验或补充，以扬长避短。三角互证（Triangulation）是质性研究中常用的保证研究效度的策略，其目的就是保证研

[①] 陈向明. 教师如何做质的研究[M]. 北京：高等教育出版社，2001：6.

究结果与被试者实际体验到的事实相符,从而为研究者提供一个可靠的理论框架。目前,该方法主要被应用于心理学、教育学等学科。三角互证的根本原则是从多个领域收集相关事件的证据,确保获得信息的真实性和有效性,并且通过探讨不同主体在评估同一现象、问题或方案时能否相互印证信息来核实资料的真实性。三角互证通常能够划分为四类:"资料三角互证(以某个学生在不同场合的语言表现为例)、调查组(或研究者)三角互证(如不同研究者调查分析某个相同或相似的现象)、理论三角互证(如运用不同的理论描述同一个现象)以及方法三角互证(如利用不同的案例研究方法——访谈、观察、文献综述等)"[①]。

理解是人的心理活动,教师课程理解是一个多元、复杂、多维的过程,对不同类型的对象进行调查,获取支撑研究结果的资料,可以使质性研究避免滑向主观主义的洪流,人们对同一资料的理解和解释自然而然存在差异,借助三角互证可以增强各类资料的相互效度。本研究运用了资料三角互证法与方法三角互证法。运用资料三角互证法时,针对每位受访者在不同时间、环境条件下对英语课程理解的信息进行比较,加以印证和筛查,辨析真伪。运用方法三角互证法时,紧密围绕三个主要研究问题,采用访谈、观察、实物收集等方法收集并整理相关资料。完成对案例教师的课堂观察之后,将访谈转录为文本,再与收集到的相关教案、导学案、教学反思以及教学随笔等进行交叉比较,既印证、核实了访谈的内容与过程,也丰富与充实了案例教师的访谈记录。三种方法互为补充、两两校验,信息和资料的客观真实性经过鉴别后保证了研究的信度。

(二)研究的效度

个案研究的效度(validity)指"研究结果的有效性和研究能够实现其目的的程度"[②]。效度对应于研究中的相关性(correlation)水平。效度有3种类型,分别为结构效度、内部效度和外部效度。内部效度与外部效度也被统称为诠释效度,意指研究者对现象的观察和解释能否与客观事实达成一致。诠释效度可以凭借低推论描述、案例研究对象对被收集资料的确认、多位研究者协作、多

---

① Denzin N K. The research act: A theoretical introduction to sociological methods (3rd ed) [M]. Eaglewood cliffs, NJ: Prentice Hall, 1989: 237.
② 董奇. 心理与教育研究方法 [M]. 北京: 北京师范大学出版社, 2004: 110.

重理论或多种资料收集的方法进行三角互证，确保与改善研究的效度。

混合研究最终的推论必定是在对质性研究和量化研究的结论进行统整或结合之后获得的。因此，混合研究的效度也与量化研究和质性研究的效度高度相关。就本研究的问题，研究者有几点需要说明。

1. 内外效度

此处所指的内外效度问题是指研究者把握、运用并提出研究对象主观的"局内人"观点和研究者客观的"局外人"观点的程度。内外效度通过两种观点的完整叙述和阐述，了解研究中现象背后的重要意义。在整理访谈资料的过程中，研究者发现访谈教师碍于面子问题，不愿意讲出自己真实的想法，对于同一个研究问题的回答，前后两次的访谈会出现自相矛盾的答案。为了确保访谈的效度，在进入场域之初，研究者与研究对象尽快达成了信任关系，以一位拥有多年高中一线英语教师教育教学经历、现阶段攻读博士学位的研究人员身份，与访谈教师交流沟通，争取最大程度还原实物资料的真实性。

2. 典范效度

研究者对研究中质性和量化研究方法的认识论、本体论、价值取向、语言学等方面的理论基础和文献研究有较好的掌握和梳理，统整融合与研究相关的内容，完成此次混合研究。在案例研究的过程中，研究者认真参考量化研究已经得出的结论，争取形成案例研究与量化研究内在逻辑的统一性与外部效度推理得出的研究结论的普遍性。量化研究中对普通高中英语教师课程理解的探索性因素进行分析，验证文献梳理和理论研究阶段的普通高中英语教师课程理解的结构模型与过程模型，大致掌握普通高中英语教师课程理解的现状，剖析普通高中英语教师课程理解的影响因素。在案例研究的过程中，希冀结合量化研究的结论，进一步探明普通高中英语教师课程理解的生成逻辑和运行机制。

3. 转换效度

研究者对实物资料进行高质量的转换，并根据转换后得到的资料作出恰当、适切的分析、解释和推理判断的全过程。任何案例都是共性与个性的统一，共性通过个性而存在，并通过个性表现出来。案例研究既要通过个性研究寻找共性（即典型性），也要通过个性研究来揭示个案的独特性。案例研究理论的推广在于研究的深度而不是研究的广度，因为"案例研究方法的逻辑基础不是统计性的扩大化推理（从样本推论到总体），而是分析性的扩大化推理

（从案例上升到理论）"[①]。读者通过阅读了解与感悟案例中普通高中英语教师的课程思考、课程理念、课程实践的全过程，将个案与自己的经验进行对照，产生共鸣，这便是研究的意义和价值所在，也体现出较好的研究转换效度。

4.顺序效度

研究人员在设计混合研究时需要特别关注一个问题，即混合研究中优先进行"质性研究"还是"量化研究"？先质性还是先量化的先后顺序问题会影响研究的最终结果，甚至会产生负面的研究结果或导致研究结果出现偏差。本研究选择"先量化后质性"的解释型序列设计，原因在于目前关于普通高中英语教师课程理解问题的相关研究很少，所以先以量化形式的调查问卷对普通高中英语教师课程理解的总体现状进行摸底，再以量化研究得出的结论抽选访谈对象，探讨普通高中英语教师课程理解的逻辑理路，以满足本研究的逻辑自洽和顺序效度。

四、资料编码

本研究主要有三类资料，即访谈资料、文件资料和课堂观察日志。资料的编号主要由以下三个部分组成：资料获得途径—受访者或文件资料名称—受访者性别。各个部分代码的含义如下：

（1）资料获得途径：访谈资料（I）、文件资料（D）和课堂观察（O）。

（2）受访者或文件资料名称：由受访者姓名首写字母或文件资料英文表达的首字母组成。其中TP代表教案，LP代表导学案，RJ代表反思日志。

（3）受访者性别：男性（M），女性（F）。

如I-GDL-F，表示对女性教师GDL的访谈记录；D-RJ-G-F，表示女性教师G的反思日志的文件资料。

五、资料分析

研究者以进教室听课的方式，对四位普通高中专家型或经验型英语教师的课堂展开观察。根据具体的研究条件，使用录音笔全程录音，同时记录听课

[①] 王宁.代表性还是典型性？——个案的属性与个案研究方法的逻辑基础［J］.社会学研究，2002（5）：123-125.

笔记。在课堂观察中,重点关注与记录教师本节课的主题、课程目标和课程内容的完成度、采用的教学方法与策略、课堂上是否有关键性事件发生、对学生课程中反应与反馈的回复与处理的情况等方面,并记录听课感想。课堂观察既可当作半结构化访谈的切入点,也可与访谈教师的语音物料互为佐证。使用专业软件将访谈录音转换为文档,经二次校对后,删除无关紧要的感叹词、语气词、口头禅等,确保访谈录音的客观性、完整度和准确度。运用文本分析技术将转录后的访谈文本转化为相应的电子档案,并存储于磁盘或光盘中。对转录的文本和访谈资料进行归类和分析。资料归类的方式可以丰富多样,但务必谨遵一个至关重要的原则:"结合研究目的的需要以及资料本身的特点选择合适的归类方式。"本研究同时使用了类属分析(categorization)与情境分析(contextualization),类属分析可以帮助情境分析厘清意义层次和结构,情境分析则为类属分析充实内容,两种归类方式使研究达到共时性与历时性的统一[①]。

"类属分析"指在研究资料中找寻重复出现的现象以及可以用来解释这些现象的关键概念的过程。本研究紧扣研究问题,围绕普通高中英语教师课程理解的构成要素、表征特点、生成与运行逻辑对访谈资料展开分析,遵守"逻辑性"与"合理性"的判断原则,对具有相同属性的资料进行分类,以类属的组成要素、类属的形成原因、内部的形成结构、类属发挥的作用为依据,经聚类分析最终验证普通高中英语教师课程理解的结构模型与过程模型。"情境分析"则是把资料置于研究现象所处的自然环境内,依故事发生的时间顺序描述性分析相关的事件和人物。为此,本研究收集了一些便于分析课堂观察的图片和视频资料,通过还原故事发生时的情境,形成对事件的清晰认识。

[①] 陈向明. 质的研究方法与社会科学研究[M]. 北京:教育科学出版社,2000:289-290.

第五章　普通高中英语教师课程理解的理论建构

"学校课程的宗旨不在于促使我们成为学术科目的专家……学校课程的宗旨在于促使我们关切自己与他人，帮助我们在公共领域成为致力于建设民主社会的公民，在私人领域成为对他人负责的个体。"[①]高中作为基础教育的最后一个阶段，对于学生接受高等教育起到了承上启下的衔接作用。叶澜教授曾对基础教育的使命做出精辟的论述："基础教育需要有'三底'，一是'底线'，要培养学生懂得且遵循做人、做事所必须有的底线；二是'底色'，学校教育应该为儿童、青少年的生命打上体现阳光、自信、热爱生活、充满希望、不畏艰难的明亮的底色；三是'底蕴'，让青少年走出只能依靠直接经验认识世界的时空思维局限，获得走进文化世界的工具，学会借助文化知识不断学习、探索、创造未来世界的能力。"[②]高中英语作为高中教育中一门重要的学科，同样承担着完成基础教育使命的任务，必须以立德树人为宗旨，以确保学科育人计划有效实现为目标。

高中英语课程承载着重要且独特的育人目标和课程价值，《普通高中英语课程标准（2017年版）》[以下简称"课标（2017版）"]将学科育人的立足点、出发点和终结点牢牢地根植于立德树人根本任务的教育思想，强调综合发展学生的价值观念、道德品格、学科素养和成事能力。"培养具有中国情怀、国际视野和跨文化沟通能力的社会主义建设者和接班人"是课标（2017版）提出的新要求和总目标，基于此凝练出四位一体的英语学科核心素养：语言能力、文化意识、思维品质、学习能力，凸显出高中英语课程工具性与人文性相统一、语言知识学习与高阶思维能力培养于一体的独特之处。普通高中英语教师需要及时更新迭代自己对课程的理念、态度、取向、理解，并对其课程实践

[①] 钟启泉. 课程的逻辑［M］. 上海：华东师范大学出版社，2008：6.
[②] 叶澜. 深化基础教育改革三题［EB/OL］.［2017-12-14］. http://theory.people.com.cn/nl/2016/0503/c40531-28319635.html.

与课程行动不断反思与改进,以培养健全的人的视角,将学科育人与学科知识和技能置于同等重要的地位。"每一位课程主体都毫无例外地追求和向往着他所理解的课程价值及其意义,以求使课程认识与课程实践趋于一致。"③教师个体的特质、背景及经验的差异,使得教师对同一课程的价值与意义产生个性化的理解,课程的价值取向也由此不同。教师课程取向是教师个体对课程独特的、个性化的观点,是一种具有创新精神、决定教师课程实践的课程思想,随着教师对课程的基本认识和理解而产生与变化。

第一节 普通高中英语教师课程理解的构成要素

研究者意欲捕捉教师实际行为中体现出来的普通高中英语教师课程理解的样态,进而探讨普通高中英语教师课程理解的构成要素。国家提出并实施三级课程体系,为普通高中英语教师形成个性化的课程理解提供了充分的发挥空间和学理依据,课程改革思想在各课程层级间的形态变化、传递线索、落实程度,既体现出课程转化的程度与水平,也体现出普通高中英语教师课程理解的准确性、灵活性和创造性。

在系统的文献梳理与整合之后,虽然课程理解范式与课程开发范式对于课程理解所持有的价值取向是不同的,但两种范式皆在不同层面和角度揭示了课程的属性、逻辑和价值,都有其合理性和必要性。根据中小学教师的工作特点,教师日常工作中的核心课程文本主要有课程标准、课程方案(课程计划)、教科书以及其他课程资料(教参、精编教案、教辅资料等),普通高中英语教师在课程设计、课程实施(不限于教学活动)、课程评价及课程反思过程中如何使用它们、如何处理与它们的关系,映射出教师的课程理解。本研究从哲学解释学的视角,以课程的基本构成要素为普通高中英语教师课程理解的对象,形成了普通高中英语教师课程理解的基本构成成分:教师以主体身份与课程文本、学生形成主体间视域融合,在其课程实践中对课程目标、课程内容、课程实施、课程评价作出个性化解读,持续对课程各环节批判反思、建构课程与赋予意义的活动。下文将从普通高中英语教师对课程目标、课程内容、课程实施、课程评价四个课程构成要素的理解,以及普通高中英语教师对课程理解的反思详细阐述普通高中英语教师课程理解的构成要素。

---

①刘旭东.现代课程的价值取向研究[M].兰州:甘肃教育出版社,2002:19.

一、课程目标的理解

2014年底至2017年,国家启动新一轮高中各学科课程标准的修订工作。自此,高中英语课程目标产生重大革新,实现了从"综合语言运用能力"到英语学科核心素养的创新与飞跃。普通高中英语课程总目标特别强调和突出英语学科教育的育人功能,正面回应了英语课程应该"培养什么人"和"为谁培养人"的问题。一切课程总目标的实现都依赖课程具体目标的实施。课标(2017版)提出培养和发展英语学科核心素养四要素的具体目标之后,还详细描述了学生在完成必修课程和选择课程部分后,核心素养应达到的相应水平的具体表现。

英语学科核心素养"明确了学生学习该学科课程后应达成的正确价值观、必备品格和关键能力,对知识与技能、过程与方法、情感态度价值观三维目标进行了整合"[①]。英语学科核心素养的提出使高中英语课程从学科本位向育人本位回归。课标(2017版)借鉴并汲取了国内外核心素养研究的最新成果,总结第八次课程改革一路走来出现的问题,对原有课程目标中不适宜的部分进行完善、重组与优化,最终形成由语言能力、文化意识、思维品质和学习能力四要素构成的英语学科核心素养目标。其中,语言能力是基础要素,文化意识是价值取向,思维品质是心智特征,学习能力是发展条件,"语言能力的发展带动并渗透对文化意识、思维品质和学习能力的发展,而文化意识、思维品质和学习能力的发展又反过来促进语言能力的进一步提升"[②]。四个要素相互渗透、融合互动、协调发展,合力为高中英语课程总目标服务。

以立德树人、学科育人观作为普通高中英语课程的总目标,旨在展现新时代高中英语课程的学科育人价值。学生不仅能够体系化学习英语语言基础知识、培养与发展英语的基本技能,还能受到健康文明的人文思想、积极向上的价值观念的熏陶,形成具有社会主义核心价值观的健全人格,拥有中国情怀和国际视野,具有跨文化交际与沟通的能力,养成独立思考、辩证质疑的思维品质和批判精神,培养和提升自主学习、勇于探索的学习态度和认知策略,为学生适应社会生活、高等教育和职业发展做好准备,为学生的终身学习和发展奠定基础,通过英语学科的学习帮助学生逐步形成必需的价值观念、必备品格和

[①]中华人民共和国教育部.普通高中英语课程标准(2017年版)[S].北京:人民教育出版社,2018:4.
[②]王蔷.《普通高中英语课程标准(2017年版)》六大变化之解析[J].中国外语教育,2018(2):11-19,84.

关键能力。英语学科核心素养高度体现了高中英语课程工具性与人文性的深度融合，对高中阶段英语课程教学提出了更高的要求，这对英语教师而言，是机遇，更是挑战。

二、课程内容的理解

课程内容是发展学生核心素养的基础，对教师教什么起直接决定作用。课标（2017版）的课程内容包含主题语境、语篇类型、语言知识、文化知识、语言技能和学习策略六个要素。针对先前课程改革中出现的碎片化、模式化、浅表化的教学导致教学实效性不好等问题，修订后的课程内容各个要素之间的关联性和整合度更强，形成了一个有机整体，既实现了对语言的深度学习（即语言、文化、思维的融合），亦将育人目标融入教学内容和教学过程之中，一改过去贴标签式的价值观教育。

课程内容六要素整合后形成了指向学科核心素养发展的英语学习活动观："学生在主题意义的引领下，经由学习理解、应用实践、迁移创新等一系列教师设计的具有综合性、关联性和实践性等特点的英语学习活动，基于已有知识，依托不同类型的语篇，在分析问题和解决问题的过程中，促进自身语言知识学习、语言技能发展、文化内涵理解、多元思维发展、价值取向判断和学习策略运用。"[1]课标（2017版）明确指出，"英语学习活动是英语课堂教学的基本组织形式，是落实课程目标的主要途径"。普通高中英语教师必须改变以往脱离语境的语言知识学习和语言技能培养，转向基于语境创设、主题引领、语篇铺垫和语言运用的英语学习新模式。

课标（2017版）要求教师以学生为中心呈现课程内容，开展以学生发展为目标的教学活动，"使学生基于已有的知识，依托不同类型的语篇，在分析问题和解决问题的过程中，促进自身语言知识学习、语言技能发展、文化内涵理解、多元思维发展、价值取向判断和学习策略运用。这一过程既是语言知识与语言技能整合发展的过程，也是思维品质不断提升、文化意识不断增强、学习能力不断提高的过程"。英语学习活动观的创设为教师达成课程目标、整合课程内容、实施深度教学提供了切实可行的具体途径。此外，普通高中英语教师还应积极收集与主题语境或中外优秀文化知识相关的课程资源，广播、音视

---

[1]中华人民共和国教育部.普通高中英语课程标准（2017年版）[S].北京：人民教育出版社，2018：13.

频、影像、报纸、杂志、网络多媒体等都可以纳入英语学习素材中,还可以根据当地的特色资源进行利用和整合,拓展课程材料,补充课本教材的不足,也为创设有特色的校本课程搜集素材。

三、课程实施的理解

如果普通高中英语教师对英语课程缺乏正确理解、深度理解和科学理解,那么其课程实施就失去了灵魂、目标和方向。课程实施是比教学更具有包容性的概念。课程与教学以相互交融、交叉渗透的方式存在。从国家课程到校本课程的逐级转化的过程,就是课程从静态、封闭的文本向动态、开放的教学转变的过程,对应在课程领域就是课程实施的过程。普通高中英语教师如何把课程的学习活动与落实学科核心素养相结合,既牵涉教师个人以及群体教育观念的更新,也与教学实践变革的成败息息相关。

英语课程长久以来受到工具理性和功利主义的压制与影响,在课程实施中普遍存在重视语言知识操练、轻视语言运用能力培养的问题,使得本应生动活泼、富有价值意义的英语课堂变为语言知识"满堂灌"、教师"一言堂"的乏味枯燥现场。学生被琐碎庞杂的语法规则和知识点学习压迫得苦不堪言,无暇鉴赏英语语言的美感以及渗透在语言背后的文化价值信息,更遑论培养学生的批判性思维与创新能力。英语学习是围绕英语语言和英语学科内容展开的学习活动,英语既是学习的内容,也是学习的途径。"英语学习活动观明确了英语学习活动是英语课堂教学的基本组织形式,是落实课程目标的主要途径。"[1]

学习理解、应用实践、迁移创新分别是英语学习活动观中由底向高三个水平的学习活动类型,课标(2017版)对三类活动作出详细阐释,为普通高中英语教师实施活动观提供具体的指导。课程内容六要素中,语言知识和文化知识归类于知识层面,语言技能和学习策略归类于技能层面,主题意义的探究和理解反映出情感态度和价值观。三个层面以语篇进行整合,构成课程内容整体,而英语学习活动围绕语言、文化、思维三方面展开,由浅入深,由表及里,帮助教师将学科核心素养的具体目标落实在课程教学当中,也凸显出英语课程立德树人、学科育人的总目标。

详细来说,普通高中英语教师在设计英语学习活动时,应该优先考虑学

---

[1] 中华人民共和国教育部.普通高中英语课程标准(2017年版)[S].北京:人民教育出版社,2018:8.

生现有的社会经验、认知水平和发展意愿，围绕主题创设课程情境，协助学生积累语言与文化背景知识，引导学生进行主题交流，并思考语篇背后的价值取向，鼓励学生质疑、评价甚至批判研究者的态度或观点，永远以促进学生英语学科核心素养的发展为课程目标。怎样激发学生主动参与活动的兴趣对英语教师而言极具挑战性，怎样检验与衡量学生是否达到学用结合、学以致用也是英语教师在设计学习活动时需要再三思索的关键点。英语学习活动观符合外语学习综合性、关联性、实践性的特点，为学生建构和营造真实情境以保证自主学习、合作学习和探究学习活动的开展，在活动中融语言、文化、思维于一体，使学生通过体验式、互动式富有趣味性和挑战性的学习活动，成长为新时代国家需要的人才。

四、课程评价的理解

课程评价是课程的重要组成部分。评价为课程目标的实现程度、课程内容的完成情况、学生学科核心素养的培育发展以及"教"与"学"的优劣评判提供依据。课标（2017版）梳理并澄清了课程评价的含义、意义和途径，明确了培育英语学科核心素养理念下的课程评价要以形成性评价为主，终结性评价为辅，要求普通高中英语教师在日常教学中需要对学生的学习表现给予大力关注、多元评价和及时反馈，也为英语教师如何更有针对性地调整与改进课程的设计和实施方式策略提供学理依据。形成性评价与终结性评价结合、定性评价与定量评价结合的方式，充分发挥了评价的过程监控和结果反拨作用，确保学业质量的稳定性和渐进性。教师可以在日常课程教学中挖掘不同形式的评价方式，譬如通过提问、讨论、展示、演讲等学生独立或合作完成学习任务的形式对学生的行为表现进行评价；亦可以借助随堂测验、问卷调查、学习档案、师生面谈等方式开展日常评价，为教师课程反思提供实质性支撑。此外，此次修订注重评价主体的多元性，突出评价的激励和促学作用，特别强调要形成教、学、评一体化的有机评价机制。教师还应当鼓励学生大胆参与自评与他评，运用多元的评价方式，以评促教、以评促学。

课标（2017版）还构建了针对学生学科核心素养水平的评价指标——学业质量水平，具体就学业质量的内涵、水平以及与考试评价的关系做了详实的分级说明，对语言能力、文化意识、思维品质和学习能力从三个级别进行总体刻画，此三个水平遵守语言学习应循序渐进的特点，在语境复杂性、语篇类型丰富性、语音知识运用难易度、听说技能和策略运用广泛度以及理性思维深度等方面都有所体现。对学业水平考试与高考命题提出的建议,确保评价与课程目标一致,也引导普通高中英语教师在课程实施中更加关注育人目的,为教师做好阶段性评价、学业水平考试和升学考试命题指明道路。

五、课程理解的反思

普通高中英语课程在学校课程体系中具有一般性与特殊性的特点,其一般性表现在英语课程与其他科目一样,都关注学生的全面发展以及终身学习能力,帮助学生通过真实而完整的意义学习获得面向未来生活、职业选择与准备的基本素养;其特殊性表现在英语课程承载了英语国家的文化历史、风俗传统等方面的信息,不同背景之下隐匿的世界观、人生观、价值观、文化冲击,给予学生了解英语国家社会以及不同群体、不同种族的生活习惯和思维方式的机会,但也要避免过多的异域文化对本土文化的挤占与消极的英语文化对学生的潜在负面影响。这就要求普通高中英语教师在对课程进行理解与解读的过程中,在课程实施前后都要不间断反思,以确保和把握好跨文化的批判性和价值引导。

根据舍恩(Donald A. Schon)提出的反思性实践认识论,普通高中英语教师作为专业实践者,其课程实践也应遵循"行动中的识知(knowing-in-action)""行动中的反思(reflection-in-action)"和"对行动的反思(reflection-on-action)"三个部分。"行动中的识知"是反思性实践的前提。对于普通高中英语教师而言,"行动中的识知"是教师对课程材料的感知、现实课堂教学中的即兴创作和瞬时决断,是在行动中体悟到的"说不清道不明"却能直觉行动的知识,是教师在面临"不确定地带"问题时,对课程教学活动进行反思所获得的内隐性认识。正如舍恩所说:"我们对行动中识知的描述总是建构性的,这些建构通常会把某种默会和本能的才智转化为显性符号形式。"[1] "行动中的反思"强调专业实践者应当在行动中对行动进行反思。行动拓展反思,反思贯穿行动始终,并回馈到行动与行动的结果。这就是说普通高中英语教师在课程实践与课程行为中,需要时时反思课程行动的结果、行动本身、隐含在行动中的直觉性认识等,是每一次行动后若有错误的再思考及再行动活动。教师可以对当下的行动产生反思并产生影响,在行动中进行实验和

---

[1] 舍恩. 培养反映的实践者:专业领域中关于教与学的一项全新设计[M]. 郝彩虹,等译. 北京:教育科学出版社,2008:22.

验证，在行动中，教师的思维重塑着正在进行的课程行动。"行动中的反思"通常是非逻辑性的，需要教师从习焉不察的现象中探寻出不同寻常的东西。而"对行动的反思"往往发生在普通高中英语教师课程行动产生意外结果的时候，此时，教师需要停下来仔细斟酌，再以有序、严谨和系统的逻辑方式思考并解决问题。"行动中的反思"和"对行动的反思"总是相伴出现在普通高中英语教师的课程行动中，很难也不必在这两者之间划出泾渭分明的界限，它们共同为英语教师课程理解的提升服务。

本研究中的课程理解是哲学解释学视域下具有循环结构的理解，英语课程文本是一个符号系统，知识借助语言表征，理解了语言意义就等于理解了知识。然而，任何人的认识能力都是有限的，任何理解主体对知识的理解也不是一蹴而就的，理解随着认识的变化与发展而变化发展，反思在理解循环往复的过程中剔除错误或偏差的理解，加深与改善正确的理解。普通高中英语教师对课程的反思，对于促进教师专业发展，提升教师课程理解的高度、广度、深度、精度具有重要意义。教师专业发展必须使教师成为有清醒的自我意识和理性的自我批判的教师[①]。

第二节　普通高中英语教师课程理解的价值追求

对课程价值追求的赓续诘问既是理性思考课程价值的途径，亦是全面梳理课程价值取向的过程。课程的价值追求是课程追求和向往的价值理念和目标，决定了课程设计、课程目标、课程结构、课程内容、课程实施、课程评价应当遵循的价值取向。普通高中英语教师对课程价值的思考与追寻是教师课程认知、课程理解的理论起点，并最终指导教师的课程实践。"课程实践在本质上是一种价值创造活动，对价值问题的思考，是课程内容选择、组织、实施、评价的根本出发点和决定因素"[②]。探讨普通高中英语教师课程理解的价值追求，对教师日常教育教学工作起着非常重要的导向作用，也会影响课程改革的成败及学生的成长发展与核心素养的培育。

---

①曹永国.在做什么，抑或知道在做什么——教师的前提性反思的危机与重建[J].华东师范大学学报：教育科学版，2014（1）：41-49.
②靳玉乐.国家精品课程系列教材·课程论[M].北京：人民教育出版社，2012：113.

一、普通高中英语教师课程理解赋予教师主体以创生能力

"每一种课程的定义,都有其社会背景、认识论基础和方法论依据,而且它们所指的课程可能并不是在同一层次上的"①。对课程意涵的不同理解方式,映射了教师持有的课程价值取向的不同。课程理解秉持"过程取向""实践取向",注重课程中的关系思维,消解课程中的矛盾和冲突,追求课程主体间平等对话、和谐共生的交往关系。普通高中英语教师课程理解能够帮助英语教师更好地厘清课程本身的复杂性、本人所持的课程理念和课程实施的取向和预期效果。教师通过对课程的解释或释义进而把握课程意义的过程,也是教师把自己的思想精神融入课程中,借由课程更好地展现和延续个体经验的过程;课程与教师个体精神邂逅的时候,课程便具有独特的实际意义和现实价值。课程理解的真实发生总是从教师个体开始,以教师个体自身的理解为归属,如此循环往复的过程中,真正的教师生存的精神意蕴和可能性才得以揭示,在教师个人具体的课程实践活动中逐步获得精神自由与个性的丰富完善。教师课程理解发生的过程正是教师自我阐释的过程,课程获取意义的过程也是教师建构精神的过程,两者相辅相成,紧密相连②。

二、普通高中英语教师课程理解赋予学生成长以强大动力

教育是指向人的,人需要教育来唤醒他所未能意识到的一切③。教育的核心价值是引导学生发现自我、了解自我,普通高中英语课程面对的是正在成长中的人,"学校课程的价值,就在于为每一个学习者提供真正有助于个性解放和成长的经验,重视'人'的存在,强调学习的内在动机"④。怀特海认为,"学生是有血有肉的人,教育的目的是激发和引导他们的自我发展之路"⑤。普通高中英语教师课程理解亦是为了促进学生个性、能力、思维的全面发展。对于学生和教师而言,课程文本是课堂生成课程的一种载体,课程文本的开放性、不确定性为师生课程理解预留出理想空间。只有当课程视域与师生视域发

---

① 施良方.课程理论——课程的基础、原理和问题[M].北京:教育科学出版社,1996:7.
② 李树军.教师课程理解:现实问题与应然取向[J].教育发展研究,2009(12):68-70.
③ 雅思贝尔斯.什么是教育[M].邹进,译.北京:生活·读书·新知三联书店,1991:64.
④ 陈玉琨.课程价值论[J].学术月刊,2000(5):102-107.
⑤ 阿尔弗莱德·怀特海.教育的目的[M].庄莲平,王立忠,译.上海:文汇出版社,2012:1.

生融合之后，课程的意义才能被发现。教师首先和课程产生联系、加以理解、设计加工，然后与学生一起在课堂上对它进行个性化解读和意义建构，由此生成属于教师和学生自己的课程。教师对课程的理解要考虑学生的身心特点、学习需求和素养培育等方面，对课程内容进行深入挖掘与统整，并在理解的基础上开发、重构和创生课程，帮助学生获得课程经验与课程意义，拥有个性化的发展。

三、普通高中英语教师课程理解赋予课程实践以长远价值

普通高中英语教师课程理解源于教师课程实践，具有鲜明的实践性指向。英语教师源于既往的课程实践对其课程理解做出理性预期，在课程实践的展开过程中不断修正、调整，课程理解是课程实践的内在组成部分的活动过程；与此同时，英语教师通过对课程意义的理解、阐说，实现教师的自我理解和自我超越，开拓教师的生存意义空间或现实可能性。教师将课程理解作为生存方式看待，是教师与课程在特定情境和场域下的精神相遇，双方进行对话、沟通与交往，彼此分享意义、共同发展、共荣共生。教师课程理解绝非教师随意的主观臆断，亦不是教师天马行空的想象和推断，课程理解的实践性意指课程实践是课程理解的归旨，也是评判课程理解的基本依据[①]。课程实践不停止，英语教师课程理解就不会间断，课程理解就是一个持续存在、自我更新的过程。

课程改革开启了由死记硬背、机械训练为特点、追求升学率的"应试教育"转为尊重学生主体作用、兼顾共性与个性、培养全面发展的人的"素质教育"之路。课改蕴涵的一层深意就是学校观的转变：由行政化的管理型组织走向专业化的学习共同体，由知识传授和技能训练的"训练场"走向知识创造的能动者[②]。想要实现这种转变，普通高中英语教师成为既课程的研究者和创造者，学生发挥主体地位进行自主、合作、探究的学习是基础也是前提。另外，"课程是教育的心脏"，英语教师是课程意义的创造者，育人目标不是一蹴而就的事情，英语教师需要理性规划自己的课程教学，为课程发挥长远的影响力而筹划。普通高中英语教师的课程理解和课程行动内含于教师课程实践，英语教师注重课程理解，以理解挖掘英语课程的育人价值，反过来辐射其课程实践，力争为教育赋予持续动力。

---

① 徐继存.课程理解的意义之维［J］.教育研究，2012（12）：71-76.
② 张华.论课程领导［J］.教育发展研究，2014（2）：1-9.

第三节　普通高中英语教师课程理解的表征特点

人的存在是理解的存在，人的生活是理解的生活，理解是人存在的条件，"每个人必定是在理解的同时进行着自我的理解"[①]。然而，由于每个人的理解视角、理解能力、理解目的不尽相同，理解产生的行为活动在不同主体身上会有各种各样的呈现，让人不好把握。普通高中英语教师的课程理解也是如此，不同的教师，具有不同的自我意识和"前见""前有""前把握"，处于不同的专业发展阶段，在理解英语课程时产生或大或小的区别，最终导致不同的英语教师在理解内容、理解方式和理解结果等方面千差万别。本研究根据一定的标准对普通高中英语教师课程理解的实践行为进行梳理和分析，力争为英语教师寻求一种较为合理的课程理解。

一、教师的主体性与差异性

一个世纪前，杜威提出教育即生活，教育即生长，意指教育过程亦是儿童生活和成长的过程。若以同样的视角去关照教师，教育过程亦是关照教师个体和群体生活和成长的过程。"不管是谁，只要他具有健全的判断力，他就不是以普通的观点来判断具体的事物"[②]。理解使人与其所存在的世界产生意义关联，并且理解总是在自我视域中展开，体现出生命的主体性，普通高中英语教师课程理解就是教师赋予英语课程现实意义的主动行为。课程是一个极其庞杂的系统，充斥着纷繁复杂的课程事务、关系问题，教师依靠个体的生活世界、现实境遇和文化积淀，通过对课程进行个性化的解释、决断、筛选和意义建构，以独具特点的个体语言表述阐释，将自己已有的经验、理解置于当前情境中，从而构成普通高中英语教师当下的理解视域。这一过程既彰显了教师课程理解的主体性，也体现了教师课程理解的差异性。

教师个体因素的差异决定了教师对课程的"前理解"具有差异，这也正是

[①] 金生鈜. 理解与教育 [M]. 北京：教育科学出版社，2001：46.
[②] Gadamer H. Truth and Method [M]. Translated by Garrett Barden et al. Beijing: China Social Sciences Publishing House, 1999: 31.

存在富有个性的、异质的教师课程理解的所在[①]。缺失主体性的普通高中英语教师课程理解必将导致课程理解的同质化,出现"千人一课"的现象,这亦是对课程机械复原的反应。每位教师的生活背景、专业素养、兴趣爱好、性格特点都各不相同,这就决定了教师在理解课程时是在不同视域之下开展和进行的,由此形成不同的课程理念、课程取向、课程行为及最终的课程效果。

普通高中英语教师课程理解为发挥教师个体的主体性和缩小教师群体的差异性提供沟通基础,并为追求理想的教育效果而共同努力。课程改革十余年来,有些普通高中英语教师改变以往对课程的认识和理念,积极拥抱新变化,欣然接受新挑战,尝试转变英语教师在课程中的角色,努力向研究者与课程的创生者而奋斗;但还有很多教师仍然被动应付,或者仅是在思想上接纳了课改倡导的理念,在其课程实践中依旧是"新瓶装旧酒",不主动探索教师作为课程主体的优势,不钻研课程教学的潜在创新之处,不反思批判个人课程实践与课程行为的合理性。普通高中英语教师对课程理解的理想会直接影响英语教师在现实中的课程实践行为。英语教师应竭力建构个体与课程的融洽关系,理解课程、参与课程是英语教师工作与生活的重要组成部分,而英语教师对课程的理解和实施决定了课程意义与课程价值的实现。

二、课程的预设性与生成性

凡事预则立,不预则废。普通高中英语教师对课程理解的理性预期源于教师既往的课程实践,是教师个体课程经验的累积与精炼,同时也是教师下一次课程实践的前提性规范,既指导和规约教师的课程实践,也允许教师在课程实践中不断调整、完善自身的课程理解。高中英语课程蕴含的育人价值呼唤教师对课程的静心预设,借助课程与教学的本质与规律对课程存在和发展进行判断、解释、安排、规划、设计,以保证普通高中英语课程从表层走向深层,从揭示呈现语言知识本身的描述性或解释性意义,走向揭示呈现知识背后的文化意义、人类智慧和启示性价值。"语言与文化密不可分,文化的缺失会大大影响学生对语言的理解和学习"[②]。普通高中英语教师对课程作出预设性理解的同

[①] 张攀. 创生式教师课程理解——新课程背景下教师课程解读新思路[J]. 教学月刊:中学版(下),2010(10):31-33.

[②] 徐浩,屈凌云. 聚焦英语学科核心素养——《普通高中英语课程标准(2017年版)》的解读与实施[M]. 北京:外语教学与研究出版社,2019:133.

时，要谨记语言背后隐匿的文化价值才是学科育人、培育学生核心素养所依托的重要基础。

预设性思维方式是英语教师保证课程实施质量的前提条件，教师按照预先设计开展课堂教学，保证课堂教学的计划性和效率性。但是，理想而完美的普通高中英语教师课程理解下的课程更应是教师创生与开发英语课程的过程。完全按照预设来实施课程必然使得课堂教学陷入机械、沉闷、模式化的窠臼之中，师生主体的生命力在课堂中得不到发挥与彰显。因此，普照通高中英语课程既需要教师的预设安排，更需要教师的生成性思维来保证课程实施的生机和乐趣，激发学生的好奇心与学习兴趣。课程是师生交往、积极互动、共同发展的开放性系统，不必拘泥于预先设定下的固定模式。佐藤学坚持认为，"教师构想的课程还体现了表达的个性经验与能力的开发与实践的可能性……况且，教师的课程是实践过程中变化和发展的课程，是立足于教师日常实践中决策的课程，是囊括了同实践互动的动态的课程"[1]。古德莱德曾指出，从应然的"理性课程"和"正式课程"到学生的"经验课程"，必然要经过教师对课程的理解和实施，以及对学生经验课程的预设与反思，这与新课程呼唤教师对课程高水平的"弹性预设"与精彩的"动态生成"不谋而合。

三、理解的情境性与反思性

理解与情境亲密无间，如影随形。没有情境，理解不可能发生；没有情境，理解就会陷入"怎么都行"的境地[2]。情境与环境不同，它更多的是"指活动主体所拥有的'文化的、精神的、心理的、内在的、主体的'体验、氛围和人际互动"[3]。普通高中英语教师课程理解需要兼顾师生双方生活世界才有利于团结、协作和主体间一致的生成，因为"教学情境是生活世界的重建"[4]。由于师生之间、生生之间生活经验的巨大差异，为了使师生、生生的背景经验协调作用以及顺利开展课程教学，英语教师课程理解在弥合课程与生活世界之间的距离、文本世界与学生自己特定的真实世界经验之间的联系方面显得尤为重要。普通高中英语教师课程理解基于特定的课程内容和学生的成长发展需求，

---

[1] 佐藤学.课程与教师[M].钟启泉,译.北京：教育科学出版社,2003:19.
[2] 邓友超.教育解释学[M].北京：教育科学出版社,2009:148.
[3] 肖川.教育情境的特质[J].中小学管理,2000(2):27.
[4] 陈伯璋.哈伯玛斯批判解释学及其对课程研究的启示.教育思想与教育研究[C].台北：师大书苑有限公司,1987:138.

在特定的情境（时间和场域）中发生和进行着，教师还需要创设不同的课程教学情境以激发学生的学习兴趣、营造融洽的课程氛围、增进他们对英语课程内容的理解。师生之间只有达成历时性与共时性的知识共有、理解共享，才有可能产生真正意义上的理解。

  普通高中英语教师课程理解指向教师课程实践，理解的反思性既是对课程本身的反思，也是对教师自我的反思。恰如苏格拉底所言，"不经过思考的生活是不值得过的生活"，因为"人只有通过他的自觉反思与批判才有可能发现生活中的困境和问题，达到对现实生活较为全面的理解"[①]。英语教师不能把课程仅仅理解为与课程内容相关的物料或文本，而要把课程动态地理解为师生经由反思性和创造性实践来探寻人生意义、丰富个体精神世界的活动及过程。这样在进行真正意义上的反思时，才会对那些不言自明的"真理"其合理性产生新认识，如若想获得真知，必先"悬置"我们的前见、前理解，返回主体意识自身，在对主体的反观中重新获得。教师课程理解即是回归自身经验世界的过程，套用奥古斯丁的话说："不要向外行，回到你自身；真理寓于人心之中"[②]。教师课程理解包含四重行为，重重递进，"向他人开放、与他人交流、某种包含自我更新意味的自我反省、重新与他人交流"[③]。反思是通向理解其他行为的关键环节，是理解得以循环往复的必经之路。

第四节 普通高中英语教师课程理解的生成逻辑

  伽达默尔对"解释学循环"的描述是：海德格尔的"前理解"构成了理解的整体，而被理解对象是理解的一部分，于是乎在场者（理解对象）与不在场者（前理解）之间形成并存在一种循环互动的关系，这种互动表现为理解不断更新与扩展的往复过程。伽达默尔提出，循环中的前理解是一种"完全性的前把握或前概念"，它是一切真正意义上理解可能发生的前提，因此这种完全性的前把握是构成人们解释与理解文本时的必备条件。"显然，这也是支配一

[①] 鲁洁. 超越性的存在——兼析病态适应的教育[J]. 华东师范大学学报：教育科学版，2007（4）：6-11，29.

[②] 胡塞尔. 先验现象学. 面对实事本身——现象学经典文选[C]. 倪梁康，译. 北京：东方出版社，2000：142.

[③] 阿尔弗莱德·怀特海. 思想方式[M]. 李红，译. 北京：华夏出版社，1991：1.

切理解的一种形式的前提条件"。本体论的解释学循环"在本质上就不是形式的，它既不是主观的，也不是客观的，而是把理解活动描述为传承物的运动和解释者的运动的一种内在相互作用，支配我们对某个文本理解的那种意义预期，并不是一种主观性的活动，而是由那种把我们与传承物联系在一切的共同性所拟定"①。

一、普通高中英语教师课程理解生成机制的影响因素

教师课程理解生成机制过程中会受诸多方面因素的影响，本研究认为，教师所处的专业发展阶段和教师个人具备的专业水平是影响教师课程理解的关键性因素。教师专业化发展研究始于20世纪60年代末，1966年，联合国教科文组织在巴黎召开"教师地位与政府间特别会议"，会议文件正式提出教师工作应当被视为一门专业。教师发展的研究经历了从点到面的过程（表10），美国学者傅乐以教师关注事物变化为基点，其编制出版的《教师关注问卷》（Teacher Concerns Questionnaire）拉开了教师发展研究的序幕，后来的司德菲则尝试完整诠释教师发展的全过程。

表10　国内外学者对教师专业发展阶段的划分

学者	年份	发展阶段划分
傅乐（Fuller）	1969	教学前关注阶段、早期生存关注阶段、教学关注阶段、关注学生阶段
卡茨（Katz）	1972	求生存时期、巩固时期、更新时期、成熟时期
伯顿（Burden）	1979	求生存阶段、调整阶段、成熟阶段
费斯勒（Fessler）	1985	职前教育阶段、引导阶段、能力建立阶段、热心和成长阶段、生涯挫败阶段、稳定和停滞阶段、生涯低落阶段、生涯退出阶段
司德菲（Steffy）	1989	预备生涯阶段、专家生涯阶段、退缩生涯阶段、更新生涯阶段、退出生涯阶段
休伯曼（Huberman）	1993	入职期、稳定期、实验和歧变期、平静和保守期、退出教职期

---

①伽达默尔.真理与方法[M].洪汉鼎，译.上海：译文出版社，1999：377.

（续表）

学者	年份	发展阶段划分
伯林纳（Berliner）	1995	新手水平阶段、高级新手水平阶段、胜任水平阶段、熟练水平阶段、专家水平阶段
叶澜	1998	非关注阶段、虚拟关注阶段、生存关注阶段、任务关注阶段、自我更新关注阶段

纵观教师专业化的发展进程，教师的专业化历程可分为三阶段论（求生存、调整、成熟）、四阶段论（求生、巩固、更新、成熟）和五阶段论（新手、已入门者、胜任者、熟练者、专家）三种观点。在不同的发展阶段，教师关注的专业内容和侧重点也各有不同，教师逐渐由不成熟走向成熟，其个人的教育观念、课程理念、价值追求、专业水平都在不断发生变化。此外，随着教师专业发展进入成熟期，教师对课程的理解能力、诠释能力和改造创新能力会超越实践经验的积累，教师会自主自觉进行理论学习，与实践经验、实践性知识、实践智慧相互结合、共生共长。教师专业成长和专业水平是一个循环往复、动态变化、螺旋上升的过程，教师专业化之路永无止境。

本研究面向的是入职后的普通高中英语教师，因此研究者认为该群体课程理解的生成与发展总体经历三个阶段：求生存期、调整期和成熟期。由于教师在入职前具备了基本的知识与能力，在成为教师之初会尽全力了解与掌握处理日常课程教学的方法、策略，积累实践经验，解决生存焦虑，并积极适应教师这一角色。处于调整期的教师的日常教育教学行为趋于灵活多变，开始关注专业领域的新趋势、新理念和新方法，会结合具体的情景调整、更新和充实课程内容，也能做出充满实践智慧的课程决断，然而这一阶段的教师课程理解并不是一帆风顺的，对课程的探索会屡屡碰壁，对自我的理解会迷失在对课程的理解中。进入成熟期的教师，对自己的课程能力和身份角色引以为荣，高度关注师生间的沟通与交流，应对抽象、艰难的教育问题或课程决策时，可以进行深入思考与积极反思，提出自己的见解，能够依据学生的需求尝试新的教学方法，预判实施课程后带来的教学效果；对于到达成熟期顶峰的专家型教师，他们明确知道在什么时候和哪些情境下做什么、怎么做，对课程的理解与流畅的日常实践行为交相呼应。

二、普通高中英语教师课程理解的生成逻辑

结合研究者本人近二十年的高中英语课程教学实践，并通过访谈其他一线

普通高中英语教师，研究者发现，普通高中英语教师课程理解的生成与发展是主观意愿与客观要求、内因驱动和外部支持综合作用的结果。

从众多优秀教师专业成长的回顾与反思中可以发现普通高中英语教师课程理解的发展脉络。普通高中英语教师课程理解生成的最本质机制就是教师在课程实践的往复循环中，依托对话与反思与课程文本达成理解的解释学循环。教师与课程文本的对话就是一种解释学循环，既指文本自身之中的内循环——文本部分与整体之间的辩证互释以达到对课程文本语言意义的全面、否定之否定的理解，更是包含一种更为重要的解释学循环，即读者与文本之间的外循环——教师与文本、学生与文本视域不断融合、更新、再融合的过程。反思与对话是教师课程理解生成的根本路径与有效策略，教师与学生、课程文本等主体之间通过持续不断的反思与对话，加深并推进个人的课程理解，因此教师课程理解总是处于动态变化、更新迭代的状态，如图5所示。

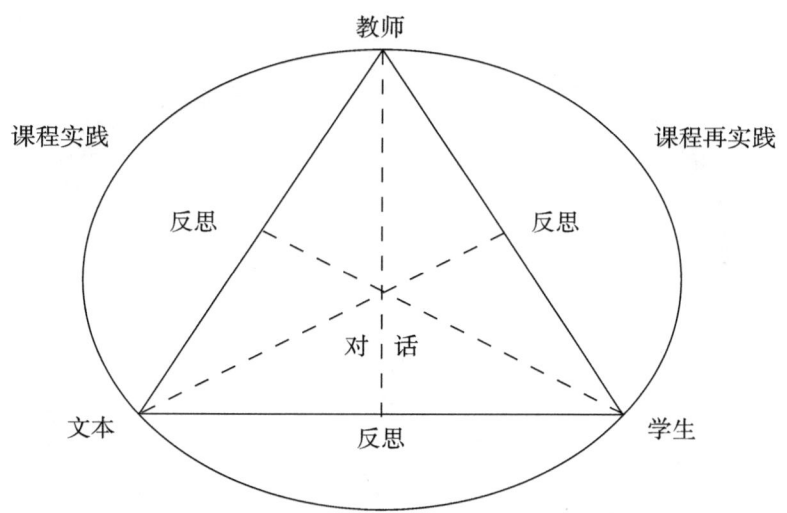

图5 普通高中英语教师课程理解生成逻辑图

第五节 普通高中英语教师课程理解的结构模型

派纳曾在20世纪90年代指出，把泰勒的课程理论简单归于"技术理性"实际上是"误用了泰勒原理"，是"错误的"。由于派纳的"理解课程"是站在极其宏观的意义上来探讨课程理论的发展，并未提出课程实践层面可以采用的具体办法或实施策略。因此,回到课程开发的范式,将泰勒原理的目标模式理解为过程模式,泰勒提出的四个问题仍然可以作为探究普通高中英语教师课程理解的结构模型的基础,为研究提供较为权威的理论支撑,深层次挖掘普通高中英语教师是如何理解课程的。

普通高中英语教师课程理解是普通高中英语教师在课程实践中所秉持的课程理念和指导原则,落实在教师的课程行为和课程行动中,可结合理解的对象和课程的基本要素对普通高中英语教师课程理解进行考察。本研究依此建构了普通高中英语教师课程理解的结构模型:普通高中英语教师的课程理解是指英语教师在课程实践中,基于教师先前的课程经验(前理解),对课程行动、课程目标、课程内容、课程实施、课程评价、课程反思进行个性化理解与解读,赋予课程文本意义,在英语教师的课程行动中产生对英语课程的新理解,如图6所示。

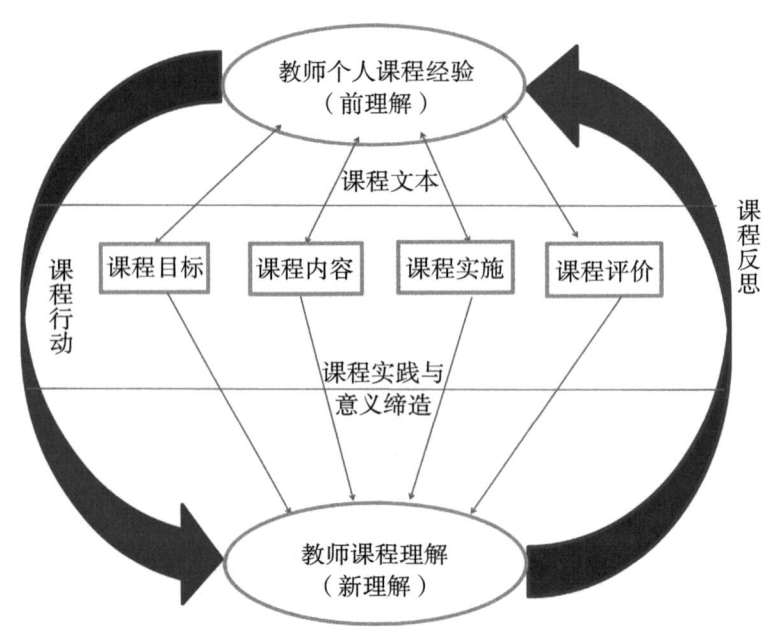

图6 普通高中英语教师课程理解的结构模型

本研究在"教师课程理解"的相关研究梳理中,明确了普通高中英语教师课程理解的实践载体——课程文本,发现了普通高中英语教师课程理解的价值取向——课程意义的创生与缔造,厘清了普通高中英语教师课程理解的实践旨归——反思性实践者,也探明了普通高中英语教师课程理解的根本任务——改善与提升英语教师课程实践的高度、深度、广度与精度以促进学生核心素养的培育与全面发展。英语是一门语言，课程是文化的产物，对课程的理解是教师思维意识的反映，普通高中英语教师在学生学习英语课程的过程中，带领他们了解英语国家的文化、历史、风俗传统等，帮助学生形成英语语言的组织方式和高阶思维，提升学生的英语学习兴趣、促进学生的自主学习能力。至此，可结合前文的论述，及2017年版《普通高中英语课程标准》中对英语学科核心素养的要求，本研究建构了"语言—文化—思维"之思维下普通高中英语教师课程理解的过程模型，如图7所示。

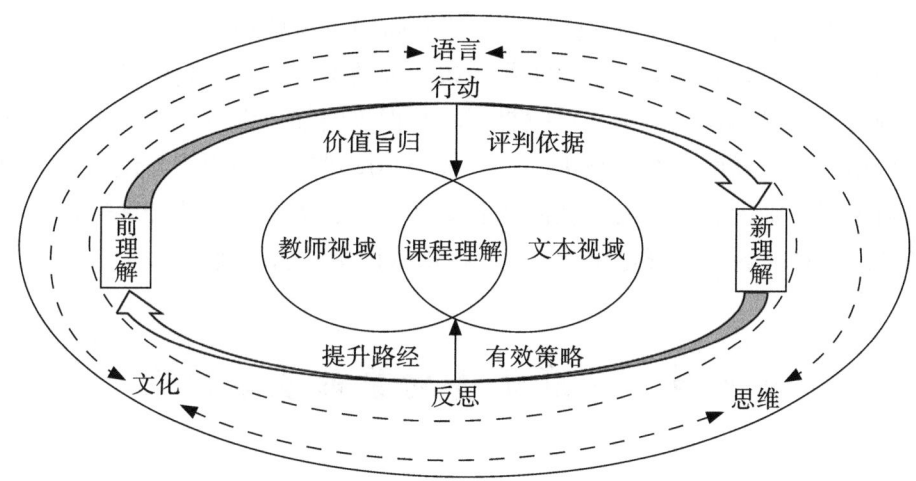

图7　普通高中英语教师课程理解的过程模型

第六章　普通高中英语教师课程理解的现状分析

本章以G省L市为例，通过对326名普通高中英语教师进行问卷调查，并对多名普通高中英语教师进行半结构化访谈，大致掌握了普通高中英语教师课程理解的基本情况与现状水平。对收集到的数据资料加以多重分析与组间对比，最后依据自编问卷的五个一级维度，对各个维度进行详细论述与说明，试图找到普通英语教师课程理解的存在问题和影响因素，为后面章节开展普通高中英语教师课程理解的实证研究和理论分析提供认识基础和学理依据。

第一节　问卷调查对象的基本情况

一、学校情况

（一）学校类别

2001年，《国务院关于基础教育改革与发展的决定》颁布实施，各地纷纷积极投入建设一批实施素质教育的示范性普通高中，"示范性高中已经成为普通高中优质教育资源的聚集地，给人民群众提供了更多、更好的优质教育机会"[①]，G省现有省级示范性高中65所，省级示范性高中与普通高中总数的比例约为1∶6。本研究中有效的教师样本有326人（共收回样本333人，在分析时，删除了问卷填答时间少于1分钟的被试，计1人；删除第二部分所有题目填答一致的被试，计6人）。对326份有效问卷进行分析发现，有122人来自省级

[①] 阮成武.示范性高中教师队伍建设的问题及其对策［J］.教育发展研究，2008（12）：20—24.

示范性高中，占样本总量的37.4%，154人来自市级示范性高中，占样本总量的47.2%，50人来自一般高中，占样本总量的15.3%。具体比重如表11所示。

表11 调研对象所在学校类别统计表（N=326）

学校类别	人数	百分比（%）
省级示范性高中	122	37.4
市级示范性高中	154	47.2
一般高中	50	15.3
合计	333	100.0

（二）区域分布

对问卷调查数据分析后显示，参与问卷的普通高中英语教师中，78.5%的教师来自城区学校，13.2%来自县城学校，8.3%来自乡镇学校，具体如表12所示。

表12 调研对象所在学校区域统计表（N=326）

所在区域	人数	百分比（%）
市级城市	256	78.5
县城	43	13.2
乡镇	27	8.3
合计	326	100.0

二、样本情况

（一）人口学特征

人口学是指研究人口发展、人口与社会、经济、生态环境等相互关系的规律性和数量关系及其应用的科学总称。人口学特征主要是指空间、性别、年龄、职业、文化水平、薪酬标准、生育率等指标。为了有效分析普通高中英语教师课程理解的现实情况，本研究主要统计调研对象的六项人口学特征——性别、教龄、初始学历、当前学历、工作学校、目前职称，具体情况如表13所示。

表13 普通高中英语教师的人口学特征（N=326）

	项目	频率/次	百分比/%
性别	男	76	23.3
	女	250	76.7
教龄	1~5年	42	12.9
	6~10年	37	11.3
	11~15年	68	20.9
	16~20年	65	19.9
	20年以上	114	35.0
初始学历	专科	83	25.5
	本科	204	62.6
	硕士	34	10.4
	研究生以上	5	1.5
当前学历	专科	3	0.9
	本科	236	72.4
	硕士	75	23.0
	研究生以上	12	3.7
目前职称	二级	87	26.7
	一级	169	51.8
	高级	66	20.2
	特级	1	0.3
	正高	3	0.9

由表13的数据可知，问卷调查的326位普通高中英语教师中，女性教师为250人，占总样本量的76.7%，男性教师为76人，仅占据了总样本量的23.3%。根据斯特劳斯（Strauss）和柯宾（Corbin）的理论饱和（theoretical saturation）原理[1]，本研究将教师的教龄划分为五个阶段，分别是1~5年、6~10年、11~15年、16~20年及21年以上，在样本量中，教龄1~5年的有42人，占总量的12.9%；教龄6~10年的有37人，占总量的11.3%；教龄11~15年的有68人，占总量的20.9%；教龄16~20年的有65人，占总量的19.9%；教龄在20年以上的有114人，占总量的35.0%，可见普通高中英语教师多处于教师专业发展的"成熟

---

[1]Strauss A，Corbin J. Basics of qualitative research: Grounded theory procedures and techniques [M]. Newbury Park，CA: Sage，1990: 160.

期"。调研中对教师的初始学历和最高学历进行考察后发现,初始学历为"专科"的教师有83人;初始学历为"本科"的教师最多,有204人(占总样本量的62.6%);初始学历为"硕士"的教师有34人;初始学历为"研究生以上"的教师有5人。调研对象中当前学历为"专科"的教师仅仅只有3人;当前学历为"本科"的教师依旧最多,有236人(占总样本量的72.4%);当前学历为"研究生以上"的教师有12人;当前学历为"硕士"的教师有75人,普通高中英语教师的研究生学历人数也占到了总量的26.7%,说明普通高中英语教师的学历水平在不断提高。调研教师职称变量一项显示,大部分教师的职称为一级及以下(一级教师有169人、二级教师有87人),占比为总量的78.5%,66名教师的职称是高级,有1名教师的职称是特级,有3名教师的职称是正高级。

(二)其他情况

本研究还就普通高中英语教师"任教班级学生数""平均每周听课时数""每学期上公开课次数""2018年以来参加过英语课程培训"对影响普通高中英语教师课程理解的项目进行了统计,结果如下列表所示(表14~表17)。

表14 调研对象任教班级学生数

班级学生数	教师数	百分比(%)
30~40人	39人	12.0
41~50人	119人	36.5
51~60人	111人	34.0
大于60人	57人	17.5

表15 调研对象平均每周听课时数(N=326)

平均每周听课时数	不足1节	1节	2节	3节	3节以上	小计
频率	130	103	56	28	9	326
百分比	39.9	31.6	17.1	8.6	2.8	100.0

表16 调研对象每学期上公开课次数(N=326)

每学期公开课次数	不足1次	1次	2次	3次	3次以上	小计
频率	148	112	37	19	10	326
百分比	45.4	34.4	11.3	5.8	3.1	100.0

表17 调研对象2018年以来参加过英语课程培训的情况（N=326）

参加情况	从未参加	1~3次	4~6次	7~9次	9次以上	小计
频率	18	204	68	21	15	326
百分比	5.5	62.6	20.9	6.4	4.6	100.0

调研教师中，所任教班级学生数目为"30~40人"的教师有39人、"41~50人"的教师有119人、"51~60人"的教师有111人、"大于60人"的教师有57人。普通高中英语课程学科核心素养中对"听、说、读、写、看"有明确要求，认为它们是构成学生英语语言能力的理解性技能和表达性技能，语言能力素养是英语学科核心素养的基础要素，是提升文化意识、思维品质和学习能力的基础。英语教师任教班级的学生总数会影响教师的课程预设、课程实施及课程结果，班额越大，教师的压力越大，对学生因材施教、提高学生的参与度与积极性、课程组织实施的难度增加。

听评课是普通高中英语教师经常参与的一种常规性教研活动，通过与普通高中英语教师的访谈，本研究发现大多数受访教师参与所在学校组织听评课活动的频率大体为每两周一次，校内校外公开课种类繁多，比如，省市级校际之间的交流课、校际间同课异构活动课、省市级教学新秀课、省市区级骨干教师评比课、名优教师示范课、青年教师教学能力比赛课、新手教师展示课、每学期一次的校级公开课，以及平时的教研组集体备课等，学校领导开展日常教学检查时还可以随时推门进班听课。通过上表数据分析可知，每周听课时数不足一节或达到一节的教师人数最多，两项综合占比最高约为71.5%。通过教师访谈也确实印证了这一数据，普通高中英语教师平日里工作任务烦琐、应对事务庞杂、压力沉重，长期处于这种情形中的英语教师，完成正常教育教学工作之余，仍需坚持听评课活动，因为这是教师专业学习和专业素养提升的重要途径。

从表16可以看出，每学期能够上公开课的教师数量仍然偏少，大多数普通高中英语教师每学期都能上公开课的机会并不多，其中148人参与不足一次，占问卷比例的45.4%。上公开课有助于教师加深对课程的认识与理解，教师与同年级、同教研组教师认真研读课程文本、打磨课程实施的各个环节，最后以公开课的形式呈现出来，并对课程的效果作出评价、反思与改进，在整个过程中，公开课教师与教研组同事、教学共同体成员、学校领导之间相互支持，提升并完善自身的英语课程理解。然而，就数据显示的结果尚不能令人满意，需要在今后的教育工作中加以重视。

从表17看出，各级各类"英语学科核心素养"的课程培训数量还远远不够。《普通高中英语课程标准（2017年版）》于2018年1月颁布，调研对象中只有18位教师从未参加过任何英语学科或英语课程的培训，占总比例的5.5%，大部分教师参加的培训次数不足3次，占总比的62.6%。教师个人往往从实际需要出发，聚焦经验积累和能力提升。有调查佐证，"越与教师实践贴近的知识与技能，越被教师认为是目前最需要的""教师希望学习的内容依次是教学经验、学科教学方法、多媒体技术教学、学科新知识和教育教学新理念"[①]。教师培训内容方面，普通高中英语教师认为研讨和解决课程教学中的实际问题比较重要，希望培训内容更具有针对性和实用性，看重培训能达到的短期效果，尚未从教师个人能力与水平的长远发展角度考虑培训的长效功能，更加凸显出培训在教师心中的工具价值。随着普通高中课程改革的进一步深化，改革的理念和要求离不开普通高中英语教师的清楚认识、内化理解与实践践行，因此，国家、地方、学校都需要增加英语教师的课程培训。

第二节　普通高中英语教师课程理解现状分析

经探究性因素分析和验证性因素分析后，本研究将普通高中英语教师的课程理解归类为五个因子，依次为教师对英语课程目标的理解、教师对英语课程实施的理解、教师对英语课程内容的理解、教师对英语课程评价的理解和教师对英语课程理解的反思，这与文献综述和结构模型部分中普通高中英语教师课程理解的五个维度相吻合。本研究在数据分析的基础上，对普通高中英语教师课程理解现状进行总体描述、多元回归分析、组间对比及各维度的具体分析。

一、普通高中英语教师课程理解现状的总体描述和多元回归分析

（一）普通高中英语教师课程理解现状的总体描述

根据之前的分析，普通高中英语教师课程理解调查问卷可归并为五个因子，这五个因子看作解释"普通高中英语教师课程理解现状"的关键变量。为

---

①赵明仁，周钧，朱旭东.北京市中小学教师参与专业发展活动现状与需求的调查研究[J].教师教育研究，2009（1）：62-67.

此，使用 SPSS 23.0，对五个因子对应的各题项计算得分平均值后，分别命名为F1：教师对英语课程目标的理解、F2：教师对英语课程实施的理解、F3：教师对英语课程内容的理解、F4：教师对英语课程评价的理解和F5：教师对英语课程理解的反思。最后以此为据，求得五个因子的得分平均值并命名为新变量。F1，F2，F3，F4，F5分别代表了英语教师课程理解水平的五个子因素，如表18、图8所示。

表18 普通高中英语教师课程理解的表现与满意度均值比较表

维度	N	M	SD	检验值=0		
				t	df	Sig（双侧）
F1	326	4.59	0.43	191.31***	325	0.000
F2	326	4.38	0.57	139.02***	325	0.000
F3	326	4.40	0.59	134.56***	325	0.000
F4	326	4.21	0.67	113.94***	325	0.000
F5	326	4.52	0.53	153.13***	325	0.000

注：*$P<0.1$，**$P<0.05$，***$P<0.01$。在本研究中，有效样本量为326人，样本量较小，故在正式分析数据时，研究采用"*$P<0.1$，**$P<0.05$，***$P<0.01$"的显著性水平标准进行分析。

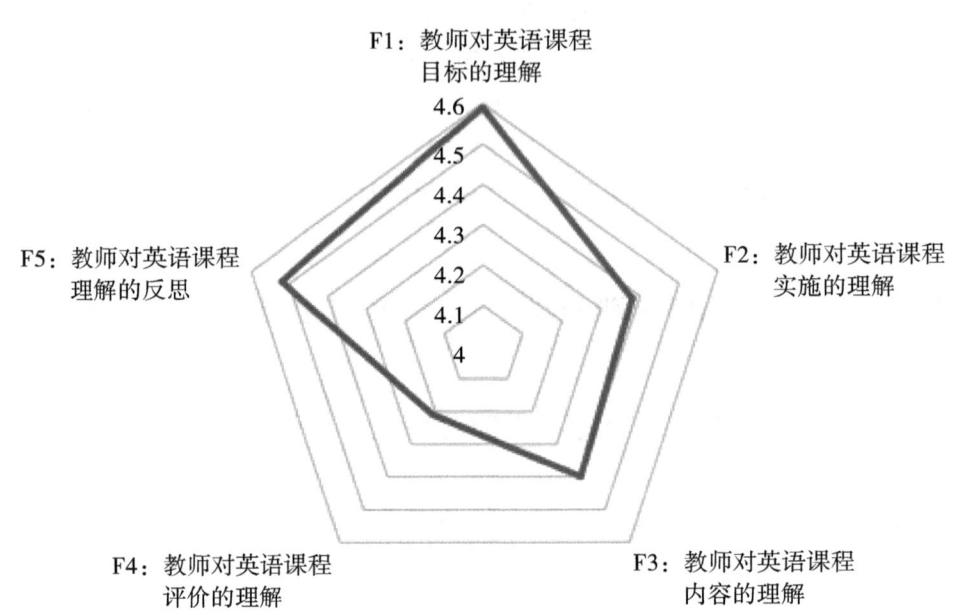

图8 普通高中英语教师课程理解现状雷达图

在正式测试的调查问卷中,42道量表题目均使用了李克特五点计分量表进行正向赋值,因此,研究可以通过分析样本教师在各维度上的均值得分掌握普通高中英语教师课程理解的现实情况。根据五点量表赋值规则,"1.00"分应为"非常差"水平,"2.00"分应为"差"水平,"3.00"分应为"一般"水平,"4.00"分应为"较好"水平,"5.00"分应为"非常好"水平。从表18可知,普通高中英语教师课程理解的整体得分为4.45($SD=0.46$),低于"非常好"水平,但是高于"较好"水平。具体而言,因子"F1:教师对英语课程目标的理解"得分为4.59($SD=0.43$),因子"F2:教师对英语课程实施的理解"得分为4.38($SD=0.57$),因子"F3:教师对英语课程内容的理解"得分为4.40($SD=0.59$),因子"F4:教师对英语课程评价的理解"得分为4.21($SD=0.67$),因子"F5:教师对英语课程理解的反思"得分为4.52($SD=0.53$)。这说明,当前样本教师对高中英语课程的理解现状较好,但仍有进步的空间。

对样本教师数据进行单样本T检验,结果发现:均值比较结果中F1~F5五个维度均存在差异,且均通过显著性检验,说明样本教师对英语课程的理解现状可以代表普通高中英语教师群体整体。

(二)普通高中英语教师课程理解的多元回归分析

一种现象往往与多个因素相关联,通过两个及以上自变量的最佳组合对因变量进行共同预测或估计时,需要运用多元线性回归分析的方法对该现象加以说明。多元线性回归的理论模型表达式为:

$$Y=\beta_0+\beta_1 X_1+\beta_2 X_2+\beta_3 X_3+\cdots\cdots$$

其中,Y是效标变量——需要被观察分析的目标变量;X_1,X_2,X_3等是自变量因子,在本研究中指代影响英语教师课程理解水平的所有变量因子;β_1,β_2,β_3等是多元回归系数,映射各自变量因子对整体的影响程度。

研究从构成普通高中英语教师课程理解水平的五个因子出发,将教师对英语课程实施的理解、教师对英语课程内容的理解、教师对英语课程评价的理解和教师对英语课程反思的理解作为自变量,以教师对英语课程目标的理解为效标变量,建立多元线性回归模型,如表19和图9所示。

表19　普通高中英语教师课程理解结构各维度的多元回归分析

	B	标准误	Beta	t值	Sig.
（常量）	1.451	0.137		10.618	0.000
F2	0.167	0.045	0.219	3.740	0.000
F3	0.352	0.036	0.480	9.735	0.000
F5	0.233	0.040	0.286	5.855	0.000
$R=0.802$，$R^2=0.644$，调整后的$R^2=0.639$，$F=145.087$					

注：因变量：F1：教师对英语课程目标的理解；*$P<0.1$，**$P<0.05$，***$P<0.01$。

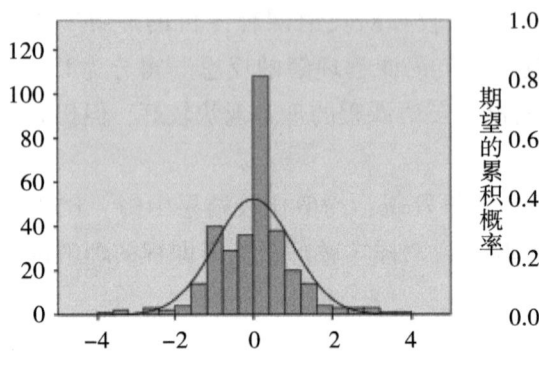
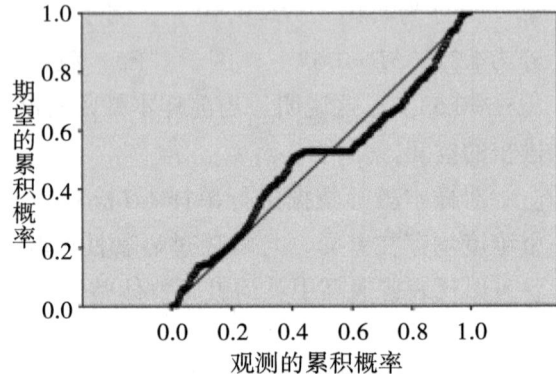

图9　普通高中英语教师课程理解结构构成要素多元线性回归的正态曲线直方图和P-P图

从上面的回归分析摘要表和P-P图可以看出，自变量教师对英语课程实施的理解、教师对英语课程内容的理解、教师对英语课程反思的理解与效标变量教师对英语课程目标的理解之间的多元相关系数的值是0.802，多元相关系数的平方值是0.644，表示上文提及的三个自变量对效标变量教师对英语课程目标的理解的变异解释力是64.4%。此处，自变量教师对英语课程评价的理解并未进入回归方程。

三个自变量的标准化回归系数都是正数，意味着它们对教师对英语课程目标的理解效标变量均为正向影响。从标准化回归系数着手分析，三个预测自变量教师对英语课程实施的理解、教师对英语课程内容的理解、教师对英语课程反思的理解的回归系数也全部达到显著性水平（$P<0.01$），说明这三个预测变量对变量教师对英语课程目标的理解具有较大的变异解释力。而在三个预测变量中，教师对英语课程内容的理解和教师对英语课程反思的理解的Beta系数绝对值相比较大，说明这两个预测变量对教师对英语课程目标的理解影响较大。

二、普通高中英语教师课程理解现状的组间对比

总体来看，普通高中英语教师的性别因素和当前学历因素并未对英语教师理解课程产生显著性的影响；但是，英语教师的教龄、初始学历和目前的职称会对其理解课程产生显著性的影响。此外，普通高中英语教师的工作学校和所任教班级的学生数均会对其理解课程产生显著性的影响。具体表现在以下几点。

（一）教龄

分别以F1：教师对英语课程目标的理解、F2：教师对英语课程实施的理解、F3：教师对英语课程内容的理解、F4：教师对英语课程评价的理解、F5：教师对英语课程理解的反思和F6：教师对英语课程的理解的均值得分为因变量，以"教师的教龄"为自变量进行单因素方差分析，数据结果见表20。

表20　教龄因素影响教师英语课程理解结构的均值方差分析统计表

维度	组别	N	M	SD	F	P	LSD/Tamhane		
							事后比较	均值差	Sig
F1	①1~5年	42	4.52	0.46	2.49	0.043	①<④	-0.14*	0.098
	②6~10年	37	4.44	0.44			①<⑤	-0.13*	0.094
	③11~15年	68	4.56	0.45			②<④	-0.22**	0.013
	④16~20年	65	4.66	0.46			②<⑤	-0.21**	0.011
	⑤21年以上	114	4.65	0.39					
F2	①1~5年	42	4.23	0.51	1.88	0.113	—	—	—
	②6~10年	37	4.31	0.51					
	③11~15年	68	4.34	0.54					
	④16~20年	65	4.51	0.60					
	⑤21年以上	114	4.41	0.60					
F3	①1~5年	42	4.39	0.49	0.79	0.534	—	—	—
	②6~10年	37	4.29	0.57					
	③11~15年	68	4.35	0.62					
	④16~20年	65	4.46	0.62					
	⑤21年以上	114	4.44	0.60					

（续表）

维度	组别	N	M	SD	F	P	LSD/Tamhane 事后比较	均值差	Sig
F4	①1~5年	42	4.14	0.58	1.39	0.238	—	—	—
	②6~10年	37	4.05	0.62					
	③11~15年	68	4.15	0.71					
	④16~20年	65	4.33	0.70					
	⑤21年以上	114	4.25	0.66					
F5	①1~5年	42	4.41	0.55	3.16	0.014	①<④	−0.29**	0.049
	②6~10年	37	4.38	0.53			②<④	−0.32**	0.022
	③11~15年	68	4.47	0.54			③<④	−0.23*	0.075
	④16~20年	65	4.70	0.42					
	⑤21年以上	114	4.52	0.56					
F6（均值）	①1~5年	42	4.37	0.42	2.17	0.072	①<④	−0.18**	0.049
	②6~10年	37	4.33	0.43			②<④	−0.23**	0.018
	③11~15年	68	4.41	0.48			②<⑤	−0.17*	0.053
	④16~20年	65	4.55	0.50			③<④	−0.14*	0.076
	⑤21年以上	114	4.50	0.45					

注：*$P<0.1$，**$P<0.05$，***$P<0.01$。

由表20可以看出，不同教龄的普通高中英语教师在F1：教师对英语课程目标的理解、F5：教师对英语课程理解的反思两个维度和F6：教师对英语课程的理解均值上存在显著性差异（$t=2.49$，$P<0.05$；$t=3.16$，$P<0.05$；$t=2.17$，$P<0.1$）；但是在F2：教师对英语课程实施的理解、F3：教师对英语课程内容的理解和F4：教师对英语课程评价的理解三个维度上的差异并未通过显著性检验（$t=1.88$，$P>0.1$；$t=0.79$，$P>0.1$；$t=1.39$，$P>0.1$）。

并且，在F1：教师对英语课程目标的理解维度上，教龄为1~5年的英语教师的平均得分均低于教龄为16~20年和21年以上的英语教师（4.52<4.66；4.52<4.65）；教龄为6~10年的英语教师的平均得分均低于教龄为16~20年和21年以上的英语教师（4.44<4.66；4.44<4.65）。教龄在10年以下的教师处于教师专业发展的起步阶段，课堂教学中的各种问题经常会让年轻教师感到困惑、迷茫

甚至是无助，高中课程标准于2017年进行修订、2018年初印发，开启了普通高中课程改革的新征程，为教师赋权，鼓励教师对课程进行开发与创生，一方面教师的主体性被提升到一个非常瞩目的位置，另一方面对广大教师而言，挑战大于机遇。资历丰富的经验型与专家型教师比较清楚地了解课程改革进程中发生的变化与发展，渐渐形成了具有个人特色的课程理念，并且勇于在课程行动中以核心素养培育的目标来要求自己。然而就访谈中得到的资料来看，普通高中英语教师对2017年版新课标的了解程度并不乐观，Y教师说到：

"鲜有学校能够做到为每位英语教师人手一本配齐2017版普通高中英语课程标准，绝大多数学校只是在资料室、教研室或图书馆配备了一至两套全科的2017版新课程标准"，W教师说"我们学校为每位教师发放了一本2017版普通高中英语课程标准，但是即便如此，通读完整本课程标准的教师也是寥寥无几，最好的学校的老师的状态都是如此，其他普通高中学校的情况也就可想而知了"。

很多教师对两版课程标准的差别都不了解、不清楚，依托学科核心素养育人、落实立德树人根本任务的指导思想就成为空谈。

在F5：教师对英语课程理解的反思维度上，教龄为1～5年、6～10年和11～15年的英语教师的平均得分均低于教龄为16～20年的英语教师（4.41＜4.70；4.38＜4.70；4.47＜4.70）。反思性实践是教师专业能力的衡量标准之一，也是教师持续发展的一种必备素质。反思是教师成为研究型、专家型教师教学决策者的关键所在[①]。英语教师的课程反思对于完善与改进教师课程理解、保证教师课程实施效果与质量、促进教师个体精神与课程精神融合，具有重要意义。在实际课程环境下，经验型与专家型英语教师在本维度的确优于新手型与成熟型英语教师。W教师被问到如何做课程反思的问题时说到：

"我经常会写教学随笔、课程反思，而且已形成体系化、较成熟的反思形式。教师应该养成每天读书的习惯，多读书、读好书，教科书、课外书、教育学、心理学都应涵盖，这样可以从多角度自察与自省自身存在的问题并寻求解决办法。"

在F6：教师对英语课程的理解均值比较上，教龄为1～5年、6～10年和11～15年的英语教师的平均得分均低于教龄为16～20年的英语教师（4.37＜

[①] 杨鑫，尹弘飚.促进教师成为反思性教学决策者［J］.全球教育展望，2017（5）：70-80.

4.55；4.33＜4.55；4.41＜4.55）；而且，教龄为6~10年的英语教师的平均得分低于教龄为21年以上的英语教师（4.33＜4.50）。教师对英语课程的理解方式不同会影响教师与课堂有关课程行为、课程决策及教学策略。教师将英语课程理解为何种文本可以在其课堂教学中得以佐证。

（二）初始学历

分别以F1：教师对英语课程目标的理解、F2：教师对英语课程实施的理解、F3：教师对英语课程内容的理解、F4：教师对英语课程评价的理解、F5：教师对英语课程理解的反思和F6：教师对英语课程的理解的均值得分为因变量，以"教师的初始学历"为自变量进行单因素方差分析。在回收问卷中，专科、本科、硕士和研究生以上选项的填答人数依次是83、204、34和5。由于初始学历选择硕士和硕士以上的教师较少，与最高组别本科（204人）相差过大，故在此次分析时，将初始学历选择硕士和研究生以上的教师合并为一组，即硕士及以上，共计39人，数据结果见表21。

表21　初始学历因素影响教师英语课程理解结构的均值方差分析统计表

维度	组别	N	M	SD	F	P	LSD/Tamhane		
							事后比较	均值差	Sig
F1	①专科	83	4.58	0.37	0.06	0.941	—	—	—
	②本科	204	4.60	0.46					
	③硕士及以上	39	4.60	0.43					
F2	①专科	83	4.34	0.52	0.42	0.660	—	—	—
	②本科	204	4.39	0.60					
	③硕士及以上	39	4.44	0.49					
F3	①专科	83	4.27	0.56	2.80	0.063	①＜②	−0.18**	0.022
	②本科	204	4.45	0.60					
	③硕士及以上	39	4.45	0.54					
F4	①专科	83	4.10	0.60	1.65	0.193	—	—	—
	②本科	204	4.23	0.71					
	③硕士及以上	39	4.32	0.53					

（续表）

维度	组别	N	M	SD	F	P	LSD/Tamhane		
							事后比较	均值差	Sig
F5	①专科	83	4.42	0.56	1.80	0.167	—	—	—
	②本科	204	4.54	0.54					
	③硕士及以上	39	4.58	0.41					
F6（均值）	①专科	83	4.39	0.40	1.00	0.370	—	—	—
	②本科	204	4.47	0.49					
	③硕士及以上	39	4.50	0.43					

注：*$P<0.1$，**$P<0.05$，***$P<0.01$。

由表21可以看出，不同初始学历的普通高中英语教师在F3：教师对英语课程内容的理解维度上存在显著性差异（$t=2.80$，$P<0.1$）；但是在F1：教师对英语课程目标的理解、F2：教师对英语课程实施的理解、F4：教师对英语课程评价的理解、F5：教师对英语课程理解的反思四个维度和F6：教师对英语课程的理解均值比较上的差异并未通过显著性检验（$t=0.06$，$P>0.1$；$t=0.42$，$P>0.1$；$t=1.65$，$P>0.1$；$t=1.80$，$P>0.1$；$t=1.00$，$P>0.1$）。

并且，在F3：教师对英语课程内容的理解维度上，初始学历为"专科"的英语教师的平均得分均低于初始学历为"本科"的英语教师（4.27<4.45）。

（三）目前职称

分别以F1：教师对英语课程目标的理解、F2：教师对英语课程实施的理解、F3：教师对英语课程内容的理解、F4：教师对英语课程评价的理解、F5：教师对英语课程理解的反思和F6：教师对英语课程的理解的均值得分为因变量，以"教师的目前职称"为自变量进行单因素方差分析。在回收问卷中，二级、一级、高级、特级和正高选项的填答人数依次是87、169、66、1和3。由于目前职称选择特级和正高的教师非常少，与最高组别一级（169人）相差过大，故在此次分析时，将目前职称选择高级、特级和正高的教师合并为一组，即高级及以上，共计70人，数据结果见表22。

表22 目前职称因素影响教师英语课程理解结构的均值方差分析统计表

维度	组别	N	M	SD	F	P	事后比较	均值差	Sig
F1	①二级	87	4.48	0.47	3.81	0.023	①<②	−0.15**	0.033
	②一级	169	4.64	0.41					
	③高级及以上	70	4.62	0.42					
F2	①二级	87	4.26	0.53	3.17	0.043	①<②	−0.14*	0.064
	②一级	169	4.40	0.59			①<③	−0.22**	0.015
	③高级及以上	70	4.48	0.55					
F3	①二级	87	4.35	0.51	0.97	0.381	—	—	—
	②一级	169	4.39	0.65					
	③高级及以上	70	4.48	0.54					
F4	①二级	87	4.09	0.63	2.01	0.136	—	—	—
	②一级	169	4.23	0.70					
	③高级及以上	70	4.30	0.62					
F5	①二级	87	4.35	0.57	6.55	0.002	①<②	−0.25***	0.000
	②一级	169	4.60	0.49			①<③	−0.17**	0.039
	③高级及以上	70	4.53	0.54					
F6（均值）	①二级	87	4.35	0.43	3.35	0.036	①<②	−0.14**	0.023
	②一级	169	4.48	0.48			①<③	−0.17**	0.025
	③高级及以上	70	4.51	0.45					

注：*$P<0.1$，**$P<0.05$，***$P<0.01$。

由表22可以看出，目前不同职称的普通高中英语教师在F1：教师对英语课程目标的理解、F2：教师对英语课程实施的理解、F5：教师对英语课程理解的反思三个维度和F6：教师对英语课程的理解均值比较上存在显著性差异（$t=3.81$，$P<0.05$；$t=3.17$，$P<0.05$；$t=6.55$，$P<0.01$；$t=3.35$，$P<0.05$）；但是在F3：教师对英语课程内容的理解和F4：教师对英语课程评价的理解两个维度上的差异并未通过显著性检验（$t=0.97$，$P>0.1$；$t=2.01$，$P>0.1$）。

并且，在F1：教师对英语课程目标的理解维度上，职称为二级的英语教师的平均得分低于职称为一级的英语教师（4.48<4.64）。一级教师是当下普通高中英语教师的主力军，此部分教师已经脱离教师专业发展的新手期，处于个人

教育教学理念形成的关键时期，既积累了一定的课程实践经验，也对个人课程教学有了很多思索，因此，对课程标准的把握上要优于二级的新手教师。

在F2：教师对英语课程实施的理解维度上，职称为二级的英语教师的平均得分均低于职称为一级和高级及以上的英语教师（4.26＜4.40；4.26＜4.48）。

在F5：教师对英语课程理解的反思维度上，职称为二级的英语教师的平均得分均低于职称为一级和高级及以上的英语教师（4.35＜4.60；4.35＜4.53）。

在F6：教师对英语课程的理解均值比较上，职称为二级的英语教师的平均得分均低于职称为一级和高级及以上的英语教师（4.35＜4.48；4.35＜4.51）。

高中英语课程的体系结构需要经过3年一轮的完整课程实践才会基本了解与熟悉，二级教师一般入职时间较短，对课程的熟悉程度与把控尚不成熟，未形成体系化的理解，课程经验也比较匮乏，因此，在日常课程教学中困难与挑战会较多，F2、F5、F6上得分最低属于学校的实然状态。

（四）工作学校

分别以F1：教师对英语课程目标的理解、F2：教师对英语课程实施的理解、F3：教师对英语课程内容的理解、F4：教师对英语课程评价的理解、F5：教师对英语课程理解的反思和F6：教师对英语课程的理解的均值得分为因变量，以"教师的工作学校"为自变量进行单因素方差分析，数据结果见表23。

表23 工作学校因素影响教师英语课程理解结构的均值方差分析统计表

维度	组别	N	M	SD	F	P	LSD/Tamhane		
							事后比较	均值差	Sig
F1	①省级示范性高中	122	4.61	0.45	0.50	0.607	—	—	—
	②市级示范性高中	154	4.60	0.42					
	③一般高中	50	4.54	0.44					
F2	①省级示范性高中	122	4.43	0.57	1.98	0.140	—	—	—
	②市级示范性高中	154	4.39	0.58					
	③一般高中	50	4.24	0.53					
F3	①省级示范性高中	122	4.47	0.58	1.51	0.224	—	—	—
	②市级示范性高中	154	4.38	0.61					
	③一般高中	50	4.30	0.54					

（续表）

维度	组别	N	M	SD	F	P	LSD/Tamhane 事后比较	均值差	Sig
F4	①省级示范性高中	122	4.22	0.64	1.47	0.232	—	—	—
	②市级示范性高中	154	4.25	0.69					
	③一般高中	50	4.06	0.67					
F5	①省级示范性高中	122	4.55	0.51	2.47	0.086	①＞③	0.19**	0.035
	②市级示范性高中	154	4.54	0.54			②＞③	0.17**	0.045
	③一般高中	50	4.37	0.56					
F6（均值）	①省级示范性高中	122	4.49	0.46	1.56	0.212	—	—	—
	②市级示范性高中	154	4.46	0.47					
	③一般高中	50	4.35	0.44					

注：$^*P<0.1$，$^{**}P<0.05$，$^{***}P<0.01$。

由表23可以看出，不同工作学校的普通高中英语教师在F5：教师对英语课程理解的反思维度上存在显著性差异（$t=2.47$，$P<0.1$）；但是在F1：教师对英语课程目标的理解、F2：教师对英语课程实施的理解、F3：教师对英语课程内容的理解、F4：教师对英语课程评价的理解四个维度和F6：教师对英语课程的理解均值比较上的差异并未通过显著性检验（$t=0.50$，$P>0.1$；$t=1.98$，$P>0.1$；$t=1.51$，$P>0.1$；$t=1.47$，$P>0.1$；$t=1.56$，$P>0.1$）。

并且，在F5：教师对英语课程理解的反思维度上，在省级示范性高中、市级示范性高中工作的英语教师的平均得分均高于在一般高中工作的英语教师（4.55＞4.37；4.54＞4.37）。

（五）任教班级学生数

分别以F1：教师对英语课程目标的理解、F2：教师对英语课程实施的理解、F3：教师对英语课程内容的理解、F4：教师对英语课程评价的理解、F5：教师对英语课程理解的反思和F6：教师对英语课程的理解的均值得分为因变量，以"教师任教班级学生数"为自变量进行单因素方差分析，数据结果见表24。

表24　任教班级学生数影响教师英语课程理解结构的均值方差分析统计表

维度	组别	N	M	SD	F	P	LSD/Tamhane		
							事后比较	均值差	Sig
F1	①30~40人	39	4.52	0.47	1.94	0.123	—	—	—
	②41~50人	119	4.62	0.42					
	③51~60人	111	4.63	0.41					
	④大于60人	57	4.49	0.46					
F2	①30~40人	39	4.38	0.55	1.79	0.149	—	—	—
	②41~50人	119	4.40	0.57					
	③51~60人	111	4.45	0.53					
	④大于60人	57	4.23	0.65					
F3	①30~40人	39	4.32	0.60	3.65	0.013	②>④	0.27***	0.005
	②41~50人	119	4.46	0.59			③>④	0.28***	0.003
	③51~60人	111	4.48	0.53					
	④大于60人	57	4.19	0.65					
F4	①30~40人	39	4.21	0.71	1.00	0.395	—	—	—
	②41~50人	119	4.26	0.70					
	③51~60人	111	4.22	0.62					
	④大于60人	57	4.08	0.65					
F5	①30~40人	39	4.60	0.51	3.42	0.018	①>④	0.25**	0.021
	②41~50人	119	4.60	0.52			②>④	0.26***	0.003
	③51~60人	111	4.49	0.54			③>④	0.15*	0.079
	④大于60人	57	4.34	0.53					
F6（均值）	①30~40人	39	4.42	0.47	2.42	0.066	②>④	0.18**	0.016
	②41~50人	119	4.49	0.46			③>④	0.18**	0.017
	③51~60人	111	4.49	0.44					
	④大于60人	57	4.31	0.50					

注：*$P<0.1$，**$P<0.05$，***$P<0.01$。

由表24可以看出，任教班级中不同学生数目的普通高中英语教师在F3：教师对英语课程内容的理解、F5：教师对英语课程理解的反思两个维度和F6：教师对英语课程的理解均值比较上存在显著性差异（$t=3.65$，$P<0.05$；$t=3.42$，$P<$

0.05；$t=2.42$，$P<0.1$）；但是在F1：教师对英语课程目标的理解、F2：教师对英语课程实施的理解和F4：教师对英语课程评价的理解三个维度上的差异并未通过显著性检验（$t=1.94$，$P>0.1$；$t=1.79$，$P>0.1$；$t=1.00$，$P>0.1$）。

并且，在F3：教师对英语课程内容的理解维度上，任教班级中学生数为41~50人、51~60人的英语教师的平均得分均高于任教班级中学生数为大于60人的英语教师（4.46＞4.19；4.48＞4.19）。

在F5：教师对英语课程理解的反思维度上，任教班级中学生数为30~40人、41~50人、51~60人的英语教师的平均得分均高于任教班级中学生数为大于60人的英语教师（4.60＞4.34；4.60＞4.34；4.49＞4.34）。

在F6：教师对英语课程的理解均值比较上，任教班级中学生数为41~50人、51~60人的英语教师的平均得分均高于任教班级中学生数为大于60人的英语教师（4.49＞4.31；4.49＞4.31）。

由以上数据可以看出，普通高中英语课程仍然以语言性的学习要求为主，英语学习不能缺失开展各种各样的活动与任务，而课标（2017年版）旨在发展学生核心素养，将主题语境、语篇知识、语言知识、文化知识、语言技能和学习策略六要素整合，形成普通高中英语学习活动观，英语学习的过程既是语言知识与语言技能整合发展的过程，也是思维品质不断提升、文化意识不断增强、学习能力不断提高的过程。大班额人数的课程教学活动会掣肘普通高中英语教师的课程实践，譬如，对学生关注度不够，日常课堂教学组织难度大，学生参与度降低等问题的出现始终困扰着英语教师的课程教学活动，在达成英语课程目标的过程中会遇到多重阻碍和重重压力。

第七章　普通高中英语教师课程理解的实证研究

"不管文本课程设计得多么理想，都不可能直接作用于学生，而是需要教师将其转化成价值的决定性因素"[①]。教育价值观和学生发展观是任何课程理论和课程实践都应该首先明确的问题，这是课程论的灵魂问题。对课程的探讨如果缺失了对育人问题和教育核心价值观问题的思考，势必会使课程论陷入理性主义和技术主义至上的泥潭。课程问题与生俱来的，便是人的发展问题的立场和教育核心价值观的离析。课程中是有技术问题的，但它并不是以纯技术的形式存在，而是时刻蕴涵着价值和意义。课程如果局限于设计，充其量是课程的"应然状态"，而不是它的"实然状态"。以构思的计划代替事实的陈述远远不能满足当代课程的价值观念，应力求根据事实予以回应。课程计划如果不予以实施，或者虽已实施但未达到设计目标，算不上名副其实的"课程"；此外，还得对课程计划实施的后果予以评估，最终才能使课程从实然状态转化为应然状态。

普通高中英语教师如何理解自己所教授的课程，既折射出教师的课程思想，直接决定其课程实施（狭义亦即教学）的取向，也反映出教师个体的课程视域，并最终影响学生的思维方式与思维能力的培育与形塑。由于普通高中英语教师课程理解对教师课程实施的制约，使得英语教师观念层面的理解与其在日常教育教学活动中表现出的课程实践层面的理解呈现出不一致的特征。在现实的教育教学中，理解分为认知性理解和行为性理解[②]。"实践中的理解才是真正的理解，真正的理解必然带来实践行为的变化"[③]。

考查普通高中英语教师的课程理解不能只重视教师课程观念及其变化的外显方式，即"说了什么"，而更应该关注教师的直接课程行为，即"实际做了什么"，从中寻找蕴涵于教师课程行为、课程实践中真实发生的课程理解。普通高

[①] 佐藤学.课程与教师［M］.钟启全，译.北京：教育科学出版社，2003：116.
[②] 熊川武，江玲.理解教育论［M］.北京：教育科学出版社，2005：117.
[③] 吴琼."理解"视域下的幼儿园教师评价研究［D］.长春：东北师范大学，2011：29.

中英语教师课程行为是指英语教师"备课—上课"的过程中,这一实际课程行为涵盖"备课—教案""课—上课"两个环节[①]。"备课—教案"是英语教师对课程方案、课程标准、课程文本及其他课程资源的个性化选择与处理;"课—上课"则更为直观和实在地体现出英语教师的课程理解,因为这一过程既囊括了英语教师对学生的直接影响,也潜在地表征出英语教师在特定情境中对课程的真正把握与体悟。只有从普通高中英语教师的课程实践中把握教师的课程理解,才能揭开英语教师课程理解的神秘面纱,真实地了解英语教师课程理解中的困惑与困难,并提出相应的对策与建议。

案例是指带有问题或疑难情境的真实发生的典型性事件。本研究选取普通高中英语教师中的专家型和经验型教师为案例的研究对象,依据第四章中普通高中英语教师课程理解的研究实施过程,对研究对象进行课堂观察与访谈,分析、整合、简要述评研究对象的资料,展示普通高中英语教师较好地理解英语课程的例证。案例研究中的访谈资料采用研究对象的个人陈述,尽量保证"原汁原味"的描述,分析评议中掺杂了研究人员的体会与感悟,以及对研究对象的个性化理解。

第一节 语言、文化、思维三位一体的 G 老师课程理解

一、课程材料

Anne's Diary

(1)

Anne said that they went quickly upstairs and into the hiding place when they arrived at Prinsengracht.

Friday, 10 July, 1942

When we arrived at Prinsengracht, we went quickly upstairs and into the hiding place. We closed the door behind us and we were alone. Margot had come faster on her bicycle and was already waiting for us. All the rooms were full of boxes. They lay on the floor and the beds. The little room was filled with bedclothes. We had

---

[①] 陈桂生. 变化中的"课程"概念 [J]. 江苏教育学院学报:社会科学版, 2007 (3):8-11.

to start clearing up at once, if we wished to sleep in comfortable beds that night. Mummy and Margot were not able to help. They were tired and lay down on their beds. But Daddy and I, the two "helpers" of the family, started at once.

The whole day we unpacked the boxes, filled the cupboards and tidied, until we were extremely tired. We did sleep in clean beds that night. We hadn't had any warm food to eat all day, but we didn't care. Mummy and Margot were too tired and worried to eat, and Daddy and I were too busy.

（2）

Thursday, 15th June, 1944

Dear Kitty,

I wonder if it's because I haven't been able to be outdoors for so long that I've grown so crazy about everything to do with nature. I can well remember that there was a time when a deep blue sky, the song of the birds, moonlight and flowers could never have kept me spellbound. That's changed since I came here.

For example, one evening when it was warm, I stayed awake on purpose until half past eleven in order to have a good look at the moon by myself. But as the moon gave far too much light. I didn't dare open a window. Another time five months ago, I happened to be upstairs at dusk when the window was open. I didn't go downstairs until the window had to be shut. The dark, rainy evening, the wind, the thundering clouds held me entirely in their power; it was the first time in a year and a half that I'd seen the night face to face.

…Sadly… I am only able to look at nature through dirty curtains hanging before very dusty windows. It's no pleasure looking through these any longer because nature is one thing that really must be experienced.

二、教师对本案例课程理解的分析

（一）对课程目标的理解

1. 对单元目标的理解

（1）语言能力。学生能掌握下列单词和短语的意义与用法：go through,

set down, a series of, spellbound, on purpose, in order to, at dusk, power, face to face and so on.

（2）思维能力。学生对此话题能进行批判性思考，并且将话题与他们自己的生活相联系；学生了解到朋友的重要性并珍视友谊。

（3）学习能力。学生通过略读与速读了解文本的主旨大意和特殊信息；学生通过精读能找到更多详尽的信息对文本进行分析；学生在小组讨论中能流利沟通表述。

（4）文化意识。学生对第二次世界大战的历史有一定了解，并且了解德国纳粹对犹太人做出的令人震惊的暴行；通过了解二战的历史，学生知道珍惜和平的生活并且借由感受安妮令人惋惜的经历感受大自然的美丽。

2. 对课时目标的理解

在阅读文本后，学生将能够：

（1）运用与情绪相关的单词和主要短语，例如"calm, crazy, upset, concerned"来描述安妮对周围环境的情绪，并且使用"never kept me spellbound""held me entirely in their power"来强调安妮对大自然强烈的情绪对比（聚焦主题词汇）；

（2）通过以下四个方面的对比找到两篇日记不同的细节之处：环境、行为、生活目标和生活态度（梳理文本细节）；

（3）提升学生总结和深入思考的能力（提升思维品质）；

（4）让学生评估战争对人类生活和人际关系的影响（正确认识战争对人与社会的影响）；

（5）对友谊有了更深层的理解并且形成一种正确的友谊观（获取人生态度）。

（二）对课程内容的理解

1. 对课程材料的理解

《安妮日记》是人教版必修一第一单元的第一篇和第二篇阅读课文，属于人与社会主题语境。此文节选自二战时期一位犹太女孩安妮的日记。该文讲述了Anne把日记当成自己最好的朋友，向日记倾诉她的心情、感受及渴望。第一篇日记讲述了1942年安妮刚到荷兰时，对于逃亡生活尚存希望；第二篇日记则记录了1944年时，安妮对自由的极度渴望和对现状的完全失望。两篇日记按照时间的先后顺序展开，重点词汇主要涉及自然、情绪、感受等，如thunderstorm、upset、concerned、calm等。本文的文本类型属于"人与社会"这一主题大类，学生通过学习安妮的这两篇日记，能够体味友谊的真谛，并设身处地地想象与感受战争对于个人以及社会的深远影响。

2. 对授课对象的分析

授课对象为G省某省级示范性高中高一尖子班的学生，学生对于词汇、语法等基础语言知识掌握较好，但是缺乏语篇欣赏能力以及主题挖掘能力，需要教师进行特别的引导。学生在上一节课中已经学习并掌握了两篇日记的重难点词汇。因此，在本节课的设计中，教师通过层层推进的活动设计，初步培养学生理解文本语言的能力、挖掘主题内涵的能力，培养学生的批判性思维，同时形成正确的友谊观。

3. 对教学重难点的理解

（1）教学重点：学生通过对比两篇文本概括文本信息，欣赏并挖掘语言的深刻内涵；学生通过对比第二次世界大战对安妮及辛德勒的影响，更好地理解战争对于全人类的影响，进而提升批判性思维能力。

（2）教学难点：学生学会采取有效策略寻找文本中的细节及证据；学生通过自主学习、小组讨论等多种方式，正确理解不同类型友谊的内涵，形成正确的友谊观。

（三）对课程实施的理解

1. 对课程设计的理解

本次阅读鉴赏、文本解读课的主要设计思路是对比语言细节，解读文本主题。文本的内涵和外延隐藏在文本的语言细节之中，要想让学生能够理解言下之意（implied meaning）与言外之意（implicative meaning），必定要先梳理清楚言中之意（literal meaning）。本节课选取了单元主题"友谊"的其中一个方面（友谊的多样性内涵）作为切入点展开本节课的具体教学活动，旨在通过对比语言细节，概括文本内容，进而升华文本主题，并总结友谊的多样性内涵，同时形成正确的友谊观，如图10所示。

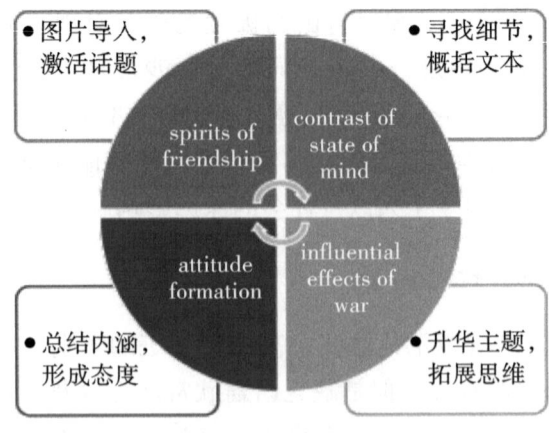

图10 教学流程图

环节一：图片导入，激活话题。

欣赏几组不同时代、不同年龄段的友谊图片，引入本课的主题词汇friendship，导入主题，鼓励学生讨论友谊的不同内涵，激发学生探究文本的兴趣。

环节二：寻找细节，概括文本。

从surroundings、actions、life goals and life attitudes四个角度对比两篇文本，以便在两篇日记中找出对应的语言细节并用情感类词汇概括文本信息。

环节三：升华主题，拓展思维。

在1944年的《安妮日记》中，有两处语言描写了安妮失去自由前后对大自然的不同感受及态度，用强烈的反差揭示了安妮由于失去自由而导致的身心变化，这些是理解本篇日记的重点。因此，教师首先引导学生归纳这两处句子中对环境的不同角度的语言描写，体会细节描写的生动性；接着，学生通过小组讨论分析对比安妮对不同环境的情感态度，体会安妮内心的渴望；下一步，教师通过二战中的另外一个故事——德国商人辛德勒拯救犹太人的事迹引导学生认真思考战争的另外一个影响，即战争不仅伤害了犹太人等，同时也伤害了不想参战的普通德国百姓。通过层层递进的设计引导学生，①探究出主题意义：安妮选择日记作为最好的朋友的深刻内涵——身体可以被束缚，但灵魂和想象力依然可以自由；②形成批判性思维：战争毁灭的是全人类，而非某个国家或民族。

环节四：总结内涵，形成态度。

在上述分析对比的基础上，学生自己总结安妮的友谊与辛德勒的友谊的不同内涵：安妮的友谊是对自由的渴望，而辛德勒的友谊是人道主义的关怀，进而形成正确的友谊观。

2. 课程教学实录

第一步：导入。

给学生展示几组与友谊相关的不同类型的图片（桃园三结义、忠犬八公、老友记等），然后让学生以小组形式自由讨论他们对于不同类型友谊代表的精神的看法，引入今天课程的话题——友谊。

T：Look at the first picture, do you know about it?

Ss：Tao yuan san jie yi.

T：What do you think is the spirit of the Chinese traditional friendship? Like you live, I live, you die, I die?

Ss：Stand by the friend when he meets difficulties.

...

T：Excellent. Loyalty, sharing, youth, these are the ordinary spirits of friendship. What about our poor heroine-Anne? Let's look at her friendship...

在本堂课的导入过程中，G老师通过几幅关于友谊的图片引出话题，与学生自由谈论不同类型友谊的内涵，创设语境，激活学生已有的关于友谊内涵的认知。

第二步：根据表格捕捉信息（两人一组完成）。

表25是呈现给学生的学案，要求学生在阅读完课程材料之后依据教师设计的对比表格，找出两篇日记在环境、动作、生活目标和生活态度四个方面的不同之处，学生合作完成斜体字部分的内容。

表25　Learning Plan（LP-G-F学案）

	diary in 1942	diary in 1944
Surroundings	all the rooms full of boxes, lay on the floor...	*dirty curtains hanging before very dusty windows*
Actions	*went quickly upstairs and into the hiding places, closed door, start cleaning it at once, unpacked the boxes, fill the cupboards and tidied*	stayed awake on purpose, didn't dare open a window...
Life goals	comfortable beds and warm food	*crazy about nature*
Life attitudes	*we didn't care, we were too busy* "helpers"	It's no pleasure looking through ...

G老师想要引导学生应用 scanning（扫读：粗略地浏览）的阅读技巧，提取安妮在两篇日记中有关生活环境的基本事实性信息，并比较安妮在两篇日记中呈现出来的不同生活态度和生活目标。

第三步：总结心理状态（小组活动）。

表26是呈现给学生的另一学案，要求学生分组用一个单词来描述安妮的心理状态，斜体字部分为学生合作完成的内容。

表26　Learning Plan（LP-G-F学案）

	diary in 1942	diary in 1944
Surroundings	*acceptable*	*intolerable*
Actions	*cautious*	*fearful*
Life goals	*relaxed*	*concerned*
Life attitudes	*calm*	*upset*

T：You just got the details from two diaries. Now please make a group to describe Anne's state of mind with one word.

S1：What is state of mind?

T：Good question. State of mind means the overall mental condition of a person. Let me give you some reference words to help you fill in these blanks.

本部分G老师带领学生进一步梳理细节信息，概括安妮的心理状态，拓展情绪类词汇，在概括总结的过程中实现语言和知识的内化。

第四步：主题赏析（独立完成）。

首先，学生需要找到安妮对待大自然态度的转变并补全以下两个句子。

T：Look at these two sentences with blanks, could you find the answers from the text?

There was a time when a deep blue sky, the song of the birds, moonlight and flowers could never have＿＿＿＿＿＿.

The dark, rainy evening, the wind, the thundering clouds＿＿＿＿＿＿.

让学生仔细观察在安妮逃离前使用了哪些词语来形容大自然，在逃离之后又用的是什么词语。在学生回答之后接着提问，让学生思考是什么原因导致了安妮态度的转变。

T：I have a question here, do you prefer the sunny day or the stormy evening?

Ss：The sunny day（mostly）.

T：Now, please think, why was Anne entirely held in a rainy evening's power?

S1：Because she lost freedom. She could merely felt the nature in the rainy day.

T：Good, keep thinking. Why did she choose a rainy evening to feel nature?

S2：Because rainy evening was safer than the sunny day.

T：You got the key.

本部分是让学生深度解读文本中的语言并加以使用，沉浸在语境中关注重点词汇及短语的学习，通过教师逐步的设问，训练学生的思维与表达。

其次，讨论两个问题，让学生推断安妮的友谊的精神含义，并用表27进行总结陈述。

表27 Summary（总结）

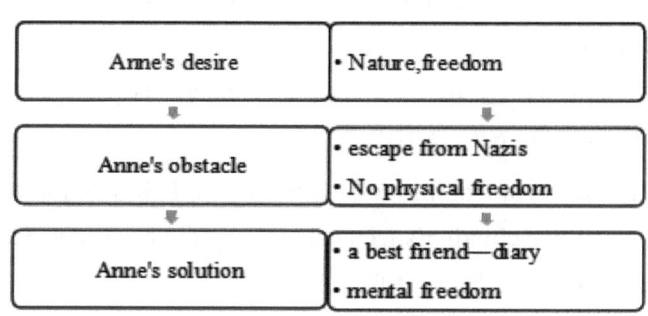

Q1：Why did Anne choose diary as her friend?

Q2：What did Anne get from the diary?

G老师设计全文的总结表引导学生发现并深入理解二战对于安妮的影响，深化主题意义，明确战争时期安妮的友谊的特殊内涵。

第五步：使用辛德勒的友谊帮助学生升华主题（四人一组完成）。

首先，学生四人一组围绕准备好的问题开展关于辛德勒故事的讨论，并以2～3句口头表述简要回答。由老师将答案记录在黑板上（表28）。

表28 学生观点总结

Schindler's behaviors	Damaging effects of the War
right and just: he helped the poor Jews not a traitor. Nazis could not stand for the true Germany	lost their fathers, husbands and sons
	lost their home and money
	felt sorry for the victims
True hero: he got over personal interests and sacrificed his safety to help another race	punished by the whole world due to others faults

Questions to discuss：

Q1：What is your opinion about Schindler's "unfaithful" behaviors?

Q2：What were the damaging effects of World War II to common Germans?

Suggested structures：

I think that...

I was told that...

G老师让学生四人一组就辛德勒的故事进行讨论，并提供了学生在表述观点时需要用的句型结构，之后要求学生以小组为单位进行汇报分享，并将学生的答案收集在黑板上。本部分是对单元主题意义"战争"的补充与拓展，结合战争中另外一方的典型事迹，鼓励学生用语言表达对于人物及战争的评价。此活动为迁移创新类活动，旨在帮助学生培养批判性思维，学会多角度思考战争对参战双方乃至全人类的影响。

然后，学生继续讨论辛德勒的故事中有关友谊的精神的话题，让学生在主题引领之下拓展思维，深化所学内容。

T：You just show your opinions on Schindler's behaviors and the War. Now let's discuss the spirit of Schindler's friendship. Why did he rescue Stern?

Ss：Because Stern was his best friend.

T：OK, but Stern was Jewish, his enemy at that time.

Ss：Schindler did not want to make Jews his enemies. That's Nazis' crime.

T：Great, a man didn't do the wrong if he rescued his friend in danger. But why did Schindler rescue other 1200 Jews?

S1：Perhaps out of his sympathy to the Jews.

S2：Because he felt sorry for killing innocent people, even though it was not his fault.

T：Excellent answers. So Schindler showed the sympathy to the human beings trapped in the Holocaust, which can also be called "Humanitarian Love".

这是本课时学习巩固与主题升华部分的另一个活动，旨在进一步深化主题意义，加强德育浸润。学生通过对辛德勒友谊内涵的探索，逐步理解了友谊的真谛是多样的，忠诚也不仅限于狭隘的国家层面，对全人类的热爱才是友谊的最高境界。

第六步：对不同类型的友谊精神做出总结。

教师通过总结不同类型的友谊精神结束整堂课程内容的学习，并帮助学生形成正确的友谊观。

T: From this lesson, we've known that there are different types of friendship. For example,

for kids, friendship=sharing toys/foods;

for ancient Chinese, friendship=sharing life;

for Hachiko and his host, friendship=loyalty;

for teenagers, friendship=youth;

for Anne, friendship=freedom;

for Schindler, friendship=humanitarian love.

这一环节是总结友谊的类型及内涵，巩固话题内容，引导学生形成正确的友谊观。

第七步：作业布置。

1. 复习《安妮日记》的两篇文章，掌握关键的单词、短语及句型；

2. 阅读《安妮日记》中其他的故事，更多地了解她的生活经历；

3.（学有余力的学生）观看电影《辛德勒的名单》，了解故事内容并根据自己的评判写一篇小短文。

本课时是该单元的主课文阅读教学，为了巩固并整合所学内容，需要学生通过拓展性的课外作业进一步加强对主题的深度理解，形成有效语言输出。作业设计与安排中还注意到了学生英语学习的差异性，有全体学生必须完成的基础性作业，也为学有余力的同学给出建议性作业。

（四）对课程评价的理解

1. 授课教师自评

"文本解读有其客观性，但又带有浓厚的主观色彩。文本解读需要源于文本、尊重文本、回归文本，但又不能完全拘泥于文本，还要有适度的延伸和超越。因此，我将高中英语课程文本解读归纳为读出文本的本意——走进文本里面看一看、读出文本的深意——绕到文本背后看一看、读出文本的新意——站在文本对面看一看等三重境界。"

【D-G-F】

本节阅读课的文本解读着重培养学生以下两方面的意识，从情感寓意的角度去鉴赏文本和从文本的现实意义去解读文本。

（1）从情感寓意的角度去鉴赏文本。

《安妮日记》从一个小女孩的角度记录了她眼中的战争，这样的故事不仅可以帮助学生提高语言技能，更能让学生从中学习有益的人生态度，值得进行深层次的文本解读。这两篇安妮日记分别讲述了安妮在逃亡刚开始和逃亡两年后的不同感受和心理。教师在引导学生进行情感寓意的分析时，将两篇日记进行了多角度对比：在1942年的日记中，安妮初到阿姆斯特丹，对于周围的生活充满希望，尽管战火已经燃起，但安妮的内心仍然积极乐观，"They were tired and lay down on their beds. But Daddy and I, the two 'helpers' of the family, started at once. We hadn't had any warm food to eat all day, but we didn't care."；在1944年的日记中，安妮在战争中渐渐丧失对生活的信心，变得悲观消极，"Sadly, I am only able to look at nature through dirty curtains hanging before very dusty windows. It's no pleasure looking through these any longer because nature is one thing that really must be experienced."。1944年的日记中还记录了安妮在流亡前后对于大自然截然不同的情感：逃亡前，鸟语花香、月明星稀的美好天气从来没让安妮着迷过，如"I can well remember that there was a time when a deep blue sky, the song of the birds, moonlight and flowers could never have kept me spellbound."；逃亡后，疾风骤雨、电闪雷鸣的恶劣天气就能彻底迷住安妮，如"The dark, rainy evening, the wind, the thundering clouds held me entirely in their power."。这种强烈的反差更凸显出安妮对于自由和大自然的渴望。在课程设计中，教师引导学生从情感寓意的角度分析文本，进一步挖掘文本深意，捕捉研究者想要表达的深刻含义，进而得出结论：安妮渴望自由，向往大自然，但为了逃避纳粹，尽管失去了身体上的自由，然而内心对自由的向往与渴望又让她把日记作为自己最好的朋友，从而获得了精神层面的自由。

（2）从文本的现实意义去解读文本。

《安妮日记》讲述了犹太人在战争中的心路历程，而小说《辛德勒的名单》则反映了一个德国商人在战争中的抉择。教师在课程设计中选择这个故事作为补充材料，旨在帮助学生加深对人性的认知，并鼓励学生把从两个故事中所学到、感悟到的东西用自己的语言表达出来。这类迁移创新类活动的设置，可以帮助学生学会多视角、多角度思考战争对参战双方乃至全人类的影响。学生通过对于安妮友谊以及辛德勒友谊内涵的探索，逐步明白了友谊的真谛，明白了忠诚的真正含义在于对全人类的热爱，而不仅限于狭隘的国家层面。这样的文本解读让学生明白，文本语言具有相应的现实意义，因此，学生在品鉴文本语言表达的同时，要进一步挖掘文本的社会意义，进而形成正确的价值观。

2. 研究者评价

普通高中英语教师课程理解有利于提升英语教师课程实施（课堂教学）的质量，促进学生个性化、全面发展，达成培育学生核心素养和必备品格的育人目标。对于每一位学生的成长与发展而言，高中英语课程应该被视为一种对不同文化的理解，包括将国家文化、历史文化、社会文化加以个性化、个别化地吸纳与接受的过程，是将大众化的"公共知识"转变为学生独有的"个人知识"的过程。普通高中英语教师不能把英语课程窄化理解为只与课程教学内容有关的文本，而要把英语课程理解为学生反思性和创造性的学习与实践，探寻人生意义的活动及其动态过程。G老师的本节课例用促进学生生命发展的视角来理解、设计与实施本节课程内容，深入挖掘文本内容中蕴涵的文化意识和思维方式，给学生的英语学习带来了全新的体验，也达到了令人满意的学习效果。

三、对教师课程理解的访谈与反思

"教师就得与时俱进，不断更新教育教学理念，以饱满的热情探索与研究遇到的问题和困惑，为追求卓越的教师职业生涯而努力。"

——G老师

G老师认为，目前使用的课程文本蕴含的人文性并不充足，普通高中英语教师迫于高考升学、绩效考核、社会评判、家长期望等重重压力，也不敢轻易替换英语课程文本中的内容，因为文本中的每一篇课文都包含了高考的词汇及语法，英语教师更多采用的办法是用辅导资料进行补充，或者尽可能地挖掘课文中的内容。就以本课例举例，大部分的教师觉得这篇课文很难讲解，因为文章中含有虚拟语气和定语从句，而G老师从语篇的角度对全文进行了分析，围绕三个问题处理整篇课文：安妮为什么要写这篇日记？她通过什么样的语言写了这篇日记？她想表达什么样的思想感情？这两种处理方式体现了两种截然不同的普通高中英语教师课程理解的现实情况——培养学生思维品质的文本赏析课与讲解文本体裁的语言语法课。通过文本阅读，学习文章中的语言点、知识点，通过课文中的两个举例、大量的事实，让读者和学生感受到由于纳粹的统治，安妮在写这篇日记时的压抑、恐惧、害怕等情绪，以及对美好生活充满渴望的心情，研究者借用虚拟语气来表达上述的情绪和心情。虚拟语气和陈述语气之间的差别自然而然地就在语篇分析中展现开来，而不是把语言知识孤零零地进行讲解，体现出专家型教师在理解课程文本—设计课程—实施课程中贯穿始终的独一无二的教师课程理念。培养学生的思维品质，让学生对语篇进行整体把握、局部分析以及学生学习文本中的语言点、知识点，它们之间不是矛盾、冲突的关系。普通高中英语教师应该通过语言功能（譬如安妮日记中的比喻、排比）的讲解，反衬文本研究者意欲表达的思想感情。本案例中G老师对英语课程理解的方式，让学生在理解通篇课文的过程中，既有语法词汇的学习与掌握，又有情感思维的培养与升华，学生也会很自然地将所学内容应用到自己后来的英语写作之中，达到了高水平的理解——迁移学习。

　　普通高中英语教师的教育教学实践、师生之间的互动交流是英语教师反思、自省其课程理解缺点与不足的渠道之一。英语教师的专业素质与专业能力需要不断地提升，才能应对新时代对教师提出的新要求，才能为实现个人教师职业生涯的圆满而努力。

　　"随着课程改革的不断深入，传统的课程观、教学观早已不能满足当下时代和学生的需求，教师应与时俱进，不断提升自我。从事教育几十年以来，我从未停止过学习，只要善于学习，就会不断涌现出新想法、新思考、新创意。一直以来，持续不间断的学习不仅是我保持教书育人活力和动力的源泉，更是我对自己作为一名普通高中英语教师的要求和期望，追求卓越、追求成功、追求优秀是我的职业生涯目标，我要为之不懈地努力。"

【I-G-F】

　　G老师认为，学习普通高中英语课程标准对于英语教师专业成长与成熟有着独特的作用。恰巧在2019—2020学年的第二学期对其所在学校的所有英语教师做了一次校内培训，她认为新课程标准实验版与2017版最大的区别与变化就是增加了对"思维品质""语篇分析"两个部分的明确要求，落实在课程实施过程中，即是要求教师对课程作出的个体化理解最终落脚点就是如何培养学生的思维品质。从本案例中可以看出，G老师在沿袭课程开发"目标模式"的基础上，对本课时的目标、内容、实施到评价的全过程都彰显了其对英语课程的独特理解。

　　G老师所在学校不久之前举办了教学开放周活动，同组一位英语教师承担了校级公开课的任务，在评课阶段G老师再次提及通过语篇分析培养学生思维品质的课程理解理念。

"这位公开课教师在其课程设计中表露出试图借助语篇分析培养学生思维品质的意图，然而在对课程内容进行组织与实施时，由于公开课教师对思维品质和语篇分析把握不到位，导致所设计的活动在衔接、设置方面均出现了问题。我们英语组其他教师（尤其是教龄很长的经验型教师）提出学生思维品质的培养与任课教师无关，认为任课教师把自己所带的这门学科教好就足够了。但是我完全不能同意他们的观点。提出异议的这部分英语教师对英语课程所持有的理念和作出的理解就是：英语课程就是'教教材'而不是'用教材教'；然而我认为课程教材只是课程的载体之一，是达成培育学生核心素养课程目标和教学目标的手段，绝不是目的。"

【I-G-F】

诚然，在现实的教育教学环境中，绝大部分普通高中英语教师都误把手段当成目的，完全依附于教科书，狭窄化了个体对课程的认知和理解，放弃了教师的主体性、主动性和创造性，英语教师机械化、僵硬地理解英语课程的后果就是英语教师的专业成长和发展空间被完全挤占了。访谈教师非常注重依托语篇分析培养学生核心素养能力的思维理念，其课程实践、教学随笔和撰写的论文均可印证其高水平的英语课程理解与超前的课程理念。

第二节 注重学生主体发展的M老师课程理解

一、课程材料

高考试卷词义猜测讲评与拓展（LP-M-F）

A

［2020·重庆市高三第一次调研］Following tips from a tourist guide 15 years ago, Zhao Jiang went to Mahabalipuram, a town, that despite its architectural splendors, golden beach and performing arts, was strictly off the map for Chinese holiday-goers at the time. Then in October came the news that Chinese President Xi

Jinping and Indian Prime Minister Narendra Modi would have an informal summit at the same seaside resort in the Indian state of Tamil Nadu.

"I was happy that Tamil Nadu got the chance to host the summit and enjoy the spotlight, and I was proud that what I have learned and am working on has now become well-known, " Zhao who heads the Tamil language service at China Radio International（CRI）said.

It has been an illuminating journey for Zhao. In the mid-1990s, when she went to study a foreign language at the Communication University of China, she chose her major more <u>on a quirk</u>.

"At that time, the university was offering Bangla, Nepali, Swahili and Tamil as foreign languages. I knew Bangla was spoken in Bangladesh, Nepali in Nepal and Swahili in Tanzania. But I had never heard of Tamil and I had no idea where it was spoken. So I signed up for this unheard-of language, " she said.

Today, she is an expert in Tamil, the predominant language in Tamil Nadu. It is also spoken in Sri Lanka, Singapore and Malaysia. It is one of the oldest languages in the world with a history of about 2,100 years and its script（字母系统）is frightening, leading to a noted Indian business tycoon（大亨）calling it "the Great Wall of Tamil".

1. Why did Zhao Jiang go to Mahabalipuram 15 years ago?

   A. Chinese tourists loved to go there.

   B. Leaders often had meetings there.

   C. Zhao Jiang loved the architecture there.

   D. A tourist guide advised her to go there.

2. What can we learn about Zhao Jiang's job?

   A. She hosts the important summit.

   B. She takes charge of the Tamil language service.

   C. She works as a journalist.

   D. She enjoys the spotlight.

3. What does the underlined phrase "on a quirk" probably mean?

   A. On occasions.

   B. In advance.

C. By accident.

D. On purpose.

4. What is called "the Great wall of Tamil" by an Indian business man?

   A. The oral form of Tamil language.

   B. The long history of Tamil language.

   C. The writing system of Tamil language.

   D. The only expert on Tamil language.

B

[2020·济南市高三年级学习质量评估] French car maker Citroën recently released a pair of glassless, liquid-filled eyeglasses that can reportedly treat the symptoms of motion sickness.

Called Seetroën, the eyeglasses use Boarding Ring technology, which was created by a French start-up of the same name, to treat motion sickness in just a few minutes. According to the official press release, after being worn for 10 to 12 minutes, the glasses enable the mind to resynchronize（重新同步）with the movement perceived by the inner ear while the eyes focus on an immobile object such as a smartphone or a book and the wearer can just take them off and enjoy the rest of the journey.

Motion sickness occurs when our brain perceives conflicting reports about perceived motion from the eyes and the inner ear. It's usually not a problem when a person is looking out of the window because then both organs perceive motion similarly, but when you're looking down at a phone or a book, the eyes don't perceive the motion the same way, and the reports sent to your brain contradict those from the inner ear, and the confusion results in motion sickness.

So how do Seetroën cure the annoying condition that has been plaguing mankind for centuries? Well, the secret is literally in those plastic frames. That blue liquid in the rings around the eyes recreate the horizon line to resolve the conflict between the signals sent to the brain by the eyes and inner ear so that the movement detected by the eyes matches that detected by the inner ear. Since Seetroën glasses are actually glassless, they can be worn by anyone, even over actual eyeglasses. You only need to wear them for 10 to 12 minutes to make the symptoms of motion sickness go away.

5. What is Seetroën?

   A. A French car maker.

   B. A high-tech company.

   C. A name of eye glasses.

   D. A kind of technology.

6. What can replace the underlined word "plaguing" in Paragraph 4?

   A. Shocking.

   B. Troubling.

   C. Embarrassing.

   D. Disappointing.

7. How does Seetroën help get rid of motion sickness?

   A. By filling frames with liquid.

   B. By perceiving the horizon line.

   C. By removing conflicting signals.

   D. By adjusting the angles of movements.

8. What's the best title of the text?

   A. A Creative Cure for Motion Sickness.

   B. The Amazing Rise of a French Start-up.

   C. A New Understanding of Motion Sickness.

   D. The Popularity of Liquid-filled Eyeglasses.

C

[2020·贵阳市高三适应性考试（一）] History can be found at every turn, and every corner, as you walk the streets of this architectural marvel of a city, and at Powis Place and Fraser Studios you are just a short 15-minute walk away from one of the oldest universities in the country. Links can be found to the University of Aberdeen as far back as 1495, with a beautiful medieval（中世纪的）campus to back up its claims.

It makes it the fifth oldest university in the whole of the UK, and as a result it has always been a well-regarded higher education establishment. It has been voted the Scottish University of 2019 and is ranked in the Top 30 Universities in the UK in 2019. It attracts people from all over the UK and abroad. With distance learning choices, it is an attractive proposition to many students. The Sir Duncan Rice Library has perfect views of the entire city and beaches, and the university has one of the largest medical campuses in the whole of Europe.

Aberdeen University Students' Association (AUSA) is home to over 150 societies and hundreds of activities relating to those societies. It ensures that whatever you are interested in you are well served when moving to the city as a student. It is a fantastic way to meet and make new friends with people from all over the world. Within the Union there is a café and a shop, with many food outlets providing daily refreshments（茶点）during breaks between lectures and study. There are also plenty of volunteering and training opportunities to take part in, whether you are looking for a hobby, to help others, to present your CV, or all of the above.

The University of Aberdeen certainly holds some reputations, home to five previous Nobel Prize Winners, an internationally-focused university in teaching and research, and even its very own tartan created in 1992 to celebrate the university's 500th anniversary.

9. When was the University of Aberdeen first built?

   A. 2019.　　　　B. 1992.

   C. 1495.　　　　D. 500.

10. What does the underlined word "proposition" most probably mean?

   A. Choice.　　　　B. Preparation.

   C. Building.　　　　D. History.

11. What can we know about the University of Aberdeen?

   A. Five scientists won the Nobel Prize in 2019.

   B. It gained the Scottish University of 2019.

   C. It has the largest medical campus in the world.

   D. It is the 30th biggest university in Europe.

12. What can we do in the Sir Duncan Rice Library?

    A. Join AUSA for over 150 societies.

    B. Get volunteering opportunities.

    C. Receive distance learning.

    D. Enjoy the whole city and beaches.

二、教师对本案例课程理解的分析

（一）对课程目标的理解

本案例选取的是高三年级的一节复习课，是授课教师根据学生在平时作业与考试中暴露出的学习问题，设计与实施的一堂猜测词义讲评课，因此只有本课时的教学目标，没有前后联系的单元目标，特此说明。

通过本课时学习，学生能够达到以下目标要求。

（1）知识目标：了解并正确使用阅读技能和策略，尤其是词义猜测；学会对各种语篇中不同类型的猜测问题进行分类，掌握方法。

（2）能力目标：通过练习和例子训练学生的阅读、词义猜测和理解能力；提升学生的学习能力，譬如独立发现、沟通交流和协同合作的能力。

（3）情感目标：在阅读英语语篇的过程中激发学生的兴趣。

（二）对课程内容的理解

1. 对课程材料的理解

本节课是针对高考阅读理解的专题训练课，经过整合，采用猜测词义训练。学习材料均选自全国各地高考英语试题中的语句与阅读理解部分，选取课程材料坚持难度适宜、针对性强的原则，保证学生能够学以致用，经过整堂课的训练，保证学生猜测词义的能力得以提升。

2. 对授课对象的分析

授课对象为G省省级示范性高中高三年级的一个普通班。一方面，高三的学生已经有了较为扎实的英语知识积累，能够运用个人的思想和观点理解、解释周围的事物，对书本知识做适当补充才符合他们的实际学情。他们希望获取更多的信息，希望学到趣味性和知识性兼有的内容，并得到老师在学法上的指导。另一方面，高考的要求使他们迫切地需要英语各种题型的答题技巧和规律性知识的总结和归纳。他们希望在自主的学与练中不断提升自己的语言知识应用的能力。

3. 对教学重难点的理解

（1）教学重点：帮助学生掌握阅读的技能和策略；
（2）教学难点：使用词义猜测进行阅读的方法。

（三）对课程实施的理解

1. 对课程设计的理解

（1）设计背景及意义。

阅读理解是高中英语课程学习中的重点和难点，约占英语高考试卷卷面分的三分之一，所占比率位居各题型之首。这部分的成绩对整个试卷的得分有决定性的作用，所以说，得阅读者得天下。为此，进行阅读理解的复习巩固课程时，需要教会学生明确阅读理解的试题类型，运用不同的解题策略；帮助学生轻松掌握不同的阅读题型，并可以游刃有余地处理相关问题。一般来说，阅读理解问题的基本解决顺序为：一是预览题目，记忆考查要点；二是速读及复读阅读材料，发现与问题相关的细节或内容；三是回答问题，确认答案。但是，根据试题的不同类型，可以选择一些有针对性的方法或策略。

这一节课的授课重点是猜测词义题的讲评与拓展。猜测词义题是一种比较特别的题型，它不仅考查阅读技巧，也是考查高考阅读能力的一个单项，为了测试考生的阅读理解能力和生词处理能力，是针对单个的词、词组甚至是整句话的理解。在每年的高考阅读试题中，都会设置一些猜测词义的问题，让我们遇到生词后根据文本语境和上下文推测出真正的意思。这种时候，大部分同学会立马翻字典查找词义，不仅费时费力，还影响阅读速度和对语篇的整体性把握。实质上，阅读材料中的每一个单词都与其他单词、句子甚至段落有关系。利用语境（各种已知信息）去推测和判断生词的词义是常用的策略之一。近些年的全国统一高考增加了猜测词义部分的分值，因此，帮助学生学习掌握、合理运用猜词技巧，对于突破高考阅读理解、提高学生的英语语言能力具有极其重要的意义。

（2）设计理念。

教师在设计本课时课程教学时，出于以下四个方面的考虑：运用任务型语言教学模式，训练培养学生的阅读技能，实现目标，感受成功；课堂以学生为主体，以任务为主线，重视学生的体验参与，教师起到"设计者、研究者、促进者、协调者"的作用；在教学中使学生形成积极的学习态度，促进学生语言实际运用能力的提升；重视个体差异，倡导过程激励，以多层次、多角度、多主体的结果与过程并重的评价方式激励学生取得进步。

2. 课程教学实录

第一步：导入。

教师通过一个猜测游戏引起学生的兴趣，将学生分为三个大组，通过教师的行为和英语语言描述进行一组词汇的猜测游戏，时长为1分钟。

M老师在导入课程的环节采用小组合作的方式，通过猜词比赛让学生自主发现猜测单个词义的方法，再通过采访获胜者的方式提问并总结。问题如下：

Q1：Why can you guess the words so quickly?

Q2：What about the methods?

例如，猜测 guitar 这个词，学生运用了下定义的方法：It's a kind of musical instrument。猜测 sob 这个词时，学生运用了近义词的方法：It has the similar meaning of "cry"。

第二步：呈现。

根据学生已经掌握的猜词方法，引导他们在句子和语篇中更多地了解猜测的方法。本环节有两个任务，任务A是在学案上找出一些用于猜测词义的具有代表性的句型结构，任务B则是列举出猜测词义的方法并加以解释。

任务A

Which of the following is the closest in meaning to the word?

The word... could best be replaced by....

In the... paragraph, the word... means（refers to）....

According to the passage, ... probably means....

The author uses the word... to mean....

任务B

| Definition | 定义法 | Contrast | 对比法 |
| Similarity | 相似法 | Cause and effect | 因果法 |

Example	举例法	Word formation	构词法
Context	上下文	Common sense	生活常识

本环节M老师设计并开展了两个学习任务，学生通过课前自主预习了解高考猜测词义题的命题方式与常见句式，把握题型特点。学生经过小组讨论，探究常见的猜词方法，以小组形式完成任务A&B并呈现其学习成果。

第三步：学习与探究。

这是本节课教师主要讲授的课程内容，M老师首先安排学生进行小组讨论，然后完成"课堂探究案"的练习，并让小组代表在语境中找出并归纳总结"揭示生词和语境逻辑关系的五组线索和信息提示标志词"，组员及组间进行补充。M老师通过教室内的投影或屏幕呈现正确答案，对学生的回答进行评价、补充、点拨、提炼。

Group 1　Word formation（构词法）

Condition ⟹ conditional ⟹ unconditional

Judge ⟹ judgment ⟹ judgmental ⟹ nonjudgmental

归纳：根据构词法（合成、派生、转化）进行判断，英语中有很多词可以通过加前缀（prefix）或后缀（suffix），从而构成一个新词。掌握了构词法知识，就不难猜出词的含义。

Examples：superman, microwave, non-natural, mispronounce, homeless, nonsmoker, submarine, overeat。

Group 2　Definition（定义法）

1. It will be very hard but also very brittle—that is, it will break easily. 脆的

2. The purpose of the campaign was to catch "ringers", students who take tests for other students.　冒名替考者

3. Anthropology is the scientific study of man. Anthropology means_____. 人类学

4. The modern age of medicine began with the stethoscope, an instrument for listening to patients' heartbeat and breathing.　听诊器

归纳：

1. 根据文中的定义、解释猜测生词。逻辑词有：be, be called, means, be defined as, that is（to say）, namely, in other words等。

2. 根据同位或解释关系猜测生词。通过生词后的定语、表语、同位语、逗号、括号、破折号等的解释说明来推测生词的意思。

3. 根据并列同类关系猜测生词。and，or，not only ... but also ... 等并列的几

个事物应属同类事物。

Group 3　Contrast（对比法）

1. Unlike the United States where many different nationalities make up the population, Japan's population is quite homogeneous.　单一民族的

2. Andrew is one of the most supercilious man I know. His brother, in contrast, is quite humble and modest.　目空一切，傲慢的

3. Although the early morning had been very cool, the noonday sun was tropical.　热的

4. He had been getting better but during the night his condition deteriorated.　恶化

归纳：根据转折或对比关系进行判断。逻辑词有：but, though, although, however, yet, otherwise, or, while, unlike, on the one hand...on the other hand, for one thing...for another thing, instead of, rather than等。

Group 4　Cause and effect（因果法）

1. All his attempts to unlock the door was futile, because he was using the wrong key.　徒劳的，无效的

2. The flowers in the vase withered because they had no water.　凋谢，枯萎

3. The river is so turbid that it is impossible to see the bottom even when it is shallow.　浑浊不清的

归纳：根据因果关系进行判断。根据原因可以预测结果，根据结果也可以找出原因。逻辑词有：because, since, as，for, due to, so, therefore, so...that, such...that, thus, so that.

Group 5　Example（举例法）

1. Cars must have certain safety devices such as seat belt, headlights, and good brakes.　装置

2. On the farm they mainly raise poultry, such as chickens, ducks and geese, for their eggs and meat.　家禽

归纳：逻辑词有：such, such as, like, for example, for instance, especially, include, consist of等。

这一环节中，M老师通过事先设计好的学习活动讲授课程知识，形成师生互动、学生互动，并且开展学生合作学习、学生互评的学习活动，不仅可以让教师发现课堂学习中存在的问题和困难，还可以对学生的学习成果给予及时反馈，为下面的拓展训练做好衔接。

第四步：练习与拓展。

本环节依旧有两个学习任务，学生继续做练习，进行本课时学习的巩固与拓展。

| 任务A | 熟词新义

1. "It was the best night we had ever had", said Angela Carraro, who runs an Italian restaurant.　经营

2. When men and women lived by hunting 50,000 years ago, how could they even begin to picture modern life.　想象

| 任务B | 试卷中的一词多义

1. Fortunately, I didn't get any channels showing all-night movies or I would never have gotten to bed.　频道　（2015全国卷2 passage A）

2. The English Channel separates France from England.　海峡

3. Begin keeping track of the time, and try to make dinner last at least 30 minutes.　记录　（2015年全国卷2 passage B）

4. We set off once more, over a rough mountain track.　小道

5. track and field　跑道

6. The figure increases to 90% during vacation periods.　数字　（2015全国卷2 passage C）

7. Take pride in your health and your figure.　身材

8. I can't figure out why he quit his job.　理解

这一环节对学生学习提出了更高的要求，利用知识迁移的理论，帮助学生实现新旧知识间的有效转化与运用。帮助学生融会贯通，利用掌握的知识与方法解决所遇到的问题。该任务由学生个体完成，教师给予鼓励和帮助。

第五步：巩固总结。

本部分M老师利用随堂下发的材料进行小测（材料包含在学案LP-M-F中）。运用之前讲授的猜词方法，对第一部分阅读材料中的画线的语句根据所给答案进行选择（Part A 共5题），对第二部分中画线的词或短语在句中的含义进行猜测（Part B 共11题）。

这一部分包括两个任务，目的是通过"做中学"的方式进行专项测试，学生能充分发挥他们的主观能动性。M老师引导学生观察、归纳、思考、运用已经习得的猜词方法，帮助他们熟练进而内化并能运用有效的解题策略，锻炼学生的思维能力，检验学生的迁移应用能力。学生通过观察和尝试找到正确的答案，从而巩固已学的猜词技巧，树立英语学习信心，培养学习技能。M老师通

过引导学生讲解所选答案的原因及所用到的猜词方法，让学生真正体会到"学以致用"。

第六步：烘托与加深主题意义。

M老师在黑板上书写了一句名句，并告诉学生大致的意思，让学生进行猜测，从而引出"温故知新"，与本节课的主题相呼应，借助名人名言加深学生的学习效果。

Guess：Remember to learn something new everyday.

Constantly summarize, reflect and improve. 　温故知新

第七步：作业布置。

复习今天所学习的内容，并完成课后练习。

这是本课时的最后一个环节，以猜测词义的方式结束并引出"温故知新"的重要性，希望学生能对这节课的重点内容记忆犹新，并在课后时常翻看这一课时教师教授的方法与策略。而课后作业则再次要求学生巩固本节课学到的猜词技巧，并加以练习。

（四）对课程评价的理解

1. 授课教师自评

本课例课时目标指向学生学习英语能力的培育与发展，以任务型教学为主导，以合作教学为原则，以多媒体为教学手段，重点培养高三学生猜测阅读材料中生词的能力。在授课过程中，教师应该注重学生学习策略的培养，重视基于个体差异、结果与过程并重的评价方式。在本节课接近尾声的时候，授课教师引用谚语来升华学生的思维品质，既达到了语言教学的目的，也加深了学生对中英文文化的认识与理解，M老师认为本节课达到了预期的教学效果。

2. 研究者评价

首先，M老师在课前制定了明确而具体的课时目标，站在"学生是课程主体"的角度，精心设计多种具体、切实可行的活动，学生通过完成特定的任务，学习和巩固所学的语言知识，积累学习经验，最终获得成功的喜悦。其次，运用多媒体教学可以调动学生学习英语课程的积极性。再者，研究者认为M老师课前布置的预习任务，课上的小组竞赛、讨论、演讲、测试以及课后的自主练习，都充分地发挥了学生的主观能动性，让学生将感官与大脑相结合，

学生在实践中获得了英语相关的技能。最后，在教学过程中，M老师扮演的角色是教学过程的设计者及组织者、知识学习的引导者、学习过程的促进者、学生学习的研究者、学习过程的评价者等角色，整堂课节奏紧凑，学习氛围积极、活泼，一改高三毕业年级课堂沉闷、缺乏活力的旧时之风。

三、对教师课程理解的访谈与反思

"看着学生们从懵懂、茫然逐渐成长为充满责任感、有理想抱负、对未来生活有计划、有规划的小大人，我就很庆幸自己是一名人民教师，能够在他们成长的过程中享受我的职业带来的快乐、幸福和成就感。"

——M老师

不论是对案例教师的课堂观察还是课后访谈，研究者亲眼目睹并实地感受到M老师从课程准备、制定目标、课程设计、课程生成（课堂教学）、活动组织、课后评价与反思等方面对普通高中英语课程标准（2017年版）依托学科培养学生核心素养，落实立德树人根本任务的课程总目标的体现。

"我清楚地知道面临的授课对象是正在忙碌准备高考的高三学生，但是这并不意味着高三的英语学习就是没有生机活力、死气沉沉的啊！我一直在琢磨怎么样让高三的英语课变得趣味横生，怎么样去调动学生对英语课程的学习兴趣从而提升英语学习的效果，从而达到'事半功倍'。所以，我在预设这节课的时候并没有将旨在提升学生语言能力的词义猜测与拓展课程简化为枯燥、乏味的词汇讲解课，更不愿意对一个又一个目标词汇进行干巴巴的梳理串联，而是注重培养学生的英语运用能力、学习能力、迁移创新能力，帮助学生寻找恰当、高效的学习策略，通过课程中预设的各类活动、任务与学生互动学习，针对学生的思考方式和思维品质的培育花心思、下功夫进行研究。"

【I-M-F】

学生思维方式、思维习惯和文化意识的培育绝非一朝一夕之事，普通高中英语教师应该尽可能调动自己的思想理念、实践智慧、真情实感及创新能力等，引入身边丰富的课程资源，结合学生的具体发展要求，挖掘课程文本和自身一切潜在的、积极的内容和特点，营造激发学生学习兴趣与积极思考的课程氛围与实施情境，确立具有开发、整合、生成、实践特点的教师课程理解。

"我一直信奉这样一个原则：没有计划的教学是不负责任的教学，而没有变化的教学是缺乏趣味的教学。而且，课程的总体目标对于普通高中英语教师和学生来讲是一致的，但是在具体的课堂情境下，由于每一课时关注细小目标的达成，课堂上呈现出的千差万别也正是由于英语教师对课程理解的差异性才产生的。与学生、课程内容、真实环境融合在一起，才能最大限度地实现课程价值。每个课时目标的设定都要为达成单元整体目标服务，有机整合课程内容六要素，避免脱离主题意义或碎片化的呈现方式。教师更要兼顾学生的个体差异，既确保共同进步，又满足个性发展。"

【I-M-F】

M老师说，随着从事高中英语课程教学时间的推移，在工作中遇到问题或者是碰到问题学生的时候，已经从初为人师时的着急上火成长为遇事不慌、寻求解决办法时的淡定从容。这也与M老师的工作经历有关系，M老师除了是英语学科任课教师，还常年担任班主任、年级组备课组长等，所以在教育教学中会以综合化的身份角色来分析问题，提出解决方案。

"当我是科任教师时，活泼外向的学生总是第一时间进入我的视野，因为这样的学生积极活跃，给人比较聪敏和灵气的感觉，更容易领会我要教授的课程内容。当我是班主任时，我可能会更关注安静、甚至是有点沉默寡言的学生，因为这类学生不善言辞和表达，作为管理者，想要尽快了解他们的脾气秉性、学习习惯和过往经历就存在一定的障碍。当我当了年级备课组长之后，我需要对整个年级的学生英语学习的情况进行摸底，制订英语课程每一学期和学年的进度计划。这三重角色是一个从小到大逐步成长的过程，着急上火不仅无助于解决问题，还会影响教师之间、师生之间好不容易建立起的信任关系，革新思维、改变自己就是最高效、最便捷的途径。"

【I-M-F】

多年以来，大多高中一线教师都持有这样的观点：只要高考指挥棒的效应不变，一切改革都只是换汤不换药。但是在研究的过程中，研究者不止一次从被访谈的教师中听到不同的意见和声音。他们认为，学生核心素养、关键能力和必备品格的培育与高考选拔优秀人才的考试制度并不冲突，普通高中英语教师应该始终在"我"与"课程"的关系、价值拷问与回归课程原点的反思与建构中找到教师的生存空间。如若站在学科立场、知识立场、教材立场来理解课程，英语教师的课程实施和课堂教学只能是对学生进行不同形式的符号灌输的过程。

第三节 实现课程意义与精神融合的R老师课程理解

一、课程材料

A Pioneer for All People

Although he is one of China's most famous scientists, Yuan Longping considers himself a farmer, for he works the land to do his research. Indeed, his sunburnt face and arms and his slim, strong body are just like those of millions of Chinese farmers, for whom he has struggled for the past five decades. Dr. Yuan Longping grows what is called super hybrid rice. In 1974, he became the first agricultural pioneer in the world to grow rice that has a high output. This special strain of rice makes it possible to produce one-third more of the crop in the same fields. Now more than 60% of the rice produced in China each year is from this hybrid strain.

Born into a poor farmer's family in 1930, Dr. Yuan graduated from Southwest Agricultural College in 1953. Since then, finding ways to grow more rice has been his life goal. As a young man, he saw the great need for increasing the rice output. At that time, hunger was a disturbing problem in many parts of the countryside. Dr. Yuan searched for a way to increase rice harvests without expanding the area of the fields. In 1950, Chinese farmers could produce only fifty million tons of rice. In a recent harvest, however, nearly two hundred million tons of rice was produced. These increased harvests mean that 22% of the world's people are fed from just 7% of the farmland in China. Dr. Yuan is now circulating his knowledge in India, Vietnam and many other less developed countries to increase their rice harvests. Thanks to his research, the UN has more tools in the battle to rid the world of hunger. Using his hybrid rice, farmers are producing harvests twice as large as before.

Dr. Yuan is quite satisfied with his life. However, he doesn't care about being famous. He feels it gives him less freedom to do his research. He would much rather keep time for his hobbies. He enjoys listening to violin music, playing mah-jong, swimming and reading. Spending money on himself or leading a comfortable life also means very little to him. Indeed, he believes that a person with too much money has more rather than fewer troubles. He therefore gives millions of yuan to equip others for their research in agriculture.

Just dreaming for things, however, costs nothing. Long ago Dr. Yuan had a dream about rice plants as tall as sorghum. Each ear of rice was as big as an ear of corn and each grain of rice was as huge as a peanut. Dr. Yuan awoke from his dream with the hope of producing a kind of rice that could feed more people. Now, many years later, Dr. Yuan has another dream: to export his rice so that it can be grown around the globe. One dream is not always enough, especially for a person who loves and cares for his people.

二、教师对本案例课程理解的分析

（一）对课程目标的理解

1. 对单元目标的理解

通过学习本单元，学生能够了解我国的著名农业科学家、中科院院士袁隆平博士及其科研成果，以及他的杂交水稻技术对我国乃至世界其他国家的巨大影响。完成本单元学习后，学生能够归纳总结文章的中心思想，并找出文章中可以支撑论点的语句，并针对文章内容发表自己的见解和观点。

2. 对课时目标的理解

阅读完课程材料后，学生能够：列举袁隆平博士取得的巨大成就（了解文章大意）；表述与主题相关的英语单词与短语，譬如用于描述产品的"surer hybrid, output, crop, sorghum, grain"这些词汇，运用"struggle, expand, circulate, rid...of..., equip"来描述袁博士的作为，以及使用"sunburn and slim"来描述袁博士的外貌特征（汇集主题词汇）；通过挖掘文章大意，推断袁隆平是什么样的人以及为什么他可以获得如此巨大的成功（做出合理推理判断）；习得人生的态度，经常自省有助于成就更好的自己（获取人生态度）。

（二）对课程内容的理解

1. 对课程材料的理解

"A Pioneer for All People"是人教版必修四第二单元的第一篇阅读课文，是一篇人物介绍类的记叙文，属于人与自我主题语境。本文从外貌、成就、经历、爱好与个性、梦想五个方面介绍了袁隆平这位在一定程度上为人类解决了饥饿这一难题的伟大科学家。本文的价值取向在于通过介绍这位"杂交水稻之父"的伟大成就，引发学生思考其成功的原因，并以此激励学生做对社会有贡献的人。对于高一快结束的学生来说，文章字面意思理解起来难度并不大，但要从外貌、成就、经历、爱好和个性、梦想这五个方面的描述来判断袁隆平成功的原因以及他是怎样一个人，不是一件容易的事情。

2. 对授课对象的分析

授课对象为G省省级示范性高中高一重点班的学生，学生英语基础较好，具备超越同校同年级学生的词汇量，具有一定的英语思维能力，但是他们的语篇知识、语言鉴赏能力和语篇深层语义的挖掘能力还需要提高，需要英语教师特别地课堂关注和引导；同时，这一阶段的学生正处于身心发展的关键时期，所以授课教师将教学重点放在培养学生通过语篇表层意义挖掘语篇深义的能力上，关注袁隆平是怎样的一个人以及他为何能取得如此成就。英语教师通过由浅入深的阅读实践活动设计，旨在帮助学生提高理解文本主题内涵的能力、理解文本语言的深层含义的能力以及思维能力，引导他们树立正确的人生观。

3. 对教学重难点的理解

（1）教学重点：通过本节阅读课程，学生能用英语说出描述袁隆平外貌、成就、经历、爱好和个性以及梦想的核心词汇；学生通过对袁隆平外貌、经历、爱好和个性以及梦想等内容的学习推断出袁隆平的优秀品质以及他成功的可能原因。

（2）教学难点：学生运用主题词汇对人物进行描述；学生通过运用阅读策略学会从字面意思推断深层含义。

(三) 对课程实施的理解

1. 对课程设计的理解

本课时中的阅读赏析、文本解读课的主要设计思路是培养学生从表层语义推断深层含义的能力。判断推理能力是高中学生必须掌握的阅读能力之一，其属于高阶思维能力。设计本课时，R老师主要采取了文本分析法，让学生通过分析文中的语言现象把握研究者的言外之意。图11是R老师实施本课时内容时设计的教学流程图。

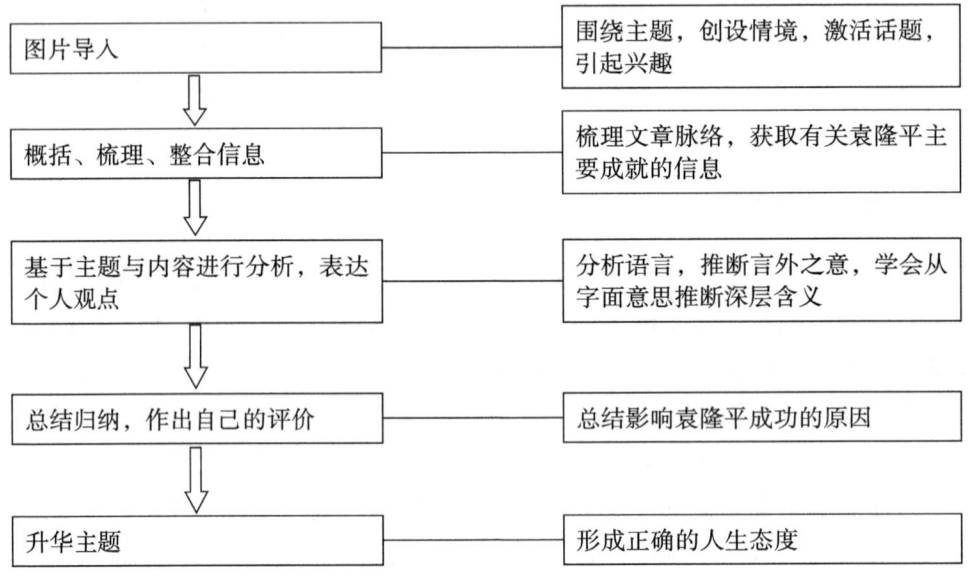

图11 教学流程设计图

第一步：观察图片，激活话题。

学生观看大屏幕上有关饥饿的数据和图片，并且对本节课要学习的内容进行预测，以此激发学习兴趣；然后教师导入主题，提出本节课的教学目标，即根据文章内容对袁隆平为何能取得如此大的成就进行合理的推断。

第二步：梳理文章脉络，整合信息。

浏览每一段的段首或段末，找出每一段的关键词，由此得出每一段的段落大意。学生再次快速阅读文章，回答如下两个问题，为下一步进行判断推理作铺垫。

第三步：逐步引导，分层分析，激发思维。

在学生了解了袁隆平的贡献和成就后，教师引导学生分层细读文章，分析袁隆平取得成功的原因，并从文中有关外表、经历、爱好和个性以及梦想四个方面的语言描述推断袁隆平是一个什么样的人。

这个活动是整节课的重点和难点，教师可以以袁隆平的外表为例子，引导学生在文章中找出处（evidence）来支持自己的观点，并且用一些形容词进行总结。例如，学生通过阅读第一段，先找出描述袁隆平外貌的词：his sunburnt face and arms；his slim, strong body；he considers himself a farmer 等，然后教师引导学生根据已找出来的这些描述做出推断。

通过上述分析，学生梳理出文本的两条线，一条是袁隆平的成就（literal meaning），另一条是他取得这些成就的原因（implied meaning）。

第四步：总结归纳，培养思维。

在上面讨论的基础上，教师引入影响一个人成功的知商（IQ）和情商（EQ）因素，让学生根据上面的讨论结果寻找袁隆平具备哪些条件，由此总结袁隆平成功的可能原因。

第五步：名人名言，做好自己。

引用达尔文的名人名言，让学生设想自己在探索未来人生并想要取得成功的途中，可以从袁隆平身上学到什么优秀品质。

2. 课程教学实录

第一步：导入。

教师展示一些饱受饥饿痛苦的孩子们的图片，并且每张图片上都有一些文字叙述，借此引出本节阅读课程的学习主题：了解袁隆平博士的伟大功绩以及他能获此成就的缘由；一学会如何作出推理判断。

T：Boys and girls. Let's look at some pictures, OK?

...

T：From the above data and the pictures, we can see that our world is facing a disturbing problem——hunger. But one person grows what is called " super hybrid rice"（pictures）. Can you guess what we are going to learn?

S：Yes! Dr. Yuan Longping.

T：That's right. Now we'll read an introduction about Dr. Yuan Longping and learn how to make inferences.

在本堂课的导入部分，R老师通过带领学生观看带有具体数据的有关饥饿的图片,让学生直观地了解"杂交水稻之父"袁隆平在解决饥饿这个世界难题上为人类做出的巨大贡献。为后续学生深入了解袁隆平是一位什么样的人奠定了背景基础。

第二步:分析课程材料的框架结构(四人一组,活动一)。

学生四人一组略读每一自然段,用一至两个词语进行总结。教师要求学生略读完成后给出答案,并予以学生反馈。

T:How many paragraphs are there?

Ss:Four.

T:That's it,read the passage and answer questions. Can you find the key words in each paragraph?

Ss:...

T:Excellent answers! So, let's summarize.

Para1. appearance and achievement;

Para2. experiences;

Para3. hobbies and personality;

Para4. dreams.

本部分R老师引导学生通过应用skimming(略读或跳读:快速阅读并提取关键性事物)这一阅读技巧,寻找关键词,感知文本文体,了解文本的框架结构及段落大意。此学习活动为之后借助每一个关键词分析人物性格特征做好了铺垫。

第三步:再次阅读获取更多信息。

学生独自阅读课程材料中的相关内容,并回答两个问题。在阅读第二自然段时,将表示袁隆平研究的相关数据全部挑选出来。这个部分的阅读时间略久一些,学生需要使用扫读的技巧快速找到问题的答案,独立完成这个任务有助于学生更好地掌握课程材料。

T:Read the passage again and find the answers to the two questions.

Question 1:What achievements has Dr. Yuan made?

Question 2:What are the results of his research?

T:What achievement has Dr. Yuan made?

Ss:He grows what is called super hybrid rice.

T:Yes. That's his achievement. Can you find the results of his research? Where can you find them?

Ss:In Para 2.

1)This special strain of rice makes it possible to produce one-third more of the crop in the same fields.

2）Now more than 60% of the rice produced in China each year is from this hybrid strain.

3）These increased harvests mean that 22% of the world's people are fed from just 7% of the farmland in the world.

4）The UN has more tools in the battle to rid the world of hunger.

5）Farmers are producing harvests twice as large as before.

这个环节旨在学习并应用scanning阅读技巧，通过速读让学生寻找袁隆平的成就以及他的研究成果对世界带来的积极影响和巨大变化的具体数据，充分调动学生的学习状态，引起学生的好奇心与学习兴趣，让学生迫不及待地想去深入了解袁隆平究竟是一个什么样的人，以及他为何能获得如此的成就。

第四步：分段阅读并作出推断（活动二）。

邀请一位学生朗读第一自然段，其他同学边听边划出描述袁隆平博士外貌特征的相关词汇，基于这些词汇让学生猜测推断袁隆平是一个什么样的人。

T：Now let's make some inferences by analyzing his appearance. I'll ask one student to read the first paragraph, and all the others will listen and underline the relevant words describing his appearance. Shall we begin?

Ss：Yes.

S1：…his sunburnt face and arms and his slim, strong body are just like those of millions of Chinese farmers, for whom he has struggled for the past five decades...

T：Super! Can you infer what kind of person Dr. Yuan is based on these expressions by using some adjectives?

S2：He considers himself a farmer——modest.

S3：His sunburnt face and arms——diligent and hardworking.

S4：His slim, strong body——healthy.

S5：For whom he has struggled for the past five decades.——perseverant.

T：Well done! You have done a very good job.

通过之前的两遍阅读，学生已经大致了解文章的大意和袁隆平所做出的贡献，并迫切地想知道到底是哪些优秀品质使得袁隆平成为如此伟大的科学家。为此，R老师首先设计了从袁隆平的外表进行判断推理的活动，目的在于让学生通过分析有关袁隆平外表的词或短语对袁隆平是一个什么样的人做出合理的判断。为保证学生明白教师的意思，R老师还进行了示范：这里R老师邀请一位学生为全班同学朗读阅读材料中的第一自然段，其他学生听读并划出他们觉得正确的词或短语,最后叫学生逐个起来反馈。这个活动为下一个小组活动的顺利完成奠定了基础。

第五步:推理判断(小组活动,活动三)。

学生以小组为单位,阅读课程材料并找出证据用来推断袁博士是一个什么样的人,并且从他的经历、爱好和个性以及梦想四方面分析为什么他能获得如此伟大的成就。

T:Now, work in groups to have a discussion about Dr. Yuan's experiences, his hobbies and personality, and his dreams.

Groups 1, 2 and 3—his experiences;

Groups 4, 5 and 6—his hobbies and personality;

Groups 7 and 8—his dreams.

在这个活动中,R老师给出了两条活动建议:一是以小组进行讨论时,学生最好找到一些支持他们观点的证据;二是在找到这些证据之后,用适当的形容词加以描述。

通过应用scanning阅读技巧,让学生小组讨论袁隆平的经历、爱好和个性以及梦想,旨在培养学生从字面意思推断出其暗含深意的能力。让学生在合作的过程中,对文章内容再次进行梳理,并最终得出结论——正是有了这样的性格特征,袁隆平才能成功。

需要特别注意的是,这个活动是把分散的语言进行整合并形成概念的活动。学生在这个过程中一边阅读寻找答案,一边仔细找出支持答案的语言证据,然后对零散的信息进行梳理、加工、整合。这个活动是本节课的重点,也是要突破的一个难点,所以要给足学生讨论的时间。

第六步:小组汇报,积极反馈(小组活动,活动四)。

老师要求每个小组汇报学习结果,师生一起给予反馈。在这个环节,学生需要大声说出他们找到的关于袁隆平博士经历、爱好和个性以及梦想的关键词,并且必须使用恰当的形容词来描述袁博士。

T:OK. Time's up. Can you share your answers with us?

Ss from Groups 1, 2 and 3:

Dr. Yuan's experiences.

- Dr. Yuan graduated from Southwest Agricultural College in 1953—**knowledgeable.**
- Since then, finding ways to grow more rice has been his life goal. Dr. Yuan searched for a way to increase rice harvests—**critical thinking.**

- *As a young man, he saw the great need for increasing the rice output—**observant.***
- *Dr Yuan is now circulating his knowledge in India, Vietnam and many other less developed countries to increase their rice harvests—**responsible or selfless.***

Ss from Groups 4, 5 and 6:

Dr. Yuan's hobbies and personality.

- *Dr. Yuan is quite satisfied with his life. However, he doesn't care about being famous. He feels it gives him less freedom to do his research. Spending money on himself or leading a comfortable life also means very little to him. Indeed, he believes that a person with too much money has more rather than fewer troubles—**indifferent to fame and wealth.***
- *He would much rather keep time for his hobbies. He enjoys listening to violin music, playing mahjong, swimming and reading—**full of interests, life-loving, easy-going, active and optimistic.***
- *He therefore gives millions of yuan to equip others for their research in agriculture.—**generous.***

Ss from Groups 7 and 8:

Dr. Yuan's dreams.

- *Long ago Dr. Yuan had a dream about rice plants as tall as sorghum. Each ear of nice was as big as an ear of corn and each grain of rice was as huge as a peanut. Dr. Yuan awoke from his dream with the hope of producing a kind of rice that could feed more people.*
- *Now, many years later, Dr. Yuan has another dream: to export his rice so that it can be grown around the globe. One dream is not always enough, especially for a person who loves and cares for his people—**ambitious and imaginative.***

本部分是一个小结环节，旨在检查学生讨论的结果，起到查漏补缺的作用；同时也是聚焦主题的环节。由于活动内容比较多，所以R老师留足时间让学生充分反馈。

第七步：全班讨论（活动五）。

全班围绕"影响一个人获得成功的因素是什么"展开讨论，从智商和情商两个方面进行思考。要求学生挑出袁隆平博士呈现的智商和情商品质，与此同时，通过展示查理·达尔文的话语让学生尝试总结。

T：As we know, IQ and EQ play an important part in one's success. Now let's first review what IQ is and what EQ is, and what content they convey.

Intelligence factors（the operating system for human cognition, heredity; IQ）：

Attention, observation, imagination, memory, thinking ability, creativity.

Non-intelligence factors（the power system for human cognition, education; EQ）：

Emotion, will power, interest, character, needs, motivation, goals, belief.

Now, let's tick the qualities that Dr. Yuan has.

……

T：Now let's read some words from Charles Darwin to make a conclusion.

Ss：（reading aloud）

● *I made any achievement in science, which is due to long-term thinking, patience and work.*

● *As for the reason why I can succeed in science, the most important thing is the love of science, and my insist on long-term exploration.*

● *Optimism is the lamp of hope. It guided you to stop from the dangerous valley to the royal road to learning, and to make you get new life, and new hope.*

● *Don't cry and lose to the beauty of poetic feeling ability to life because it is a long-term hard science.*

——Charles Darwin

T：So what will you do to make your dreams come true?

S1：I can build up my body to make my dreams come true.

S2：Look up at the starry sky and down-to-earth.

……

T：Very good. You have done a very good job. Let's do self-reflection constantly and better ourselves!

这是一个对本节课主题进行总结和情感升华的环节，旨在引导学生挖掘文本思想内涵，了解研究者的写作意图，从而达到本节课的情感教育目标，拓展学生的思维宽度。从上一个活动中总结出的袁隆平的性格特征无外乎是IQ和EQ的完美结合。纵观历史上的成功人士，他们几乎都具备这些性格特征，因此R

老师引导学生牢记这些特征，为他们将来的发展做准备。最后R老师用达尔文的名言激励学生，朝着自己的梦想，一步步地努力！

第八步：作业布置。

读后感作业是课堂学习的延伸和巩固，是对所学知识的反馈。写读后感时，学生既要复述文本内容，又要有感而发。读后感能使学生在阅读的基础上将与阅读材料相关的主题内容、所学语言知识结合起来，进行语言输出。而语言学习的重要内化过程就是从语言输入走向语言输出，最终达致自由表述。

（四）对课程评价的理解

1. 授课教师自评

"今天的这篇文章，不同的教师会有各种各样的着手点进行文本分析，有些教师从袁隆平的皮肤和身材入手探讨袁隆平是一个什么样的人，有些教师从袁隆平捐赠几百万买设备来探讨袁隆平的人品，有些教师从袁隆平的爱好探讨袁隆平是一个什么样的人，还有教师从袁隆平一个又一个的梦想来详细剖析他是一个什么样的人。教师在阅读教学过程中，只关注教材上或教参上的东西，这样的英语阅读课势必很难激发学生探究文本的兴趣，英语教师对文本的深刻解读是启发学生的思维、培养学生的文本解读能力和思维能力的必需条件。"

【I-R-M】

本节阅读课的文本解读着重于培养学生以下两方面的意识：从情感寓意的角度去升华文本，用推理的方法去深层理解文本。

（1）从情感寓意的角度去升华文本。

介绍成功人士类的文章往往会描述这个人的成功经验，并希望读者能从中吸取成功的经验来实现自己的梦想，但此文并没有介绍袁隆平的成功经验，只是用平淡的语言描述了他的外貌、经历、成就和爱好。看似平实的描述与言语背后蕴含的深刻含意是本文的一大重点，研究者无论是描述袁隆平的外貌，还是对他的成功经历进行叙述，都是通过具体形象的描写达成的。这些具体的数据和事实，使袁隆平的成就跃然纸上，也使读者急切地想深入了解袁隆平成功的原因，感受此人的魅力和优秀品质，从而能在实现自己梦想的途中吸取他的成功经验。这就从情感寓意的角度升华了文本。

（2）用推理的方法去深层理解文本。

在该文本解读上，我引导学生先从四个方面：外貌、经历与成就、爱好与个性以及梦想去了解袁隆平。从外貌上，文章描述袁隆平是一个有着sunburnt face and arms和slim, strong body，并自称"农民"的人；至于成就，他被人们尊称为"杂交水稻之父"；他有着打麻将等广泛的业余爱好；还怀揣着继续为祖国和世界各地人民培育出优质水稻的梦想。接着，我进一步引导学生思考：作为一名伟大的科学家，他成功的原因是什么？有没有我们可以借鉴和学习的地方？我在设计课堂活动时采用了推理的方法让学生去挖掘文本深意，通过示范和小组讨论引，导学生从文本的字面意思（literal meanings）归纳、总结出其深层含义（implied meanings），由此推断出袁隆平成功的原因是他具备了良好的性格特征和人生态度，这些优秀品质是我们应该学习的。这一过程让学生切实体会到文本所暗含的深意，也让学生学会了从字面意义推断出文本所蕴含的深刻含义，由此提高了学生的判断推理能力和概括总结能力。

2. 研究者评价

普通高中英语教师课程教学如果还是停留在教会学生识记、理解、领会、应用英语知识的层面，那么学生将很难适应社会的进步和发展，而且更缺乏促进自我成长的内生力。R老师依据高中生英语学习带有明确目的性的特点，以关注新知识的输入以及疑难问题的解决为重点。R老师设计的英语学习活动，既符合高中生的年龄和心理特征，又能够真正激发他们参与活动的欲望，让他们体会到完成任务的满足感。普通高中英语教师需要帮助学生掌握高层次的学习技能和思维能力，形成善于批判、勤于反思、勇于探究、乐于创新的精神，他们才有可能成为助推社会发展的中坚力量。

三、对教师课程理解的访谈与反思

"勤思让人快乐，好学使人进步，善悟使人明智，笃行坚定信心。"

——R老师

高中英语课程中的阅读课主要目的是帮助学生理解课文的内容，掌握阅读技巧，提高英语阅读能力。大部分学生在阅读时往往更注重对词与句的理解，花了很多时间在语言知识的分析与理解上,而把发展自己的理解能力、思维能力抛在脑后。有效的课堂教学活动应该围绕课程内容和教学目标展开,体现课程教学的层次性、挑战性和多样性。R老师在设计英语学习活动时,采用了集体活动、单人活动、小组活动相结合的形式。R老师提到,看似活跃的课堂气氛,要警惕一些学生不假思索回答问题和随意附和他人观点的现象,避免发生学生的"真知灼见"被课堂上的"假热闹"所淹没,以及教师无法确定本课时课程教学真实效果的情况。

R老师特别提到,G省地处中国的西部地区,使用英语的机会较少,而在发达地区和沿海地区,英语与语文一样重要,体现了两种语言、两种文化的差别,对英语学科性质的定义决定了教师对英语学科的差异化理解。如果教师更注重英语学科的工具性特点,在其课程实施中就会看到从字词句到语法结构的课堂教学,英语学科的体系性因此被肢解得支离破碎,课程目标和课程内容只与知识产生关联;如果教师更重视英语学科的人文性特点,教师就会依托课程内容培育学生素养,视提升教师个人专业素养与促进学生全面发展为己任。

"我其实不是英语专业的毕业生,当初在师范读书的时候学的专业是中文。参加工作之后,由于工作的学校急缺英语教师,校长找我谈心并打算让我承担两个班的英语教学任务。听完我就慌了啊,当初在学校学的那点英语正常沟通都费劲,就更别提教书育人了。但是没别的办法,学校确实有现实困难,我只能硬着头皮往上走。在闲暇时间,我就找各种机会提高自己听、说、读、写、看的能力,当年都是用随身听和复读机,我用坏了好几个。后来,我积极争取到了一个去菲律宾学习半年的机会,这次海外学习的经历对提升我的英语能力起到了至关重要的作用,我的发音和语感与native speakers不相上下。语言能力的迅速提升给了我很大的自信,我认为作为一名英语教师,语言能力比教学能力更重要,是启发英语教师在教师专业发展过程中多学、多听、多看、多思考的基础条件。"

【I-R-M】

R老师认为对学生的终身发展来说,高中英语课程应该是特别重要的,因为英语是世界上使用最广泛的一门语言。鉴于目前国际交流频繁,掌握好英语对于学生未来的发展意味着多一条路。大部分英语教师还是认为英语课程是集工具性与人文性于一体的学科,在课程实践中更重视英语课程的语言性功能,忽略了人文性的素养培育。如何让高中英语学科核心素养落地、落实并践行英语学习活动观，是普通高中英语教师课程理解的起点。

"我一般都会想办法调动学生参与课程活动的积极性，自学、讨论、提问、反馈、小结、测试等各种方式和环节是我掌握学生学习程度和效果的办法。普通高中英语课程设置的目标是较为宏观层面的考虑，总目标与具体的课程教学产生的结果存在差距是正常现象。我认为英语教师课程理解的作用就是将课程总目标逐级聚焦与缩小，最终使英语课程的大目标可以落实在每一个单元或主题的目标上、每一节课的教学目标上，这样既是为实现课程总目标给予保障，也使教师对课程有了个性化的安排，留给教师一定的余地发挥其创造力。"

【I-R-M】

通过对专家型和经验型教师的研究，研究者发现，这些教师身上都有一个共同点：他们都很关注自我在专业成长和专业发展上的表现，并且通过长期不懈的学习提升自身的专业素养，并在这个过程中形成、发展、修正、丰富个体对英语课程独到的思想见解与行为表现。

"我经常和周围的人聊天，问他们最近有哪些好书可以推荐，不局限在英语专业、教育学和心理学方面。我喜欢阅读各类书籍，读完就开始琢磨，琢磨出点东西就动笔记录下来。我喜欢做读书笔记，喜欢文字在笔尖流淌的那种轻快感。经年累月下来，我把对教育教学、英语课程的看法，把职业生涯中遇到的有趣的、意外的、遗憾的事情都记录下来，这当中也有一些个人的教育教学体悟和反思。有时候就会突然发现看到的书或文章对我之前的困惑或问题给出了可行的解决方案，或者为我重新审视这些'麻烦'提供了全新的视角。就像在迷宫中找到宝藏的感觉，我会迫不及待地去试验这些解决办法，根据具体的情况来调整，如果收效甚好，就更加坚定了我的信心。"

【I-R-M】

R老师认为，课程教学不仅是一门技术，更是一门艺术。改进课堂教学的方法和途径很多，但教学反思毫无疑问是非常有效和必要的手段。普通高中英语教师更需要保持反思教学、反思课程的习惯，把在实践中迫切需要解决的问题提炼出来，找到问题的症结，并寻找解决问题的途径与方法，在实践中反思，在反思中升华，让反思成为提高英语教师课程实施能力的"催化剂"。

第四节 整合课程内容培养学生能力的X老师课程理解

一、课程材料

Learning Sheet for Ss（LP-X-F）

Name:　　　**Class:**　　　**Teacher:**　　　**Date:**
Teaching objectives:
At the end of the class, we are expected to
1. get to know the basic information of natural cloning.
2. get to know the techniques for asexual propagation of plants.
3. get to know the basic information of man-made cloning.

Teaching procedures:

Step 1　Warming up

True food hero—Father of hybrid rice—hybrid rice—sexual propagation（有性繁殖）

$\begin{cases} \text{There are two kinds of propagation.} \\ \text{One is sexual propagation.} \\ \text{The other is asexual propagation.} \end{cases}$

Cloning is a kind of＿＿＿＿＿＿propagation.

Cloning $\begin{cases} \underline{\qquad}\text{cloning} \begin{cases} \underline{\qquad} \\ \underline{\qquad} \end{cases} \\ \underline{\qquad}\text{cloning} \end{cases}$

Step 2　Jigsaw reading（cooperative learning）

Work in groups and read to get some general information of the asexual propagation of plants. After reading, students are allowed to present their group work.

Grafting	Definition	
	Methods	

Cutting	Definition	
	Types	

Layering	Definition	
	Steps	

Division	Definition	
	Types	

Step 3　Analyse the advantages and disadvantages of asexual propagation.

Advantages:
_____

_____

Disadvantages:
_____

_____

Step 4　Information gap（individual work）

Cloning	Definition	
	Types	
	History	
	Current and future applications	
	Human cloning	

Step 5　Reflection

In this class, we have learned_____,
_____,_____.

Step 6　Assignment

Option 1: The advantages and disadvantages of cloning.

Option 2: My opinions about cloning.

二、教师对本案例课程理解的分析

（一）对课程目标的理解

1. 对单元目标的理解

本单元的中心话题是克隆，主题语境是人与社会，语篇类型是科普说明文。阅读部分使用的材料Cloning: where is it leading us？详细介绍了植物克隆与动物克隆的区别，多利羊从诞生到死亡的过程以及由此引发的争议，希望学生认真思索并认识到，克隆技术的价值意义在于帮助解决医学上的难题，服务全人类。阅读课文设计的目的是在训练学生阅读技能的基础上，了解克隆这门生物技术以及有关的争议。

2. 对课时目标的理解

（1）语言能力：通过阅读与分析科普文章学习英语，尤为重要的是，了解这类文章的特点；通过阅读与展示，培养学生的阅读和口语能力。

（2）文化意识：让学生表达对人造克隆的看法或观点，尤其是人类的克隆。

（3）思维能力/品质：通过对无性繁殖和克隆优缺点的分析，培养学生的批判性思维。

（4）学习能力：通过课上的讨论与展示，提升学生的交流和合作能力，帮助学生自由表达他们的态度和想法，让他们体验合作的快乐。

（二）对课程内容的理解

1. 对课程材料的理解

本单元是人教版选修八第二单元：克隆，这种科普性的话题对于学生而言，具有一定的难度。首先，学生对于嫁接、扦插、双胞胎等和克隆之间的关系了解非常模糊的情况下，直接进入克隆相关知识的学习，不符合学生的认知规律，也加大了学生理解的难度。鉴于此，X老师对教材内容进行整合，改变传统热身课蜻蜓点水式的一带而过，给学生拓展、细化、补充相关的知识，让学生在活动中为本单元后续的学习打下基础。

2. 对授课对象的分析

授课对象为G省省级示范性高中高二年级的一个文科重点班。该班级学生只有20人，学生学习主动性强，学习习惯良好，已完全具备运用英语提取信息、分析信息、剖析问题和解决问题的综合能力。然而，他们对本单元相关知识了解不到位，科普类文章的阅读能力和深度挖掘能力还是有所欠缺。因此，在普及科学知识的同时，还需重视提高学生英语语言能力和学习能力，让每个人都能够体验到英语和科学相遇带来的双重快乐。

3. 对教学重难点的理解

（1）教学重点：了解自然克隆与人造克隆；培养学生的阅读与表达技能。
（2）教学难点：了解植物无性繁殖的技术；了解复制克隆。

（三）对课程实施的理解

1. 对课程设计的理解

2017年版《普通高中英语课程标准》将英语学科核心素养归类为：语言能力、文化意识、思维品质和学习能力。"语言能力是指在社会情境中，以听、说、读、看、写等方式理解和表达意义的能力，以及在学习和使用语言的过程中形成的语言意识和语感"。其中，强调了多年的"听、说、读、写"四大技能的培养，变成了"听、说、读、看、写"。"看"一词在新课程标准中对应的英文是"view"，它应该是带着思考的"看"，伴有自己见解的"看"。所谓的"看"，并不仅只是看，而是对可视化信息理解的过程。它不会独立于传统的教学活动而存在，相反，它与日常教学活动依旧密不可分。因而本节课虽然是一节热身课，但是主要以拓展阅读为载体，采用多模态的方式，利用多媒体的优势，运用一些材料触发多模态的体验，如图像+声音，播放Free science lessons视频，辅助学生理解具有难度的科普类信息。图12是X老师实施本课时内容时设计的教学流程图。

图12　教学流程图

2. 课程教学实录

第一步：导入。

给学生展示杂交水稻之父——袁隆平——一位真正的粮食英雄的图片，借助对杂交水稻是什么种类的繁殖的追问引出本单元的话题。

True food hero—Father of hybrid rice— hybrid rice—sexual propagation（有性繁殖）

There are two kinds of propagation.
One is sexual propagation.
The other is asexual propagation.

Cloning is a kind of _____ propagation.

Cloning ⎰ _____ cloning ⎰ _____
　　　　⎱ _____ cloning ⎱ _____

X老师首先展示了一张杂交水稻之父——袁隆平的图片，带领学生向这位一生致力于让世界人民免受饥饿困扰的英雄致敬，并以杂交水稻为有性繁殖为突破口，引出无性繁殖以及本节的主题——克隆。

第二步：拼图阅读，活动展示（阅读活动一，小组活动）。

首先，20位同学分4组阅读4个不同话题的材料，读后进行阅读内容反馈。然后，在展示部分，要求学生根据已知的预习内容，再加上当堂文本阅读的内容，最终完成对植物无性繁殖最主要的4种自然克隆方式的展示。接着，通过看的方式帮助学生更深入地理解所读内容，分析植物无性繁殖的优缺点。最后，要求学生把他们从同伴的展示中获得的信息记录下来。

T：Work in groups and read to get some general information of the asexual propagation of plants. After reading, students are allowed to present their group work.

Ss：（reading）

T：What have you got from the reading material?

S1：Grafting is ...

这一环节是本课例的教学难点，X老师预先准备好与无性繁殖相关的文本材料，因为是科普类材料，对于学生来说阅读是有一定难度的。X老师提前铺垫好与繁殖方式相关的词汇，通过提供拓展阅读材料，细化、补充相关的科普知识，让学生通过拼图阅读形成对无性繁殖的基本认识，为之后更好地理解人工克隆做铺垫。而在学生展示环节中，突出培养学生的语言表达技能，鼓励学生自由表达，在展示环节中集听、说、思、评于一体，充分调动学生的感官功能，激活大脑。

第三步：材料分析（小组活动）。

学生四人一组继续学习活动，分析植物无性繁殖的优缺点，并整理记录在学案上。

T：Now you guys have to analyse the advantages and disadvantages of asexual propagation of plants in group of four and write down your answers on the learning sheet. Get to your work.

这是一个四人小组的任务型活动，要求学生在之前的阅读、展示之后对主题进行更高层次的理解——分析判断，列举出植物无性繁殖的优缺点，这个活动是对思维品质的训练，学生应做到活学活用、学以致用、归纳总结、理性分析、迁移创新，对培养学生的思维能力，尤其是批判性思维的能力极有帮助。

第四步：继续阅读，信息填空（阅读活动二，独立完成）。

首先，再次阅读克隆有关内容，加深学生对本单元主题的认识，为后续单元其他内容的学习打好基础。然后，要求学生回答与克隆有关的历史、种类、当前应用与未来发展等方面的问题。每位学生都需要回答，并给予及时反馈。

这是本课例中的第二次阅读活动，但是此次阅读中，学生手中的阅读材料虽然都是关于"克隆"这一主题，但是内容存在差异。阅读之后，X老师要求学生分享所读要点，由此形成信息互补，帮助学生更全面地理解克隆的相关知识。

第五步：进行总结，作业布置。

教师提问今天学习的课程内容，学生可以从给出的两个选择中择一展开回答。

T：What have we learned today?

Option 1：The advantages and disadvantages of cloning.

Option 2：My opinions about cloning.

Students can choose one opinion to write a small passage about cloning, the teacher gives them about 7 minutes, and then invites some of them to the platform to present their writing and makes some comments.

最后部分由X老师进行总结并让学生回顾本节课学到的有关无性繁殖与克隆的内容，并要求学生当堂习作，提升学生写作能力，实现语言学习从输入到输出完整闭环的过程。X老师邀请部分同学上讲台利用投屏来分享自己的习作，既是对学生英语学习积极性的肯定，又方便学生进行自评与互评，运用了多元评价的原则。更为重要的是，依托习作联系，将社会责任意识渗透于教学之中，并以此培养和发展学生的批判性思维。

（四）对课程评价的理解

1. 授课教师自评

"我之所以这样设计本节课，主要基于如下两点考虑：一是拓宽学生视野，提升学生英语学习能力；二是夯实克隆知识的同时，着重训练学生的读、说、写等方面的语言能力。对课程内容进行整合的好处：一是可以不用面面俱到，在有限的课时内针对学生薄弱点，突出重点；二是不受教材内容局限，从多视角出发，培养学生思维能力。但是，这样做的难点是：一是需要旷日持久的坚持，学生才能从中受益；二是内容拓展较多之后，课时又很紧张甚至是不够，难以依照进度按时完成教学任务；三是对待这一部分内容，学生可能出现两极分化。"

【D-X-F】

2. 研究者评价

普通高中英语教师课程理解的侧重点在哪里，其所花费的时间和精力就在哪里。对文本的挖掘就能显示出教师个体课程理解的深度、广度、高度和精准度，这也呼应了受访教师们之前所说教授整单元课程内容耗费过多课时的根本性缘由——大部分英语教师缺乏积极的课程意识去激发教师个体的有价值经验，从而受限于课程设计者的束缚，未能驱动英语教师的主动性与能动性，对课程内容作出符合学生实际情况的筛选与调整，导致了这一类教师对英语课程的"无能为力和被动应付"。

普通高中英语教师应始终以培育发展学生的英语学科核心素养为课程目标与课程价值追求的实践旨归，对课程教学进行阶段性和长期化的自评与反思，帮助个人理清现实困难，努力打破思想束缚，精心设计课堂教学，逐步形成科学、恰切的英语课程理解，并在个人的课程实践中进行试验与修正，那么英语教师个人的课程理解必然会有质的飞跃。

三、对教师课程理解的访谈与反思

"教师职业所具有的艺术性与教育性是其他职业所无法比拟的，在日常教育教学活动的探索中既可以实现自我成长，还可以促进学生发展，我喜欢自己不拘泥于模式、大胆创新、努力奋斗的样子，因为我相信：身教大于言传。"

——X老师

在课程教学实践中，普通高中英语教师需要努力加强合作性反思，跳出个人僵化思维的旧模式，在沟通、交流、学习、对话、互动中寻找灵感与火花，将个人有限的知识和经验与同事、同行、专家、学生等一切有助于教师课程实践与课程理念的资源积极整合，从常态化、浅表化、碎片化的反思走向引起观念"地震"的深刻省思。"反思实践的意愿是教师个体自然形成的，但反思意愿和能力的非简单自我生成性与反思策略的非自足性表明，外语教师合作过程中的互动与对话是促进教师反思与共同发展的主要路径。"①X老师注重反思的内容质量，并与之前访学的新加坡南洋理工大学的教授们保持联系，持续跟进了解教育的发展动向与课程教学中的新思维，再结合自己的课程实践，在反思中改进，在反思中提升，在反思中进步。

本节课程内容取自高中英语课程模块八，是高中学生英语学习的最后一本课程文本，从词汇量、文章篇幅到主题意义都属于课程教学中较难的一个模块。研究者发现X老师对课程内容的处理非常与众不同，想知道在日常课程教学中X老师是依据什么原则和标准对课程内容进行调整和补充的。

"英语课程标准的基本理念是：（一）重视共同基础，构建发展平台；（二）提供多种选择，适应个性需求；（三）优化学习方式，提高自主学习能力；（四）关注学生情感，提高人文素养；（五）完善评价体系，促进学生不断发展。本人根据单元主题，对课程内容进行补充，正是提供多种选择，适应学生个性需求。高二1班是成绩位列我校第一梯队的班级，学生学习能力和水平相对较高，因而对于他们的学习，除了常规的学习之外，突出读、写重点，丰富阅读材料，广泛涉猎外刊材料也是拓宽视野，顺应高考题目选材多源自外刊这样的大趋势。"

【D-X-F】

此外，高中英语课程应在进一步发展学生综合语言运用能力的基础上，着重提高学生用英语获取信息、处理信息、分析问题和解决问题的能力，特别注

---

① 王琦，雷欢. 中外英语教师在线合作反思对比研究［J］. 电化教育研究，2019（9）：113-121.

重提高学生用英语进行思考和表达的能力。所以，我会在自己提供部分学习材料的同时，也要求学生小组合作学习，自主阅读和获取相关信息，并在形成小组学习成果之后进行集中展示。"

【I-X-F】

X老师根据学生的具体情况预备课程教学，将英语学科核心素养的目标融合在平时的单元和课时目标之中，并且注重学生在学习过程中的交往互动，形成了较好的班级合作氛围，既有利于加深知识的理解，也有利于培养学生的团队协作能力和批判创新的思维能力。就如何检验自己授课效果的问题，X老师这样说道：

"首先，我不是每节课都会反思，而是有选择地、有针对性地进行反思。也就是说，我会对反思的内容有所取舍，并对自己的操作作简单的记录。在记录的过程中，我就会反思哪些部分怎样调整会更好，再作些备注。其次，我也会同前来观课的老师们交流，倾听他们的意见之后，再结合自己的想法进行反思。至于反思的内容，也没有局限。但是，我会更倾向于在自己有研究意向的词汇教学、读写教学方面，反思相对会多一些，内容也更翔实一些。"

【I-X-F】

再来，作为受访教师中相对年轻的经验型教师，就很多英语老师反馈的英语教师课程评价的标准问题，对X老师进行了提问：Q1，对普通高中英语教师进行评价的影响因素有什么？譬如，学校对教师的考核就是看教师的教学成绩排名，导致教师无法运用多样的评价方式对学生进行全方位的真实评价。Q2，目前普通高中英语教师对英语课程的评价方式存在哪些问题？你有什么好的做法、建议或者想法吗？

"现如今，学校对教师的考核已经多元化。一改往日只看平均分的局面，而是从多方位对教师课程进行评价，如优秀率、效率度、贡献值等。所以，我不认为学校对教师的考核是导致教师无法运用多样评价方式的主要因素。在对教师课程进行评价的众多影响因素里，我认为居于首位的是学生的评价，也就是要得到学生的肯定。课程设计、执行再怎么到位，学生不认可，一切都无从谈起。最后，我想说，英语作为一门语言，对其只是进行笔试，这种评价方式就不科学，更不合理。作为语言类学科的教师，我们应该有跳脱出现有框架的思维和勇气，既要基于目前的评价体系有的放矢，又要为了学生后续的发展续存实力，听、说、读、写、看必须齐抓共管。"

【I-X-F】

套用一位学者的话来总结实证研究中这些优秀且勤勉的专家型和经验型教师在课程理念、课程理解与课程实践中展露的教师智慧，"对于教师来说，课程既不是空空如也的机智，也不是无拘无束的诙谐；既不是无穷无尽的知性剖析，更不是亘古不变的世界理性。课程理解在根本上就是追问课程现实存在的问题，展现着课程之被遮蔽与去弊的各种可能性。"①

第五节 普通高中英语教师课程理解的影响因素

新课程改革的深入推进及立德树人根本任务的要求，引发了课程领域对"教师课程理解"这一问题的更多关注。走进一线普通高中英语教师的课程世界，研究发现，英语教师的课程理解在观念层面和实践层面时常呈现出不一致的状态，这恰好说明普通高中英语教师课程理解的纷繁复杂性。普通高中英语教师的课程理解，就其专业发展而言，是教师走向专业自省与自觉的必要途径；就教师生存方式，是教师自我精神建构、实现人生价值的理性力量；就课程改革实践而言，是保证教师课程实践的效度与深度的先决条件。依据真实的课程环境，认真分析普通高中英语教师观念理解和课程行为背后表现出的真实理解，探寻普通高中英语教师课程理解的影响因素，试图为提升普通高中英语教师课程理解的理论素养和实践理性提供支持策略与实践进路。

一、个人因素

教师作为课程实践者，也是课程计划的执行者，这是由学校的社会功能决定的②。自上而下的课程改革中，教师在学校变革中出现的课程观念、行为的相应变革，都证明教师是一位课程的执行者。但这绝非意味着教师是一个执行课

---

① 徐继存. 课程理解的意义之维［J］. 教育研究，2012（12）：71-76.
② J. G. Saylor, et al. Curriculum Planning-for Better Teaching and Learning ［M］. 4th ed. Holt, Rinehart and Winston, 1981：261.

程决策的机械执行者,"如果教师要帮助别人学会思考,则他们必须能自己思考,必须能独立行动也能与他人合作,并能作出决定性判断"①。普通高中英语教师课程理解就是教师在既有知识、理论学习、个体经验等因素影响下,与课程文本相互作用产生的结果。

(一)教师的既有知识

教师的既有知识指教师已经掌握的一般知识、课程知识、缄默知识、实践性知识等。既有知识是普通高中英语教师课程理解的资料库,教师对课程的新理解需要借助于既有知识的支撑。课程知识不只是一种知识的存在,更是一种文化的存在。深化课程改革需要触及课程知识的理解层面,普通高中英语教师在理解英语课程知识中蕴涵的文化性时,英语教师课程知识的文化性为教师的课程理解提供了新的路径。在知识教学中,课程理解被简单化为对知识的认识和掌握的过程,而强调知识的客观性则使得课程理解成为一个知识授受的过程。所以才会出现"想要教给学生半桶水,老师必须要先有一桶水"的形象说法,这是一种实体性思维,忽视了知识学习过程中对人的精神教化的逻辑。普通高中英语教师省思其既有课程知识的文化性,有助于教师探寻英语课程知识中的文化性,只有课程知识与文化融为一体,才能体现英语课程对课程意义和育人价值的阐释与守护。从知识立场走向育人立场,意味着课程知识不是对知识的简单传递,而是基于一定的文化立场在课程教学过程中教师对知识所做的选择、组织和创造。英语教师应有意识地学习与积累跨学科的课程知识,阅读与了解哲学、教育学、心理学相关的理论知识,丰富与充盈教师个人的知识结构,为转变和提升教师课程理解、以理论学习指导课程实践,进而提升实践的实效性而努力。

波兰尼在《人的研究》一书中指出:"人类的知识有两种。通常被描述为知识的,即以书面文字、图表和数学公式加以表述的,只是一种类型的知识;而未被表述的知识,像我们在做某事的行动中所拥有的知识,是另一种知识。"②前者被称为显性知识(explicit/articulate knowledge),而后者则被称为缄默知识(也译作默会知识)(tacit/inarticulate knowledge)。波兰尼认为,缄默知识本质上是一种理解力,领会、识别并重组主体的经历或经验,期望实现对它作出理智控制的能力。此外,波兰尼还证明了人类认识中默会维度的优先

---

① 丹尼尔,劳雷尔·坦纳.学校课程史[M].崔允漷,译.北京:教育科学出版社,2006:326.
② Michael Polanyi. Study of Man [M]. Chicago: The University of Chicago Press, 1958: 12.

原则，"所有的知识不是缄默知识就是根植于缄默知识"[①]。教师的实践性知识是教师专业知识构成中类属于缄默知识的一个部分，然而因为其具有缄默性、个体性、瞬时性和情境性的特征，导致大多数的普通高中英语教师对自己长期处于"潜伏静默"的实践性知识缺乏清晰、明确的认识，然而这类知识却实实在在地对教师的教育教学和课程理解产生着不可小觑的影响。

教师知识研究着眼于教师都知道些什么，以及他们如何在课程实践中表达其所知。这将对教师的课程理解以及教师课程理解对个体课程实践的重要性等诸多问题产生重大影响，譬如教师是将课程当作既定的、不能更改的教科书，还是站在探讨与反思的基础上审慎考虑课程文本的适切性，如此等等。普通高中英语教师原有的缄默知识和实践性知识直接影响其对英语课程的理解。

（二）教师的理论学习

普通高中英语教师的理论素养普遍需要提升。一方面，由于师范院校英语专业课程设置的缘由，教育理论和专业理论学习的比重远远低于英语语言文字的学习，这直接影响了入职后的普通高中英语教师从事英语教育所必备的理论素养。囿于以上原因，普通高中英语教师通常拥有比较扎实的语言基本功，但缺乏教育理论问题意识，理论学习的积极性普遍较低，导致理论素养不高，课程思维窄化，理论思维能力的水平落后于新课程改革和新高考制度下对普通高中英语教师在课程理解以及课程实践方面的现实要求。另一方面，普通高中英语教师职后继续教育和培训中存在盲点与误区，英语教育与课程理论的本土化水平较低，理论教育以引进为主，国外二语语言教育理论起点高、发展迅速，反观我国英语教育类属于外语教学，然而国外先进的理论研究与我国的现实需求与实际情势没有做好衔接与融合，缺少了中小学英语教育实践方面的研究，导致英语教育与英语课程的相关理论讲授和培训成为从理论到理论的空洞、乏味的夸夸其谈，无法帮助英语教师理论分析、理性思考、理智解决他们在课程实践中遇到的问题和困惑。

美国成人教育学家诺尔斯（M. S. Knowles）首次在其著作《现代成人教育实践：成人教育学与儿童教育学》中提出，"成人教育学"（Andragogy）与"儿童教育学"（Pedagogy）应该从同一个层次开展研究；随后研究者对这两

---

① Michael Polanyi. Knowing and Being [M]. Chicago：The University of Chicago Press，1969：144.

种教育学加以区别，由此独创性提出成人教育学的四种理论——转化学习理论、自我导向学习理论、熟练理论以及情境学习理论。诺尔斯依次从学习需要、自我概念、学习经验、学习准备、学习倾向和学习动机等六个方面，对成人学习者和青少年学习者的学习特征进行辨析与阐释，由此提出"儿童与成人作为学习者的最关键差别，是我们在看待他们的自我概念时所持的差别"[①]。成人属于独立型学习者，他们有能力在自我导向的基础上完成学习。结合诺尔斯的观点，首先，成人在学习方面具有更强的自主性和独立性，普通高中英语教师在自我发展中的主体价值应该受到重视；其次，普通高中英语教师作为承担一定社会责任、履行一定社会义务并实现一定社会期望的成人，需要规划自己的职业生涯发展，以便能够承担起相应的职责和社会期望；最后，成人的学习目的在于解决当前生活和学习中存在的问题，因此，普通高中英语教师的主动学习大抵上与解决个人教育教学中遇到的问题有直接关联，是一种问题导向、策略中心、非系统化的学习。

教师的课程理解是构成普通高中英语教师课程实践的组成部分，至关重要、不可或缺，套用亚里士多德的观点来说，"所有实践在本质上都是一种求善的伦理性活动"，这与党和国家提出的"立德树人作为教育的根本任务"的要求高度一致。想要培养"德才兼备"的学生，教师必须首先具备高尚的道德品质，而教师的理论学习在教师提升其道德品质的过程中发挥着至关重要的作用。

二、环境因素

环境因素一般泛指来自社会、学校、家庭等方面的影响因素，本研究中的环境因素主要聚焦学校因素中规章制度与政策部分对普通高中英语教师课程理解的影响。普通高中英语教师依托各自所在学校从事教育事业和课程教学活动，所以学校的规章制度、政策规划、奖惩办法都会直接影响教师的自主发展。事物的发展是内外因共同作用的结果，普通高中英语教师课程理解因环境的差异而呈现出不同层次的高度和水平，但也要注意，在相同环境中，教师的课程理解也会因个体的不同而呈现出差异。前文中已经就教师个人因素做了阐述，接下来将从管理制度、教师评价以及职后培训三个方面分别叙述。

---

① 马尔科姆·诺尔斯. 现代成人教育实践：成人教育学与儿童教育学［M］. 蔺延梓，译. 北京：人民教育出版社，1989：50.

（一）管理制度

韦伯科层制已成为现代社会普遍实行的以高效率为目的的制度。诚然，现代科层制度的创立在一定程度上遏抑了人性的弱点，还弱化了等级制度助长权利的功能。同时科层制还为个人提供了更多实现自身价值的机会，从而使其可以更加充分地发挥自己的聪明才智。因此，这种体制能够促进个体的全面发展。然而，由于过度追求效率、理性与功利性，反而导致了对人性的压抑。类似的问题也存在于我国现行的教育行政管理体制当中。普通高中英语教师处于教育管理系统"金字塔"的最底层，是且只能是政策的执行者和实施者、规定的服从者，这种把人等同于"物"的管理方式，迫使人沦为管理的"客体"对象，丧失了在工作中发挥自主灵活性和主观能动性的机会，更是欠缺参与决策和共同管理的权利。久而久之，"教师很容易矮化成为仅从事重复性机械劳动的雇工，僵化成一个只是灌输既定意识形态的传声筒，愚化成一个贬抑自身魂灵的思想附庸，堕化成一个维护错误观念的文化保安"[①]。在建章立制、奖惩规则、考核评价等方面，片面追求效率，一味坚持统一化、刚性化、简单化的量化管理模式，势必会引发教师的抵触情绪和职业倦怠。

近年来，国家制定出台的教师政策法规顺应时代要求和实际发展需要，有利于教师的专业自主发展和职业地位晋升。然而，由于各级管理者需要制定具体明确的地方制度、实施方法及细则，导致政策在逐级落实的过程中被层层框定，学校层面能够灵活运用政策的可能性急剧缩小，教师的自主权也受到限制和削弱。一些学校出于管理方便和需要的考虑，在制定具体管理办法或管理制度之时，既没有以先进的教育理念和学校的办学特色为依据，也没有考虑促进教师的发展。教师是一个具有强烈自主性、个体性的职业和专业，隶属精神活动的范畴。澳大利亚学者凯米斯认为，"专门职业"的显著特征之一是其成员在专业上有权作出自主的职业判断。在真实的课程教学现场，普通高中英语教师拥有更多课程教学方面的自主权，表现在教师对课程的规划、设计、实施、评价诸多方面均具有合理依据与专业权威，谁都不能损害这种权威。高质量的课程教学取决于教师思想和行为的自主化程度，教师在没有过多束缚的工作环境下，能够保持头脑清楚、思维清晰，能够有条不紊地开展自己的工作，能够

---

① 吴康宁. 教师是"社会代表者"吗——作为教师的"我"的困惑[J]. 教育研究与实验，2002（2）：7–10.

根据教学情境的启发,调整自己的课程教学内容及方法策略,收获意想不到的课程精彩。

(二)教师评价

教师评价是学校管理教师的一种手段,可以提升改善教育教学活动的合理性和有效性,也能够为教师的专业发展指明方向。然而,在高考升学率指标的影响下,教师评价逐渐偏离了它本来应有的功能,成为一种"工具",而非目的。这种情形既不利于教师自身素质和专业素养的提高,也阻碍着学生核心素养和综合能力的全面发展。因此,建立科学合理的评价制度或评价体系,不仅可以调动教师的工作热情,提高教师的工作效能,还可以对教师的专业成长与专业发展提供有效指引。受高考制度的影响,传统的教育管理理念依旧支配着大多数普通高中英语教师的评价制度,致使高中学校的教师评价存在诸多单一性问题,主要表现在评价指标以智育成绩为主、评价主体以校内领导干部为主、评价功能以奖惩措施为主、评价目的以提升升学率为主、评价方法以量化考核为主,还有评价结果公信度不充分导致教师的评价满意度屡创新低等。这些问题都反映出教师评价缺乏对教师个体及其专业成长的关注。普通高中学校现行的教师评价制度是科层管理制度在教育行政部门的进一步延伸,目的在于满足教育行政部门与学校管理的相应要求,对教师的实际需求与专业发展没有切实的考虑。目前大部分普通高中实行的是以智育成绩作为主要参考的评价指标体系,辅以从事班主任工作、教育教学工作量等方面的实绩,评价标准只重结果不重过程。当教师身处与自身利益存在高度利害关系的评价体系中时,他们很可能做出主动改变以迎合这种评价方式,导致教师逐渐丧失探索精神、创新能力、批判思维,转而进行简单机械的反复操练。这样的教师评价制度不仅没有起到以评促教、以评促思的正向作用,反而成了阻碍普通高中英语教师课程理解提升的干扰因素。

建立完善的评价制度或评价体系,不能急功近利、敷衍了事,评价教师要坚持科学、公平、合理、积极的原则,尽可能调动教师工作的积极性,评价是合理使用教师和晋升教师职称的前提,是敦促教师发展、改善教师素质的强效举措,也是学校科学管理教师的基础[1]。教师评价的考核标准应该在广泛听取教职工意见的基础上制定,并且在每年学校教代会期间对这一标准进行新的讨论

---

[1]丁纯芳.科学合理地评价,促进教师发展的研究[J].上海教育科研,2001(4):57-58.

与修订。此外，在教师评价中，要特别处理好以下四个方面的结合关系：涵盖主观评价与客观评价、实行常规性评价与阶段性评价、重视定量评价与定性评价、兼顾教学流程管理评价与教师自我发展评价。

（三）职后培训

通过问卷调查以及走访教师，本研究发现，大部分普通高中英语教师都有继续教育或交流深造的想法，出于缺乏时间、没有合适的机会或代价过大等原因，教师的继续学习受到诸多限制。其实学校应该将视角调整并对准教师的职后培训，因为在不影响日常教育教学的前提下，教师可以通过参加各种形式的在职进修或职后培训，促进自身的专业成长。然而，目前我国许多地区的教师职后培训还存在一些问题，与教师的课程实践联系不够紧密，难以适应教师的现实需求和发展需要。

科技发展日新月异，知识的更新与淘汰速度前所未有，教师的教育观念如果不能紧跟时代要求，势必会遭遇职业瓶颈限制、专业备受质疑的困难境地。当今社会已经进入到一个学习型的时代，任何教师都无法通过一次教育就能满足其整个职业生涯的所有需求，况且每一阶段的教育学习都有其制约性，无法适应新时代教育工作的高要求。因此，教师需要转型为学习型社会的先行者与践行者，职后培训作为教师终身教育体系的重要组成部分，提升职后培训的适切度与实践性，拓展职后培训的深度、精度与广度，丰富职后培训的多种可行途径是帮助教师专业发展与职业成熟的必由之路。

目前我国中小学教师队伍建设中存在"重学历轻能力"的现象，教师的专业化程度不高、知识储备不足已成为制约教育教学质量提升的瓶颈。这种现状直接影响了教育改革与课程改革的成效。首先，学校应该制定并出台鼓励教师接受终身教育的相关政策，确保教师职后培训与继续教育能够顺利、有效开展，促使教师职前、职后的学习或培训无缝衔接并得到拓展延伸，教师可以持续更新专业知识、提升专业素养与能力，帮助教师形成终身学习的理念、积淀知识储备，推动教师的高质量发展，整体提升教师群体的质量。

其次，普通高中英语教师的职后培训急需转型，由粗放型转向精准型，由普适性转向个性化和定制型。虽然同为教授普通高中英语课程的教师，由于地域差异、学校类别、教育背景、学历层次、能力水平、现实需求等方面的千差万别，除了安排统一性的全员集中培训外，还应该对普通高中英语教师进行分批、分层、多次的职后培训。职后培训如果脱离现实需要、效率低下甚至毫无成效，不仅会浪费普通高中英语教师的时间成本，还会挫伤他们的学习热情和追求上进的积极性。安排普通高中英语教师参加培训之前，学校行政部门需要精准掌握教师的实际需要，充分考虑教师的年龄、经验、专业基础等方面的差异，在尊重普通高中英语教师的个体差异和发展愿景的基础上，统筹制定多层次的培训内容和计划，以满足他们的专业需求，激发他们的求知欲望，增强他们的培训意愿，最终提升普通高中英语教师职后培训的精准度、针对性和实效性。

最后，职后培训的途径或方式可以多种多样。鉴于教师日常工作本就烦琐忙碌，能够抽出整块时间参加浸入式继续教育或培训学习的机会少之又少。此外，自2019年年末开始，新冠疫情肆虐并席卷了全球大多数国家，为了控制疫情并加强自我保护，线上学习与线上培训成为保障教师终身教育的重要途径之一。随着现代远程教育技术与手段的不断发展，在网络环境的支持下，鼓励支持普通高中英语教师进行参与式教师培训，既能为教师提供安全可行的学习教育机会，也能为丰富教师职后培训的模式，线上线下相结合促进教师培训效果的提升，指明前进方向与实践进路。

第八章　普通高中英语教师课程理解的提升策略

提升普通高中英语教师课程理解的目的就在于，在普通高中英语教师把握好高中英语课程中确定性与公共性部分的基础之上，以英语教师的慧眼发掘与提取隐匿于英语课程深处的核心价值，经由英语教师的理解对英语课程中留白的部分进行筛选辨识、解读开发、个性创造，这是将静态的英语课程文本赋予独特意义与价值的"赋值"行为。普通高中英语教师从理解课程到实施课程再到修正理解的循环过程，亦是英语教师寓"道"于"器"、以"器"载"道"的有效验证与修正调试，最终实现英语课程恪守与创生的完美结合。

哲学解释学是人们公认的关于理解、解释和应用的学科，其关注理解最多，研究也最深入。伽达默尔认为，理解始终是一种创造性的行为，"作品的真正意义并不存在于作品本身，而是存在于它的不断再现和解释中。我们理解作品的意义，光发现作品的意义是不够的，还需要发明"。课程理解绝不是一个线性重复的过程，而是一种创造性的活动。课程的意义存在于理解者的不断解释和理解中。

基于前面章节的论述，普通高中英语教师的专业发展会经历三个阶段，在不同阶段对课程的理解表现出迥异的特点。结合2017年版普通高中英语课程标准修订后依托学科，培育学生核心素养的育人目标，本研究把普通高中英语教师的课程理解划分为三个水平：水平一为语言，关注点在学生语言知识的获得和英语基本技能的训练；水平二为文化，注意到英语课程工具性与人文性融合统一的学科特点，以文化教学带动语言知识和技能的发展；水平三为思维，以培育学生核心素养为课程目标，关注学生思维品质的发展，追求课程的育人价值与个体精神的彰显。本研究试图从内外部因素入手，提出提升普通高中英语教师课程理解的有效路径与策略。一方面，内因驱动，从个人因素考虑提升教师课程理解的实践进路，主要有以言行事，主动倾听与对话；自我更新，提升专业素养；反思实践，走向开发与创生。另一方面，外部形塑，从环境因素考虑为教师课程理解提供支持策略，具体是专业引领，为教师开展校本课程开发,营造学校情境氛围;增加教师职后学习研修的机会,校内校外双向返还;提供制度保障,改进对教师课程教学评价的相关制度。

通过上一章对普通高中英语教师课程理解的影响因素的梳理,个人因素指向关涉英语教师课程理解的专业发展能力,环境因素则聚焦在学校层面对英语教师课程理解促进与发展的积极影响。个人因素是影响普通高中英语教师课程理解发展与提升的本质,但仅依靠个人因素催生内部驱动,无法保障英语教师顺利开展课程理解活动,环境因素则为英语教师的课程理解提供了条件支持。在动力机制的研究中,"自组织动力的影响因素(内因)与他组织动力的影响因素(外因),会共同形成共组织动力(内外交叉)"[1]。在普通高中英语教师的课程理解中,个人因素是内部驱动力,环境因素是外部推动力,内部驱动力与外部推动力协同作用,才能共同促进普通高中英语教师课程理解迈向更有效能的课程实践。

一、个人因素:内部驱动

提升教师课程理解,是新时代赋予普通高中英语教师专业发展的新理念与新要求,为规范教师的课程教学行为、提升教师课程质量指引方向。教师是课程发展的核心人物,担任各层课程转化的中枢角色。国家课程、地方课程、学校课程实质上是课程系统自上而下的两次转换与创生,三类课程水乳交融、一脉相承。机械地割裂三者的关系,或者按课程等级、比例来判定其地位高低,不仅无助于地方多元文化与学校文化的发展,也无助于教师的专业成长和学生的个性发展,导致地方课程和学校课程名存实亡。漠视地方和学校、教师和学生创生课程的积极性,国家课程厘定的人的发展目标也将落空。一切课程本质上都是校本课程,即教师和学生的课程,将课程转化为校本课程是教师课程理解的终极目标——创生课程的必然要求。

(一)以言行事:倾听与对话

巴赫金认为,主体的建构本质上是一种"自我与他者的关系"。他觉得,

---

[1] 梁成艾,朱德全,金盛.论城乡职业教育统筹发展的动力机制[J].职业技术教育,2011(13):15-21.

"主体不是一个上帝赋予的、先验的、形而上的存在,而是一个不断建构的过程"[①]。伽达默尔将人们之间的关系归结为三类:客观化的关系、主观化的关系以及对话关系,这三类关系逐层递进,对话关系是人与人关系的最高类型,是双边的意向性过程。"真正把'你'当作'你'去经验,即不要忽视他的主张,而是去倾听他对我们说了些什么。为了这个目的,开放性就是必要的了。但这种开放性最终并不只为言说者而存在,而是谁倾听,谁就彻底是开放的。相互之间没有这种开放性,就不会有真正的人与人的关系"[②]。这种关系的实质是一种启迪式的对话,而非占有式的支配或全然的移情。教育是认知过程与交往过程的统一,二者构成了教育的向度。将课程看作是纯粹的认知过程,便是增加了课堂封闭的可能性;而将课程看作是纯粹的交往过程,那么课堂的价值效能就大打折扣。教师与自身的对话属于反思层面,不在此处阐述。

1. 教师与课程理论研究者

课程不是课程专家的专利,也不是意义固定的权威蓝本,而是具有多元意义的"文本"。课程专家的设计和课程实践者(教师)的介入,课程意义才能被完整建构。莎士比亚说,"一千个人的眼中有一千个哈姆雷特"。对于课程的理解,居于不同位置和不同层次的人,见仁见智,差别很大。但不论世人眼中的哈姆雷特以何种姿态呈现出来,他必须是哈姆雷特,不能是别人。这就说明,对课程的理解必须有其确定和公共性的部分,这是教师和课程专家能够倾听彼此、交流对话的前提。课程理解、忠实与创生缺一不可。

在当下课程改革理念的推动下,多元理解课程成为教师行使其课程权利的代表行为。教师根据个体个性化的课程理解,在教学过程中尊重学生的独特体验、感受和理解,一改以往教师上课千篇一律的局面,给课程实践带来活力与生机。然而,对于相同的课程内容,不同的教师做出理解后进行设计与实施教学,效果相差甚远。教师必须在把握课程本意的前提下再开展多元理解,否则很容易走入课程认识一知半解、课程实践放任自流的尴尬境地。

2. 教师与学生

师生对话是师生之间的精神相遇,课程中的双主体保有一种合作的心向,

[①] 刘康. 对话的喧声——巴赫金的文化转型理论 [M]. 北京:北京大学出版社,2001:53.

[②] Gadamer H. G. Truth and Method [M]. Translated by Garrett Barden, et al. Bejing: China Social Sciences Publishing House, 1999:324.

面对各种意外可以泰然处之，勇敢暴露自己的弱点，做好开放自己的一切准备。伯布利斯指出，对话设计两个或更多的对话者，认为"对话这种活动是指向发现和新的理解的，并持续地提升参与者的知识、洞察力或敏感性"①。有效的师生对话需满足真实性、适当性、真诚性和可领会性。有对话必定有倾听，真正的倾听要求倾听者在倾听时处于开放状态，迅速唤醒自己的经验，基于个体经验开展理解②。首先，师生对话指师生都有平等说话的机会，也尊重他人的说话权利，对观点持开放的态度。就普通高中英语教师而言，在面对学生提问时，以适当的方式回答学生的问题，学生则是答案适当与否的评判人，学生在整个教育过程中需要在思想上毫不保留地展示自己。真实性是检验师生对话的"验金石"。其次，师生对话的过程是一个异中求同、同中求异的双向运动过程。学生不是"空的容器"，而是经验的存在。普通高中英语教师需要识别学生生活经验中具有正面教育意义的经验，但不去压抑学生的创造能力和智力发展。普通高中英语教师需要培养学生的"参与性思维"，这是一种行动者的思维，鼓励学生追求主动发展。英语课程可以为学生提供很多"言说"的机会，学生依据"学力"分组合作学习，教师参与商谈，鼓励所有学生尤其是后进生畅所欲言。只有当所有学生（请注意：这里强调是所有学生）都参与言说，发出声音，学生才有可能真正拥有了合理的言说权利，此时身为倾听者的英语教师才有机会通晓他们的实际水平和真实状态。倘若学生只能处于沉默状态，师生对话就成为空想，学生的沉默可能是被动倾听的"无声抗议"。最后，师生对话不同于漫无边际的"闲话"，虽然谁都不应该为对话预先设定结果，但是师生对话的目的就是要使双方产生变化。言说是激励，更是挑战，师生在倾听中理解，在理解中质疑，质疑产生反思，反思需要言明，从而促成新的理解。

在课程实践中，普通高中英语教师需要清晰分辨自己与关系中的他者的对话关系。教师的创造性是维持对话关系的核心要素，不仅是因为教育事业本身就极富创造性，更是因为"只有以创造的态度去对待工作的人，才能在完整意义上懂得工作的意义和享受工作的快乐"③。

---

① Burbules N.C. Dialogue in Teaching: Theory and Practice [M]. NY: Teachers College, Columbia University, 1993: 12.
② 邓友超. 教育解释学 [M]. 北京：教育科学出版社，2009：164.
③ 叶澜. 新编教育学教程 [M]. 上海：华东师范大学出版社，1991：57.

(二) 自我更新：提升专业素养

教师专业素养是教师专业化演进的理想追求，而知识是教师从事教育教学活动的基础，也会影响教师的教学行为。有调查表明，教师知识可分为学科知识、教育知识和通识知识三个部分[1]。大多数一线英语教师对修订后的《英语课程标准》中英语学科核心素养、英语学习活动观、课程内容中新增的"主题语境"和"语篇类型"、学业质量水平标准都非常陌生，这些课程理念与教师已经形成的教学常规与认识差异很大，对教师自身的学科专业素养和教学实践能力提出了更新、更高的要求。首先，教师想要把握好英语课程的人文性，就必须加强个人的文学与美学理论素养，增加对通识知识的学习。英语教师希望自己的课堂充满人文气息，拥有丰厚的文化底蕴，就一定要多阅读文学、历史、诗歌等方面的书籍，坚持日常积累、收集美文美句。教师的人生感悟使他对文学作品的解读极具个人特色和魅力，提出独到而深刻的见解。满腹文采的教师在理解和解读英语课程文本时，会着重从人文性的角度出发设计课程，深度挖掘文本背后的价值意义，从而调动学生的学习兴趣，在课程实施的过程中也表现得自信、大方，与学生一同遨游在丰富多彩的英语世界里。其次，英语教师还要阅览哲学、教育学、心理学方面的书籍，以填补教育理论知识的空缺。由于我国师范专业在职前培养教育阶段以学科知识的习得与教学方法的掌握为主，导致教师在入职之后，很少会萌生主动接触与学习教育知识的想法，在教育教学实践遇到冲突与困惑的时候，由于缺乏教育学、心理学等教育基本理论的支持，教师倾向于向教龄长的教师问询请教，以寻求感性经验帮助为主。长此以往，教师的专业发展遇到极大阻力，教师倦怠感增强，慢慢失去进步的动力。最后，英语教师还应该关注与专业相关的知识，如翻译理论、二语习得理论、热点词汇互译等。普通高中英语教师应当不时提醒并指引自己对个人的课程实践进行批判性反思，因为"教师的批判性反思能力在很大程度上来源于理论学习"[2]。

(三) 反思性实践：走向创生

按照黑格尔与杜威的观点，反思是行为主体有意识地对主体过去的行为以

---

[1] 黄友初. 教师专业素养内涵结构和群体认同差异的调查研究[J]. 湖南师范大学教育科学报, 2019 (1): 95-101.
[2] 夏正江. 不宜过分夸大实践性知识在教师专业发展中的作用[J]. 中国教育学刊, 2020 (2): 72-77.

及相关概念做出异位思考的一种认识活动。普通高中英语教师对课程教学的反思即教师反思自己（或他人）在课程教学中存在的不足或失败的因素，审视、斟酌、分析和反省自己（或他人）的课程教学行为，促进个人的教育素质和课程能力不断提升的认识过程。通过课程教学反思，教师可以将课程中的"教"和"学"统一起来，从而提高英语课程教学的可行性、合理性与实效性。

哲学解释学始终将理解与对话、生成、反思、情境、伦理等密切相连，伽达默尔更是反对把解释、理解和应用分开，因为应用问题实际上就是实践问题。这里的实践是有其特定内涵的，他说的是一种反思性实践（praxis）。故此，理解具有反思实践性。

英国教育学者卡尔（Carr W.）指出，"教育实践并不是能够按照一种完全无思维的或机械的方式完成的机器人式的活动，在某种程度上，这种活动只能根据缄默的、最多只在一定程度上得到阐述的思维图式来理解，实践者用这种思维图式来认识他们的经验"[1]。教师既是一位教育专业研究者，更是一位教育实践研究者。按照卡尔的观点，教育实践是兼有教育品行和伦理气质的行动。教育实践包括三个层面的内容：知什么、知如何、规范之知，这三者地位相当、同等重要。反思性实践能够同时囊括这三个层面的内容，因为教师的专业实践绝不是对理论或技术的直接应用，而是借助实践者长期积累而形成的认识框架。

提到反思性实践就不得不提舍恩的思想，他将反思性实践分为行动中反思和对行动反思[2]。行动中反思是一门艺术和表达智慧的方式，尤其当实践者处理应付那些变动不居、瞬息万变、独一无二、价值冲突的情景时，更是如此。对行动的反思是指实践者要么以遐想的方式（in a mood of idle speculation），要么以沉思熟虑的方式（in a deliberate effort）展开反思，以便反思的主体为未来的行动做好充分准备。舍恩指出："教师的专业具有不稳定性、不确定性，同时又是充满许多潜在的价值冲突的专业。在这类专业中，执业者的知识隐藏于艺术的、直觉的过程中，是一种行动中的默会知识。"教师在实践中不是对习得的教育教学理论知识进行机械的生搬硬套，而是将之结合于个人具体的课程教学实践，由此形成自己的"使用理论"，帮助教师在实际的教育教学情景中对遇到的问题进行"框定"以找寻解决问题的策略。

---

[1] W·卡尔.教育理论与教育实践的原理［C］//瞿葆奎.教育学文集·教育与教育学.北京：人民教育出版社，1993：559.
[2] 唐纳德·A.舍恩.反映的实践者——专业工研究者如何在行动中思考［M］.夏林清，译.北京：北京师范大学出版社，2018：42，49.

普通高中英语教师是课程的实践者，与课程文本发生视域融合，形成对英语课程的理解与解释，最终指向其课程行动。史密斯（Smyth J.）觉得，"在教学领域从事反思性实践的教师要关注四个过程：描述、领悟、正视、改造"，这也是反思逐渐深入的过程[①]。描述是对"我做了什么"问题的回答，教师可以书写文本，把自己的实践问题化，以便教师在于他人的言说中清晰知晓自己的课程教学意识是如何形成并变化的。领悟是对"这说明了什么"问题的回答，描述只是为接下来领悟将要揭示渗透于课堂实践中的深层次原则做铺垫，经由领悟和理解，教师清楚地知道是什么力量促使自己这样行动、这种力量的本质为何，以及如何将这些抽象的认识转化为促进变化的实际行动。正视是对"我怎么会这样"问题的回答，毕竟领悟、理解个体的实践行为与忖量个体构造的局域性理论的连续性和合法性是截然不同的两件事情。普通高中英语教师要勇于把自己的课程教学置于更加开阔的背景之下，譬如置于社会、政治或文化的真实情境中，批判性反思自己课程实践背后的前提假设，关注教学有关价值的历史表述。改造是对"我怎样以不同的方式做"问题的回答，教师不把教学当成是恒久不变的既定产物，而是把它视为由人们加以定义、本质上可以继续探讨的事物。由此，普通高中英语教师获得了自我支配、自我调节与自我负责的控制方法。反思性实践的最终结果就是参与者的觉悟启蒙，普通高中英语教师最终成为实践智慧者。

二、环境因素：外部推动

（一）专业引领：走向校本课程开发

普通高中英语教师课程理解在课程建设与课程开发中具有重要作用，教师可以结合本地本校的实际情况与特点，持续地调整国家课程和地方课程，或者自主开发校本课程，既能提高英语课程的适切性，也是教师课程权利和自由的表现。此时，普通高中英语教师课程理解的意义与意味均发生了彻底性的转变——对课程主体的关怀、对课程价值的叩问、对课程文化的追寻以及对课程全过程的把握。然而，就教师日常的教育教学工作而言，知识教学任务非常繁

---

① Smyth J. Developing and Sustaining Critical Reflection in Teacher Education［J］. Journal of Teacher Education, 1989（3）：2-9.

重，教师的时间、精力难以兼顾其他；再者，大部分一线教师不具备较强的课程能力去完成开发课程资源、拓展英语课程的实践活动，因此忠实地执行课程计划便成了普通高中英语教师课程实施的惯常行为。除此之外，高考的压力始终充斥在教师的工作中，学校的考评制度和高考升学率等问题迫使教师整天围着成绩转，没有为教师提供充分发挥课程主体性的条件。因此，即便教师意识到个人课程理解对课程实施和学生发展的重要性，但在其课程观甚至是大的教育理念上作出改变甚至彻底转变，从实际操作层面来讲无疑是一条布满荆棘之路。

普通高中英语教师发展基本上是通过三条途径，即自我反思、同伴互助和专业引领，专业引领是三者之中为教师发展提供高质量新因子的最有利途径。诚然，自我反思对普通高中英语教师的专业发展至关重要，然而如果教师始终封闭在纯粹的自我反思中，那么他就很难触及可以引发变更自身认知结构的新因子。固然，同伴互助可以提供新颖的视角和经验助力普通高中英语教师发展，但是或许是长期身处同一文化场域开展工作、发展水平基本不相上下或是彼此顾及"关系"或"面子"等因素，从同事处获得触发原有认知结构改良的新因子也是比较困难与希望渺茫的。归根结底，专业引领实质上"是理论对实践的指导，是理论与实践之间的对话，是理论与实践关系的重建"，通过参加专业培训或者阅读专业文献等多种形式，普通高中英语教师积极继续理论学习[1]。普通高中英语教师与理论工作研究者、理论研究与实践行动之间的确存在着巨大差异，因此，普通高中英语教师在获得专业引领、深入理论学习之后，极有可能转变为美国当代教育哲学家玛可辛·格林所说的"返乡的陌生人"，即基于陌生人的视角"好奇地看待自己的生活世界，不停地追问与质疑，就像久居异地的人返回家乡，却在故乡看到了之前从未留意过的生活细节与方式"[2]。碰到专业引领的机遇时，普通高中英语教师经过扎实的理论学习，能够轻松地获得新因子用以改变原有的认知结构，尤为重要的是，这些新的因子与教师原有的经验和同事的经验加以比较，能够更加清晰、真实地反映出教育的本质和规律，更有利于促进教师发展产生质的变化。

基于以上原因，为了教师和学生切实地享有相互理解与自我理解的可能性和限定性，学校需要为师生创设合适的教育情境。从类型上对学校教育情境进行划分，可以大致分为硬情境和软情境；从空间上对学校教育情境进行划分，

---

[1] 余文森，洪明.校本研究九大要点[M].福州：福建教育出版社，2007：44.
[2] 郭芳.教师作为"陌生人"——玛可辛·格林教师哲学思想研究[J].比较教育研究，2014（8）：37-43.

基本可以分为学校情境和课堂情境。学校情境就是学校文化，在教育解释学来看，就是理解型学校文化。[①]课堂情境随着不同的课程而切换，但不同课堂情境背后都有学校文化亦即学校情境的支撑。普通高中英语教师课程理解情境的创设应该从这两个方面考虑。

学校情境或学校文化和课程情境都隶属于教育情境，本研究暂且将学校情境当作居中的一个概念，而将课程情境当作对下的一个概念来探讨。学校应该理解和尊重每一位普通高中英语教师的价值与意义，呵护和弘扬教师对英语课程批判的思考力，不强求教师课程表现的整齐划一，不以规训作为管理教师的方式，学校内部成员之间保持开放、包容、接纳的心态，畅快欢谈，每个人都可以感受到独立的人格尊严、独特的存在价值与心灵的愉悦成长。学校情境需要将全体师生的生活世界包罗其中，因为师生平素的生活或日常起居有很大的差异，而学校情境类似于一种"黏合剂"，给师生生活或日常生活相互作用的空间，并就此形成一个新的现实时空。依此来看，很多普通高中并没有形成这样的学校情境，因为它事先割裂并支解了学校生活与师生的日常生活；另外，大多数的课堂讨论也算不上真正意义的教育情境，因为英语课程的文本世界与师生特定的真实世界经验之间的联系往往被看作与讨论主题无关。真正兼顾教师与学生生活世界和个体经验的学校教育情境，应该是学校教育的所有参与者都享有同等的机会，依据个体需求去选择与进行言语行动，承担并发挥对话的角色。

普通高中英语教师要善于创设利于师生形成主体间一致的课程情境。课程理解语境下的师生主体间一致是指师生主体间围绕英语课程文本，基于语言和行动的知识共有和理解共享，达成对文本知识的共享，并一起生成与建构文本意义的过程。在课程中，师生相互作用，抛去个人的主观性，达成共同性。英语教师要充分信任学生，这种信心不再囿于他者是谁的浅表认识，而朝向他者可以成为谁的深刻认知。正如拜尔（Baier A.）所说，"我们信任他人时，我们为其留有一个伤害我们的机会，这也表明我们有信心对方不会这么做"[②]。普通高中英语教师敢于这么做，恰恰是向学生表明自己和学生别无二致，都是会犯错误的人，也都有这样或那样的缺点和不足。其实，当教师毫不畏惧地表露出自己也会受伤、会有过失，并期待共同成长、比肩而行、教学相长的时候，学生反而更加敬重和体贴教师。教师与学生在课堂中的力量趋于平等，势均力

[①] 邓友超. 教育解释学 [M]. 北京：教育科学出版社，2009：149.
[②] Baier A. Trust and Antitrust [J]. Ethics, 1986（2）：231-260.

敌,这绝不是教师权威的消解。主体间一致的生成是互相倾听、彼此言说,被理解对象从意义指向的不确定上升到一种崭新的确定性。这种共同的东西只可能是情境的产物,凡是预设的具备普遍性的主体间一致不外乎是一种假象,因为它们"往往作为正确的、被接受的,是一种协商同意的事物"①。因此,教师需要设计营造适合实施具体课程文本的课程情境,在开展课程实践与课程行动的过程中,尊重师生双方的观点所产生的意义,不断审视与检验其课程理解,这样的课程理解才具有实质的教育意义与生命价值。

(二)增加研修:校内外双向返还

习近平总书记在党的二十大报告中明确指示:"加强师德师风建设,培养高素质教师队伍,弘扬尊师重教社会风尚。"课程改革的宏伟蓝图,离不开教师去逐个落实,教师队伍质量的重要性无须赘述。40多年来,我国的教师专业发展经历了三个阶段的转变,从初期被动接受的教师培训,到后来主动参与的教师研训,再到目前自觉钻研的教师研修[2]。教师素质的提升与教师专业的发展是一项长期而艰巨的任务,一蹴而就或者急于求成肯定是行不通的。分层级、分批次制订合理可行的研修计划,并且持之以恒地落实,教师研修活动才能贴近学校工作的实际情况和现实需要,才能获得广大一线普通高中英语教师的认可与肯定,才能在普通高中英语教师的课程实践中由发展性、阶段性目标逐步达成结果性、整体性目标,从而全面提升普通高中英语教师的人文素养与专业能力。

我国现代教师专业发展的一般途径为外塑型培训,这种方式依附于外部的强制性驱使推动教师专业水平的提高。本研究中没有使用"培训"一词的原因在于,通过调研得知一线教师比较抗拒参与各级各类的培训活动,教师工作本就纷繁复杂,教师的精力、时间大都投入到日常教学之中,无暇顾及其他,而培训活动一般集中在假期或是挤占教师的私人时间;此外,前文也有提及,培训的内容对于教师的教育教学工作、课程实践没有直接的指导意义,缺乏针对性,教师处于一种被动受训的状态,因此教师对参与培训的积极性不高。"研修"则是从教师主体的角度出发,教师主动产生提升专业水平与素养的需求,希望能够提高自身学习、研究的自觉性与主动性。摒弃陈旧模式化的培训,寻

---

①哈贝马斯.交往行动理论(第一卷——行动的合理性和社会合理化)[M].洪佩郁,等,译.重庆:重庆出版社,1994:174.
②杨婷,金哲.从被动受训到自觉研修:教学改革中教师专业发展40年[J].全球教育展望,2018(8):25-36.

求自觉创造性的研修，引领教师从"教书匠"转变为"反思性实践者"，以满足促进教师成长、搭建教师集体学习平台的需要。在对普通高中英语教师进行教育理论知识教学时，还需关注教师已经形成的、了然于心的教育教学思想与观念，不要试图用科学的、易于表述的教育理论"灌输"教师，而应鼓励教师去"思索、推敲和深化"他们认可的教育认识理论。

教师研修不能凭借行政手段的管理，否则这样的研修对于教师而言就是完成行政任务。开展普通高中英语教师的研修活动，应该秉持务实求真以及循序渐进的原则，积极了解英语教师课程理解的现状，安排英语教师参加符合自身具体情况的研修活动。探寻教师研修的有效规律，倡导多元化的研修模式，将国家级、省市级的全员通识研修，县区级别的二级研修活动以及校级、教研组或各备课组组织的校本研修活动有机结合，协同作用，为提升普通高中英语教师的专业素养共同努力。

教师研修活动需要考虑运用评价来引领教师的专业学习，要以教师参与此次研修是否有收获、什么方面有收获以及对今后的教育实践是否有改善作用为依据。不论是将教育领域的专家学者、理论研究者、研究人员请到教师身边来，带领教师一起学习，抑或是教师走出自己熟悉的课堂和学校，去到全新的学习环境进行短期的研学活动，教师参与的研修活动想要发挥实效，研修活动首先要有可测量的、较具体的、明确的表现性目标，参与教师可以通过自评来确定研修的质量和自己的收获。其次，研修活动要包含精心设计的表现任务，而不是在研修结束时以一次测试或一篇论文为标准。任务的真实度越高，学习者的学习动机也就越强，学习效果也会越好[①]。这些任务应该与教师平时在课程中需要完成的任务高度相关，一方面便于教师基于个人丰富的经验，既具有完成任务的能力，也不会由于对任务感到陌生而产生排斥与不情愿情绪；另一方面，教师在完成研修后，可以将学习的成果直接应用于实践，由此提升教师的积极性和成就感。最后，与教师携手制定评分标准并开展自主学习，让教师在完成任务的过程中自如地运用自评与互评，帮助教师明晰如何实施自律的研修生活，也可时时监督自己的研修表现，保证效果。借用国际教师教育学倡议的教师学习三大定律作为检验教师研修质量的标准，那便是"越是扎根教师的内在需求越是有效；越是扎根教师的鲜活经验越是有效；越是扎根教师的实践反思越是有效"[②]。

[①] 周文叶.开展基于表现型评价的教师研修[J].全球教育展望，2014（1）：50-57.
[②] 钟启泉.教师研修的挑战[N].光明日报，2013-5-22.

保障普通高中英语教师提升课程理解的研修活动需要满足以下两个要求。

第一，在培训课程中增加足够的教育心理学内容，并结合优秀课例帮助英语教师理解新课程理念。教育心理学是揭示人的认知规律、教师如何利用人的认知规律组织并指导学生学习的科学。在教师教育中，教育心理学又是一门极其实用的重要课程。对于已经走上教师职业生涯的一线教育研究者而言，早年在师范院校中所学习的教育学理论知识与普通心理学理论知识，一方面缺乏与实践紧密联系的具体条件，另一方面也已经不能够满足新课程的要求。新课程的教学要求与教材编排在很大程度上是在教育心理学理论知识的指导下完成的，所以，要提高教师对新课程的理解程度，就必须要求教师具备必要的知识背景。对于工作繁忙、学习时间与精力有限的一线教师而言，结合优秀教学课例进行的教育心理学教学，既能够满足教师对具体教学方法学习的需求，又能够使其在短时间内获得对知识生动、直观的认识，这样的培训方式应当可以收到良好的教学效果。

第二，丰富培训方式，要求培训者在了解教师原有知识结构的基础上结合教师的实际需要进行有针对性的培训。职后教师已经具备相当丰富的实践经验，从某种程度上来讲，这些经验既可以成为教师教育的有利资源，也有可能成为教师接受新事物的障碍。如何利用这些有利资源，同时又尽可能地避免教师的原有认识对新知识的理解造成障碍，需要培训者也具备相当高的课程开发能力与教学设计能力。上述结合优秀课例进行知识传授的方式只是其中一种，要想针对教师的具体状况进行教学，就必须寻求多种方式。比如，针对某一具体教学问题解决的课堂讨论、教学实录评议或者教学设计的相互评价、深入教学一线的田野指导等多种方式都可以交替运用。总之，只要是结合教师实际需要设计的教师培训，应该都能够找到丰富、恰当的方式，也能够收到应有的培训效果。

（三）提供保障：改进评价制度

长期以来，学校教师一直承担着多方面带来的分数压力，尤其是在传统的课程评价体系之下，分数、成绩不仅是学生唯一关心的东西，更是一再地成为教师教学的"指南针"。"唯分数"的现象迫使教师不得不走上遵从考试、成绩至上的道路。为了及时制止这一偏离正轨的现象，矫正应试教育的弊端，2002年教育部颁布了《关于积极推进中小学评价与考试制度改革的通知》，明确规定了中小学评价与考试制度改革的根本目的是，为了更好地提高学生的综合素质与教师的教学水平，为学校实施素质教育提供保障，充分发挥评价的促进发展的功能。①对待学生不能唯分数论,学生的品德、能力及潜能才是更值得被关注与挖掘的方面。对于普通高中英语教师来说,如何提高学生的学习成绩的确至关重要,但提高成绩的前提应该是教师充分完整把握课程内容,只有在充分理解课程内容的基础上,才能将之与学生讲解互动,课堂活动才能发生。与此同时,教师的职业道德修养、思维体系、教学氛围等方面也同样重要。尽管大多数学校已经针对"成绩至上"这一现象做出改变,但仍有一些学校依旧实行着应试教育的老一套,一再地将课程评价这一枷锁牢牢禁锢住英语教师的课程理解。因此,课程评价制度的改革刻不容缓,要从理念体系出发,最终落实在每一个学生、每一位教师身上。

评价标准是教师职称评审的重要基础和依据。当前,我国基础教育对教师专业技术评价标准过分地强调论文、学术成果等方面的要求,淡化了教师实际课程教学过程中的各种能力,忽视了立德树人根本任务对教师工作实践性提出的更新、更高要求,造成了教师的课程教学实践与人才培养需求之间的脱节。普通高中英语教师专业技术评价标准应充分考虑教师的职业特性,着眼于教师队伍建设的长远发展,建立健全同行专家评审制度,拓展专家评审委员会成员的层次和范围,纳入更多教育教学方面的学者专家和奋战在课程教学一线的杰出教师,建立以同行专家评审为主体的业内评价机制。要建立完善的评价制度,必须建立合理、科学的教师评价标准和依据,教师评价指标体系必须涉及能够表现教师专业发展的各个方面。同时,要拟定具体的评价时间进行定期评价,评价之后还要及时给予反馈,保证评价的结果能够及时到达教师手中,教师根据评价结果进行调整,之后再次评价,促进教师专业的真正发展。

研究者认为,改革课程评价体系、切实为教师的教学利益提供保障,需要做到以下几点:第一,评价的伦理关系。教师行政部门与教师之间一直保持着管理者与被管理者的上下级关系,如何完成课程评价的指令、规定等一直都是单方面被要求的。在课程评价的整个过程中,教师始终处于被动地位,他们对课程的理解的自主性、话语权等一直被压制着。如要改变这种不利于学生与教师发展的不平等关系,教育行政部门的领导就要从根本理念上转换角色,将自己看成课程实施过程中的协同者,做到与教师进行平等的对话与交流。这样一来,双方的智慧才能自由地碰撞出"火花",使教师对课程的理解能在最大程度上发挥作用。第二,评价的准则。各个教育领导部门应以新课改"中小学教

---

① 中华人民共和国教育部.教育部关于积极推进中小学评价与考试制度改革的通知[J].北京:中华人民共和国国务院公报,2003(19):32-35.

师评价"中倡导的理念为依据,不以学生成绩为标准对教师进行分等排序、决定教师的奖评制度,应该从教师的德、能、勤、绩等方面综合考评[①]。德,指的是要多关注教师的师德师风、思想品德等方面;能,指的是教师的育人能力、组织能力以及学术能力等方面;勤,指的是教师对待教学工作的态度;绩,指的是教师的教学成果、科研成果等方面。第三,评价的功能。评价的目的不在于惩罚与批判,而在于及时发现错误、找出对策,继而提出建议使教师朝着更优秀的方向发展。评价体制不应该是套牢教师的枷锁,而应该是教师成长路上的有力保障。奖惩性评价会造成教师心理上的挫败,而发展性评价则能鼓舞教师教学的自信心,更能鞭策教师进行自我规约,更利于教师课程理解的深度发展。

除了对普通高中英语教师进行综合考评与管理,利用发展性教师评价制度还可以有效地提高教育质量和效率。虽然发展性教师评价进入我国教师评价体系的时间不是很久,并且在使用过程中还存在许多疑问,然而"以培养为中心、以评促教"的主题思想是符合教师专业发展与教师终身教育理念的。发展性教师评价的特点突出,第一,重视教师的未来发展,深谋远虑而非目光短浅;第二,讲求教师评价的真实性与准确性,一概而论抹杀个性特质的方式不可取;第三,珍视教师的伦理价值、个体价值和专业价值,发掘并鼓励教师自身丰富的价值意义;第四,同事之间展开教师互评,发挥多元主体进行评价,反馈及时且针对性强;第五,评价者和教师结对,共同促进教师的未来发展;第六,展示全体教师的积极性,形成和谐、平等的校内评价氛围;第七,加强全体教师的参与意识和积极性,踊跃参与自评、互评与他评;第八,拓展教师评价的交流渠道,改变依赖纸质评价表的旧习,转而更重视质性标准下的评价形式;第九,研制评价者和教师都认可的合乎实际、切实可行的评价计划,且评价双方一起承担实现发展目标的职责。将发展性教师评价纳入并运用于普通高中英语教师的评价体系内,不以对教师进行等级划分为目的,而是找出教育活动和教育过程中存在的问题、原因和改进的方法,因为这种评价体系的关注点聚焦于教师职业的长远发展。对普通高中英语教师落实发展性评价考核制度时,必须重视实施考核的全过程,并及时向英语教师反馈考核结果。实施发展性评价考核制度的优势在于充分发挥评价的诊断、导向、激励、鉴定和引导诸多方面的功能,更加有助于促进普通高中英语教师走上专业发展与成熟的道路。

[①] 王学军.教师评价工作的主要问题及对策[J].宁夏教育,2002(2):20-21.

后记

具有前瞻性、反映时代要求和国家社会整体利益的基础教育课程改革已如火如荼开展十余年，教师身处其中就必须随之革新自己的活动范围和理论视野。课程改革实践提出"理论先行"，绝不是简简单单的"理论推广"。

派纳说，从此教师"不再将自己立足于教师的压缩的日常世界里，……而是立足于不明确的、不可预测的活生生的经验世界中"，教师作为解放了的教育工作研究者和课程主体，将立足于富有活力的"生活世界"，同时"可以使我们的学校同事从日常的压力中获得足够的解脱，以便能在自己的教学制定建设性、创造性的策略的过程中，求得一份独立和宁静"[1]。

教师对课程的理解是教师基于标准课程文本，依据具体的课程情境进行设想与构思的课程，这种"教师构想的课程"在实践情境中发挥着重要的作用，因为它体现了表达教师的个性化经验与能力的开发与实践的可能性。况且，教师的课程是实践过程中变化和发展的课程，是立足于教师日常实践中决策的课程，是囊括了同实践互动的动态的课程[2]。课程的建构以反映自然与社会等方面的知识为核心要素，教师则是知识与学生精神世界的桥梁，在教师多元课程教学方式的引导下，学生进行思维活动、理解活动与反思活动。学生"在对知识的反思中，展现出来的是自我本身，是对自我的一种认识，是自我同一性的形成过程……看到了自我的自由意志和精神"，这些活动不只是精神活动，更是一种实践活动[3]。对每一位学生的成长而言，课程应被看作一种文化理解，它是社会文化的个性化、个别化过程，是将公共知识转化为学生个人知识的过程。教师在课程实施和教学过程中应该跨越知识与美德的边界，寓价值培育于知识教学中，寓文化教学于课程理解中，寓素养养成于课程理念中。

---

[1] Pinar W.F. Dreaming into Existence by Others: Curriculum Theory and School Reform [J]. Theory into Ptactice, 1992, 31（3）: 228-235.

[2] 佐藤学. 课程与教师[M]. 钟启泉, 译. 北京: 教育科学出版社, 2003: 19.

[3] 谢维和. 一种辩证的课程观[A]. 麦克·扬. 未来的课程[M]. 谢维和, 等, 译. 上海: 华东师范大学出版社, 2003: 10.

鲜有教师面对自己的职业和专业时能够做到轻车熟路、举重若轻，这是因为教师职业具有复杂多变性，随时都要准备应对各种不可预知、意想不到的情况，每天都要做出无数次的选择与决策。身处变动的教育情境中，教师身负的责任、压力和面临的困难、困境，都需要教师不断更新自己的知识、提升自己的技能。教师需要教育智慧与机智，那种能使教师在不断变化的教育情境中随机应变的细心的技能。教育情境是不断变化的，因为学生在变，教师在变，气氛在变，时间也在变。换言之，教师不断地面临挑战，在意想不到的情境中表现出积极的状态。正是这种在普通事件当中捕捉教育时机的能力和将看似不重要的事情加以转换使之具有教育意义的能力，才使教学的机智得以实现。教学的机智总会对学生的本性有所触及，这一点确实是每一位教师的愿望。

然而，教师的精神性发展是教师职业幸福感和满足感的源泉，教师作为独立的自我个体身份是教师身份的本源。马斯洛说，追求自我实现是人的最高动机，其特征是对某一事业的忘我献身，将创造潜能发挥到极致。本次课程改革为教师充分展示自己的教育潜能和人生价值提供了舞台。教师在自主、自律和充满创造的专业生活中，主动树立教育理想，规划职业生涯，增强专业意识，深刻理解课程；在不断创新实践的过程中，充分体验成就感和生命的意义与自由，不断发掘自身潜能，实现自我。

附录

附录一
普通高中英语教师课程理解的调查问卷（正式问卷）

尊敬的老师：

您好！感谢您在百忙之中抽出时间填写本问卷。此问卷旨在了解普通高中英语教师课程理解的实际情况，您的回答是研究得以顺利进行的关键。本问卷采用匿名方式，且不涉及对您专业能力和工作态度等任何方面的评价，仅供研究使用，请根据您的实际情况和真实想法回答，答案没有对错之分。真诚感谢您的支持与帮助！

一、个人基本情况（请您根据自己教学的实际情况在相应的选项前打"√"）

1. 您的性别：○男　○女
2. 您的教龄：○1~5年　○6~10年　○11~15年　○16~20年　○20年以上
3. 您目前的职称：○二级　○一级　○高级　○正高　○特级
4. 您的初始学历：○专科　○本科　○硕士　○硕士以上
5. 您的当前学历：○专科　○本科　○硕士　○硕士以上
6. 您任教的学校属于：
    ○省级示范性高中　○市级示范性高中　○一般高中
7. 您任教的学校所在地区：
    ○市级城市　○县城　○乡镇
8. 您任教的班级学生人数：
    ○30~40人　○41~50人　○51~60人　○60人以上
9. 您平均每周听课节数：
    ○不足1节　○1节　○2节　○3节　○3节以上
10. 您每学期上公开课次数：
    ○不足1次　○1次　○2次　○3次　○3次以上
11. 自2018年以来，您参加过校级、区级、市级、省级、国家级英语课程培训的情况：
    ○从未参加　○1~3次　○4~6次　○7~9次　○9次以上

二、普通高中英语教师课程理解的现状（数字代表符合程度，请您根据自己教学的实际情况在相应的数字上打"√"）

序号	题目	非常符合	符合	一般	不符合	非常不符合
1	我在制定英语课程目标时鼓励学生对各种观点和思想提出合理质疑，辨析其价值，作出正确评价，帮助学生形成独立的思想	5	4	3	2	1
2	我对提升学生的学用能力非常看重，譬如培养良好的学习习惯与学习策略	5	4	3	2	1
3	我认为教学目标是课程目标的进一步具体化，是指导、实施和评价教学的基本依据	5	4	3	2	1
4	我能将课程目标在具体的教学情境中分解成合理的单元教学目标和课时教学目标	5	4	3	2	1
5	我能依据《高中英语课程标准》进行大单元、大任务、大主题课程设计	5	4	3	2	1
6	我通过基于语篇的主题意义探究活动引导学生去思考人与自我、人与自然、人与社会的关系，为理解、体验与表达主题意义提供机会	5	4	3	2	1
7	我会有意识地渗透语篇的基本知识，帮助学生形成语篇意识，把握语篇的结构特征，提高学生理解语篇意义的能力并使用语篇进行交流	5	4	3	2	1
8	我会根据不同的语篇类型组织多模态形式的课堂学习活动，为学生接触真实社会生活中丰富的语篇形式提供机会	5	4	3	2	1
9	我在课程中既注重语言本身的知识（语言的结构性知识），也注重语言的运用性知识，即"语篇知识和语用知识"	5	4	3	2	1
10	我认为学习语言知识的目的是发展语言运用能力，要特别关注语言知识的表意功能	5	4	3	2	1
11	课程的各部分内容之间有其内在的逻辑关系，但只有符合学生认识的规律，课程内容才能被接受	5	4	3	2	1

(续表)

序号	题目	非常符合	符合	一般	不符合	非常不符合
12	我认为英语课程能够帮助学生掌握中外多元文化知识，认同优秀文化，坚定文化自信，有利于培养学生英语学科核心素养	5	4	3	2	1
13	我在课程内容的设计和选择中会充分考虑文化教学，帮助学生形成正确的文化态度，培养其思维品质，进而形成跨文化交际能力	5	4	3	2	1
14	多模态的语篇类型需要教师引导学生去观察和理解图例、表格、视频、动画或符号等表达方式的意义	5	4	3	2	1
15	我认为语言学习具有渐进性和持续性的特点，因此在语言技能的教学活动中，我经常将专项与综合训练、课内与课外训练相结合	5	4	3	2	1
16	我会根据不同的策略类型采取不同的教学方式，鼓励和指导学生组合运用多种学习策略	5	4	3	2	1
17	我教授的课程内容会在不同时间重复出现，但后面的内容是对前面内容的扩展、加深	5	4	3	2	1
18	我会根据单元主题收集相关的材料，广播、视频、影像、报刊、杂志、网络都是我会利用的媒介	5	4	3	2	1
19	在日常生活中我会有意识地学习新知识，收集英语学习素材，希望给学生提供优质的英语学习体验	5	4	3	2	1
20	我会让学生自己组建团队开展英语学习活动，形式多样，阅读小组、英语辩论、英语角等是他们展示学习成果的方式	5	4	3	2	1
21	我会经常思考当地有哪些特色资源可以整合用于英语课堂教学中，课程内容是按照从已知到未知、从具体到抽象的顺序安排的	5	4	3	2	1
22	在遇到课外课程资源更利于学生掌握单元话题讨论和语篇学习时，我会用拓展材料补充课本教材的不足	5	4	3	2	1

(续表)

序号	题目	非常符合	符合	一般	不符合	非常不符合
23	我会在日常生活中收集整理图片、海报、景点介绍、说明书、格言警句等素材以备补充课程内容的需要	5	4	3	2	1
24	我会依据学校或班级实际情景在课程目标、内容、方法、组织诸方面作出调整，以保证课程正常进行	5	4	3	2	1
25	我认为课程实施中，学生获得知识和意义的过程是积极、主动的，师生既是课程知识和意义的接受者，也是课程知识和意义的创造者	5	4	3	2	1
26	我对于英语课堂中教师话语的质与量问题是认真思考过的，并且在课程实施中会精简自己的口头表达以达到更好的教学效果	5	4	3	2	1
27	我能根据学生表现情况适当调整、选择教学方法和策略，注重英语核心教学策略的运用	5	4	3	2	1
28	我选择的教学方法和策略，总能帮我顺利地达成教学目标	5	4	3	2	1
29	我善于利用多种方法设计学习理解类、应用实践类、迁移创新类等灵活多样的学习活动	5	4	3	2	1
30	我能熟练地运用自主学习、合作学习、探究学习，有效促进学生之间、师生之间的交流与互动	5	4	3	2	1
31	我会设置与学生实际生活相关的英语问题情境，引导学生提出或回答相关问题	5	4	3	2	1
32	在课程实施中，我会根据实际情境对课程作出灵活调整，为学生的创造性思维和自主发展预留空间	5	4	3	2	1
33	我在教学中通过提问、讨论、展示、演讲等学生独立或合作完成学习任务等非纸笔测试活动对学生行为表现进行评价	5	4	3	2	1
34	我在教学中通过随堂测验、同伴互评、问卷调查、学习档案、反思日志、师生面谈、纸笔测验等活动开展日常评价	5	4	3	2	1

(续表)

序号	题目	非常符合	符合	一般	不符合	非常不符合
35	我在教学中能综合运用形成性评价、终结性评价、日常评价、阶段性评价等评价方式准确了解学生学习情况	5	4	3	2	1
36	形成性评价的方式多种多样，我能做到将课堂观察、小组评价、自我评估、阶段性测试以及家长评价等方式结合运用	5	4	3	2	1
37	我在教学中提倡学生开展自评和互评	5	4	3	2	1
38	在运用定性评价和定量评价时，我更重视定性评价	5	4	3	2	1
39	我经常反思应达到的课程教学目标，尤其是学生的思维水平和探究知识的能力	5	4	3	2	1
40	我根据自己的教学实际情况经常性地记录教学反思日志	5	4	3	2	1
41	我通过学生的课堂表现、课间答疑、课后作业等反思与改进自己的课程教学	5	4	3	2	1
42	我在反思中关注英语课程对学生知识与能力方面的培养，更注重英语课程的育人价值	5	4	3	2	1

附录二
普通高中英语教师课程理解的访谈提纲

1. 您认为高中学科的英语课程有何特点？

2. 您能谈谈您的受教育经历、生活经历以及求学经历吗？

3. 您觉得2017版课程标准中提出的学科核心素养对教师课程理解起到什么样的作用？

4. 您在日常课堂教学中使用英语授课的时间多吗？

5. 您认为一线普通高中英语教师是否存在课程理解、课程设计和课程实施（即教学）过程不符的情况？您觉得为什么会这样？

6. 您认为影响教师课程理解的主要因素是什么？

7. 您怎么看待教师的课程评级的作用？

8. 您怎么看待教师的课程反思？